职业发展与就业指导

河南省高校就业指导统编教材编写组 编

分 册 主 编　陆竹棠　周　瑶
分册副主编　张　芳　樊　敏

河南大学出版社
HENAN UNIVERSITY PRESS
·郑州·

图书在版编目(CIP)数据

职业发展与就业指导 / 河南省高校就业指导统编教材编写组编. -- 郑州：河南大学出版社，2021.6(2024.7重印)
ISBN 978-7-5649-4724-8

Ⅰ.①职… Ⅱ.①河… Ⅲ.①大学生－职业选择 Ⅳ.①G647.38

中国版本图书馆 CIP 数据核字(2021)第 112184 号

责任编辑	陈　巧	
责任校对	林方丽	
封面设计	郭　灿	

出版发行	河南大学出版社			
	地址：郑州市郑东新区商务外环中华大厦 2401 号		邮编：450046	
	电话：0371-86059750(高等教育与职业教育出版分社)			
	0371-86059701(营销部)		网址：hupress.henu.edu.cn	
排　　版	郑州市今日文教印制有限公司			
印　　刷	河南灏博印刷有限公司			
版　　次	2021 年 6 月第 1 版		印　次	2024 年 7 月第 6 次印刷
开　　本	787 mm×1092 mm　1/16		印　张	13.75
字　　数	332 千字		定　价	42.00 元

(本书如有印装质量问题,请与河南大学出版社营销部联系调换。)

前　言

随着我国高等教育规模的扩张,大学毕业生就业受总体性、结构性矛盾以及新冠疫情的叠加影响,形势更加严峻。毕业生就业问题关系千家万户,关系国计民生,成为社会普遍关注的一个热点问题。国家把解决就业问题放在政策的宏观层面,列在"六稳""六保"之首。但是,我们看到部分毕业生"不就业、慢就业、缓就业"现象明显,就业观念和价值取向出现了偏差。这就意味着,加强和改进高校大学生职业生涯教育和就业指导成为我们面临的重要任务。面对新形势,高校要贯彻落实习近平总书记"立德树人"的要求,将培养具有"家国情怀"的社会主义建设者和接班人作为育人目标。本书编写中注重挖掘社会主义核心价值观对塑造大学生就业观念、改进大学生就业指导的作用,引导学生以"理想信念"为基础,体现"知行合一",面向基层、面向一线、面向艰苦地区,到祖国最需要的地方去建功立业。

本书在编写过程中紧密结合教育教学改革趋势,以培养学生职业生涯规划能力为导向,以提高大学生就业、创业能力为目标,系统介绍大学生职业发展和就业创业指导过程中的基本理论,通过知识解读、案例分析、方法指南等方式,列举了这一过程中出现的若干问题,并提出了解决问题的途径和方法,帮助大学生掌握职业生涯规划的方法、切实有效的求职技巧和创业所需能力,指导大学生解决职业规划、求职就业、职业适应和职业发展等方面的现实问题。通过章节间的科学编排,将知识性、趣味性、实践性贯穿全书,针对性较强,内容深入浅出、通俗易懂。

本书由陆竹棠、周瑶任主编,张芳、樊敏任副主编。全书共分为十一章,由职业生涯规划篇和就业指导篇两部分组成,其中陆竹棠编写第三、四、六章,周瑶编写第一、二、五章,张芳编写第九、十、十一章,樊敏编写第七、八章。

在"职业生涯规划篇"的编写中,我们适当融入了中华优秀传统文化,体现了中国元素,重在激发学生成长的内生动力。在"就业指导篇"中,我们改变之前一味强调就业形势严峻的做法,重在强调相关行业用人标准、重点职位的岗位要求,希望大学生进一步转变就业观念,抓住党和国家提供的机会。

衷心感谢各位同仁和出版社老师的辛勤劳动。本书成稿过程中,查阅参考了大量国内外文献资料和相关的职业生涯规划类、就业指导类教材,借鉴了许多专家学者的研究成果,在此,谨向相关作者致以诚挚的谢意!

由于理论水平和能力有限,疏忽之处在所难免,敬祈各位专家、学者和读者不吝指正。

本书编写组

2021年6月

目　　录

第一篇　职业生涯规划篇

第一章　初识职业生涯 …………………………………………………………（3）
　　第一节　大学生涯与人生发展 ……………………………………………（4）
　　第二节　初识职业生涯规划 ………………………………………………（8）
　　第三节　认知生涯发展理论 ………………………………………………（14）
第二章　初探职业世界 …………………………………………………………（29）
　　第一节　认知职业环境 ……………………………………………………（30）
　　第二节　探索职业岗位 ……………………………………………………（34）
　　第三节　职业认知 …………………………………………………………（36）
第三章　挖掘自我资源 …………………………………………………………（40）
　　第一节　认识你自己 ………………………………………………………（41）
　　第二节　大学生的自我认知 ………………………………………………（47）
　　第三节　完善自我 …………………………………………………………（51）
第四章　明确职业决策 …………………………………………………………（56）
　　第一节　生涯规划的内容 …………………………………………………（57）
　　第二节　确立职业目标 ……………………………………………………（60）
　　第三节　职业目标分解及职业发展路径 …………………………………（64）
　　第四节　职业生涯决策的方法和工具 ……………………………………（67）
　　第五节　职业生涯与发展规划方案的评估与修正 ………………………（78）
第五章　管理生涯规划 …………………………………………………………（81）
　　第一节　时间管理 …………………………………………………………（82）
　　第二节　情绪管理 …………………………………………………………（90）
　　第三节　压力管理 …………………………………………………………（96）
第六章　职业素质和职业能力 …………………………………………………（104）
　　第一节　培养职业素质 ……………………………………………………（105）
　　第二节　提升职业能力 ……………………………………………………（111）

第二篇　就业指导篇

第七章　就业形势与就业观念 ……………………………………………… (121)
　　第一节　当前就业形势分析 …………………………………………… (122)
　　第二节　树立正确的就业观念 ………………………………………… (137)
第八章　搜集处理就业信息 …………………………………………………… (143)
　　第一节　就业信息的搜集 ……………………………………………… (143)
　　第二节　就业信息的处理 ……………………………………………… (147)
第九章　熟知求职技巧 ………………………………………………………… (154)
　　第一节　准备求职材料 ………………………………………………… (155)
　　第二节　笔试 …………………………………………………………… (167)
　　第三节　面试 …………………………………………………………… (173)
第十章　就业程序与就业权益 ………………………………………………… (183)
　　第一节　就业协议书和劳动合同 ……………………………………… (184)
　　第二节　离校就业报到事项 …………………………………………… (191)
　　第三节　就业常见问题 ………………………………………………… (194)
　　第四节　就业权益与法律保护 ………………………………………… (194)
第十一章　职业适应与发展 …………………………………………………… (199)
　　第一节　转换职场角色 ………………………………………………… (200)
　　第二节　适应职场环境 ………………………………………………… (204)
　　第三节　实现职业发展 ………………………………………………… (207)

参考文献 ………………………………………………………………………… (210)

第一篇 职业生涯规划篇

第一章　初识职业生涯

【名人名言】

大学之道,在明明德,在亲民,在止于至善。

——《大学》

【学习目标】

1. 了解大学、职业的内涵及两者对职业生涯规划的重要意义。
2. 了解职业生涯的含义,树立职业生涯规划的观念和意识,确立自身发展的重要性。
3. 了解职业生涯规划的影响因素和重要意义,思考理想职业与所学专业的关系。
4. 了解职业生涯发展的阶段划分及影响因素。
5. 掌握职业生涯发展理论。重点理解舒伯的阶段发展理论、施恩的职业锚理论、特质-因素论和人格类型论的理论内涵。

【案例导入】

问:你为什么上大学?

答:为了实现自己的理想。

问:你的理想是什么?

答:找一份好的工作,让父母过上好的生活。

问:你认为怎样的工作对于你来说是"好工作"?

答:我好像说不清楚。

问:你的专业培养你能够做好什么工作?

答:律师。

问:做好一名律师需要哪些知识和能力?

答:好像需要相关的理论知识,如宪法、民法等知识;关于能力,可能需要语言能力、逻辑思维能力。

问:你如何做到让自己具有律师所要求的知识和能力?

答:认真学习,取得好的成绩,同时参加各种有意义的活动,锻炼自己的能力。

问:为了让自己更快地成长,你可以利用的资源有哪些?

答:我也不知道,我还没有认真想过。

……

这是一位大一新生和老师的对话。从对话中可以看出,经历了数年的辛苦,通过"过五关斩六将"的竞争,终于来到大学的学子们,他们都怀有理想,希望通过大学生活将自己培养成为一个有知识、有能力的人，而且他们相信自己是能够做到的。但是，当被问到一些细节时，却显得对自己、对所学的专业和职业了解甚少，对大学环境也缺乏相应的了解。他们对"为什么上大学""在大学里我能够得到什么""我要怎样度过我的大学生活""大学里有什么样的资源可以帮助我成长"这些问题缺乏认真的思考，也正是这样，才使得一些大学生觉得进入大学就像进了保险箱一样，尽管"大学生就业困难"的信息从不同的途径不断地输送给他们，但"那是将来的事"的错误认知，使有些大学生直到大学毕业离开校园的时候，才发现自己虚度了美好的大学时光，浪费了大学里的各种资源。

大学是人生的一个美好阶段，也是人生中非常重要的阶段，深入思考和了解"我为什么上大学""大学是一个什么地方""大学有什么样的资源""我要怎样度过我的大学生活"等问题，应该成为大学生思考自己人生发展的起点。清晰地思考自己的未来，合理地规划大学生活，有效地利用大学资源，快速地提升自己的能力，使自己由一名学生转变为一名成功的职业人，培养自己顺利就业、成功创业的能力，是每一位大学生在大学阶段必须完成的重要功课。而大学，为大学生完成这些重要功课提供了有力的保障。

第一节 大学生涯与人生发展

大学是什么？大学是一个舞台，这里人才云集。来自五湖四海的莘莘学子都带着梦想而来，都希望放射出夺目光彩。每个人都是这个舞台上的主角，每个人都是自己的编剧和导演……人生旅程中，大学时光最充满激情，也是最多姿多彩的。我们走进大学，首先需要思考和认知：大学究竟是什么？

一、大学是人生成长的重要阶段

（一）大学的内涵

朱熹在《四书集注·大学章句》中，对于《大学》倡导的大学之道有其独特的注释："大学之道，在明明德，在亲民，在止于至善。"这句话有三层意思：首先，要"明明德"，第一个"明"是动词，是"明白、到达"之意，第二个"明"是形容词，是"正确、完善"之意。"明明德"要求通过格物、致知、诚意、正心，尤其是通过修身使自己成为道德完善的人。其次，是"亲民"。朱熹把"亲民"解释为"新民"，主张："新者，革其旧之谓也。言既自明明德，又当推及后人，使之亦有以去其旧染之污也。"意思是说在"明明德"之后，必要推及实施帮助教育，进而齐家、治国、平天下。最后，是"止于至善"，也就是说，无论是"明明德"还是"亲民"，都应当努力达到尽善尽美的境界。由此可见，大学之道，从发展之始，就与办学之志融为一体；大学之道，是志存高远，是锐意创新，是以至善为目标的持续发展。

跨入 21 世纪，新时代的大学之道被赋予更深的内涵："大学之道，在明德亲民，在亲民新民，在多元卓越，在止于至善。"

大学之道，追求自由、崇尚科学、坚持真理，历经沧桑而不坠青云之志；大学之道，志存高远、追求发展，以至真、至善、至美的执着，探寻着人类发展的轨道；大学之道，在发展中延伸,在延伸中创造,走在大学之路上,解读着有志才有道的道理;大学之道,在人才培养事业中,践行着历史赋予的使命,薪火相传。

(二) 大学的意义

大学期间正是自由学习、自我充实的宝贵时机。

1. 大学是提升能力的关键时期

宽容博大、五彩斑斓是大学最迷人的地方。这里有浩瀚的知识、多彩的社团、博学的老师、激情的学子。一本好书、一个讲座、一场演出、一次实习、一席肺腑之言、一句谆谆教导,都潜移默化地影响着我们,为我们的成长积累着各种财富。珍惜多姿多彩的大学生活吧,它是一个可以挖掘你潜能的地方。这里有足够的空间和很多机会,会不断提升你的能力。

专业知识能力、自我管理能力和可迁移能力是大学期间最重要的三项技能。专业知识能力是指那些需要通过教育和培训获得的知识或能力,大学期间的各种课程学习和课外培训、考试都是提升专业知识能力的有效途径;自我管理能力通常被看作是个性品质而非技能,是一名优秀大学生最有价值的资产,如耐心、负责、热情、敏捷等,这些都需要在大学日常生活中随时随地培养磨炼;可迁移能力是个人最能持续运用和最能够依靠的能力,如组织、设计、分析、考察等能力,这些都需要通过不断的社会实践来获得。

大学是人生的关键阶段。在这里,大学生要逐渐明晰自己的人生目标和发展定位,要立足自己的目标和所学专业,努力学习,综合发展,为走向社会打下坚实的基础。众所周知,我国的高等教育早已步入大众化阶段,有数据显示,2015年,我国高等教育毛入学率达到40%,提前实现了国家教育规划纲要提出的"到2020年,高等教育毛入学率达到40%"的目标,超过中高等收入国家的平均水平。这意味着,在我国每10个18~22岁的年轻人中,就有4个能够接受高等教育。因此,大学教育已成为提升国民整体素质的最有效方式。

2. 大学是成长成才的发展桥梁

大学是我们自主成长的地方。将来想要成为什么样的人,想要过什么样的生活,需要我们在大学时期做好准备。

这里是独立生活的新起点。进入大学,我们终于放下了高考的重担,开始追逐自己的兴趣和理想。这是我们离开家庭生活,开始独立参与团体和社会生活的地方;这是我们不再只是单纯地学习,而有机会在学习理论的同时亲身实践的地方;这是我们不再由父母和老师安排一切,而是有足够的自由处置各类问题,支配属于自己的时间的地方。

这里有角色转变的新契机。目前部分大学生无论在生活方式上,还是在看待问题、思考问题、娱乐方式以及对自己未来的规划方面,依旧和中学生一样,好像不愿意长大,显得不够成熟。"大学生"这个角色值得我们深思。

这里有走进成年的新规范。大学生是成年人,必须要有自己作为成年人的成熟水平和个人魅力,以成年人的标准、以合格公民的标准来要求自己,自觉树立公民意识和遵纪守法的观念,快速融入大学生活,顺利度过大学时光。大学生应认真学习法律法规和校纪校规,加强遵纪守法意识,自查自纠自己存在的问题和不足,在维护校园稳定、抵制不良风气的自觉性上有新进展,在勤奋学习、构建和谐的行动上有新气象。

这里有生涯发展的新作为。今天的大学新生,就是未来的社会栋梁,就是社会的职业尖兵。在大学生涯起航之时,每一位大学新生都应对个人有客观认识,对环境有全面了解,对学业生涯有深入思考,在应对未来的发展方面有积极的新作为。行动起来,生涯发展规划从今天开始,从每一名大学新生开始。

二、职业是人生发展的重要载体

(一)职业的含义

对于职业的确切概念,众说纷纭。"职业"一词是由"职"与"业"构成。所谓"职",包含着社会职责、天职、权利与义务的意思;所谓"业",包含着从事业务、事业、事情、独特性工作的意思。因此,职业是指具备劳动能力的个人参与社会分工,利用自身的知识和技能,从事社会生产活动或服务,为社会创造物质财富与精神财富,获得合理报酬,以满足自身对物质和精神需求的一种持续性社会活动;是人们从事的相对稳定的、有收入的、专门类别的工作;是有劳动能力的人发挥个人能力并为社会做贡献的持续性获得;是个人在社会中所行使的作为主要生活来源的工作。可以说,"职业"反映着个人和社会两方面的内容,属于个人与社会互动的范畴。

(二)职业的功能

1. 职业是个体获取经济来源的主要途径

马斯洛认为,生理上的需要是人类维持自身生存的最基本需求,包括衣食住行等方面。如果这些需求得不到满足,人类的生存就成问题。从这个意义上来说,生理需要是推动人们行动的最强大的动力。职业活动的收入是个体的主要经济来源。

2. 职业是个体参与社会交往的重要手段

个体在社会生活中有感情需要和尊重需要。在感情需要方面,人都需要朋友、同事、家人之间的友谊、合作和关爱,可以得到关心和照顾;在尊重需要方面,人都希望自己有稳定的社会地位,个人的能力和成就能得到社会的承认。感情和尊重是比生存层次更高的需要,是人热切追逐的目标,也是激励人发挥潜力和人气的最大动力。通过从事某种职业,个体可以与他人交往,并在交往中获得他人的认可。这种认可可以是名誉、地位、权力等非经济利益,也可以是别人对自己的尊重和信任等精神力量。

3. 职业是个体实现自我价值的必要载体

职业的本质是劳动力和生产资料的结合。人们的职业劳动创造了财富,实现了自我价值。职业是个体发挥能力的重要途径,个体通过职业参与到社会劳动分工中去,并在追求自我实现和发展的同时为社会做出贡献。

(三)职业的作用

职业对于社会中的每个人都极为重要,职业是人的经济行为、社会活动和生活方式,职业是人类生存和发展的基本途径。具体而言,职业的作用主要体现在以下三个方面。

1. 职业是维持生存发展的手段

人类社会的生存与发展所需的物质基础都是通过劳动来创造实现的。职业的首要作用就是维持劳动者的生存、生活,表现在劳动者必须通过参加社会劳动来获取生存发展的生活资料。换言之,职业是个体生存、生活的来源,离开职业,人类社会的进步与发展就无从谈起。在现实社会中,获取一定的报酬作为生活资料的来源是劳动的目的之一,职业因此成为劳动者维持其生存发展的基本手段。

2. 职业是促进个性发展的途径

不同的职业对从业者生理和心理等方面都有特定的要求。劳动者通过参加职业活动,逐步形成与之相适应并不断发展、完善的自我个性。随着职业活动时间的增加,劳动者的智力、体力、知识与技能水平、职业道德都会得到快速发展和提高,从而大大促进劳动者个性的发展和完善。

3. 职业是实现人生价值的舞台

职业的本质是劳动力与生产资料的结合,它在为个人获取谋生的生活资料的同时,也为社会创造了物质财富和精神财富。现代社会职业分工越来越细,劳动者的职能是从事某一种职业,他们之间必须相互协作才能完成某项工作;而他们各自所生产的劳动成果也必须通过相互交换,才能满足各自的需要。在这种相互协作的劳动关系和相互交换劳动成果的过程中,既体现了劳动者的人格、道德水平,又可衡量出劳动者为他人服务的程度以及对社会和国家所做贡献的大小。

(四) 职业的意义

职业的实质是劳动者和生产资料的结合,职业活动体现了职业主体的社会关系,生产了整个人类赖以生存的物质财富,推动人类社会不断进步,维持社会的稳定发展。因此,职业及职业活动对于人类社会具有重要的意义。

1. 职业是构成社会存在的内容

职业和职业活动构成了人类的社会生活,职业体现了劳动者的社会身份和地位,其本身也是构成人类社会存在的重要内容。其中,职业分工及结构是人类社会经济制度和经济结构的组成部分和重要体现,也是社会经济发展水平的反映。而人类社会的职业活动,为社会的存在和发展源源不断地提供物质基础和精神产品。

2. 职业是推动社会发展的动力

人类通过职业活动创造了大量的物质财富和精神财富,这成为推动人类社会发展的物质基础和精神动力。不同职业群体的流动与社会经济结构相联系的职业结构变动,不同职业阶层的矛盾以及职业要求和就业压力下劳动者自身知识和体能的提高,构成了推动社会经济发展和人类社会进步的动力。

3. 职业是维持社会稳定的手段

职业生活占据了人们社会生活的大部分时间,是人类维持生存、发展需要的基本来源。职业活动在现代社会已成为人们重要的生活方式和精神需要,"安居乐业"是人类社会的共同愿望。职业发展和就业涉及社会关系、社会道德风气等问题,关乎社会稳定的方方面面。解决好就业问题已成为21世纪世界各国政府维持社会稳定的重要手段。

第二节 初识职业生涯规划

在汉语中,"生"即"活着","涯"为"边际","生涯"即"一生"的意思。在国外,生涯即career,即人生的发展道路,或指个人一生的发展过程,也指个人一生中所扮演的系列角色和职位。国外学者对这一概念有众多解释,多数学者接受了美国学者舒伯的论点。舒伯认为,生涯是指一个人终其一生所经历的所有职位的整体历程。之后他又进一步指出,生涯是生活中各种事件的演进方向和历程的总和,它统合了人一生中的各种职业和生活角色,也就是生活广度和生活宽度,并由此表现出个人独特的自我发展组型;它是人生自工作伊始以至退休之后的一连串有酬或无酬职位的综合,甚至包括了如副业、家庭和公民的角色等。生涯具有终身性、独特性、发展性和综合性的特点,具有丰富的内涵和特性,除了工作和职业外,它还涵盖了人一生所从事的各种活动。

职业生涯是"职业"和"生涯"这两个概念的组合,特指个体的职业上的生涯,而非其他生涯。职业生涯就是指人的职业生活内容和发展历程,它存在于人的行业归属、职业类别、从业地域和一定的社会环境中,在一定意义上是人生发展境遇最主要的内容。职业生涯的发展是以个人为中心的,人的职业生涯有着种种不同的可能,是一个发展的概念,是一个动态的过程。它不仅包括一个人的过去、现在和未来那些可以实现、可以观察到的连续从事的职业发展过程,而且还包括个人对职业生涯发展的见解和期望等。

一、科学规划职业生涯

(一)职业生涯规划的定义

职业生涯规划是指结合个人自身情况以及所面对的机遇和制约因素,为自己确立职业目标,选择职业道路,确定教育、培训和发展计划等,并为自己实现职业生涯目标而确定行动方向、行动时间和行动方案。

(二)职业生涯规划的基本思路

职业生涯规划包括知己、知彼、抉择、目标、行动五大基本内容。

知己——自我认识,自我了解,挖掘自我潜能,包括了解自己的兴趣、性格、能力和价值观。

知彼——认知外在的世界,特别是与生涯发展有关的工作世界,主要包括职业的工作内容、工作特性、所需能力、工作发展前景、职业的晋升发展机会等。

抉择——下定决心选择。

目标——抉择之后确定目标。

行动——职业生涯规划极其重要的一环。

职业生涯规划的五大方面相互关联,缺一不可。"知己"与"知彼"构成了职业生涯规划的两大基石和基本前提。只有在知己、知彼的基础上才能更好地选择适合自己的职业目标并进行有效的行动。知己、知彼是基础,正确的目标抉择是前提,积极的行动是根本,其关系如图1-1所示。

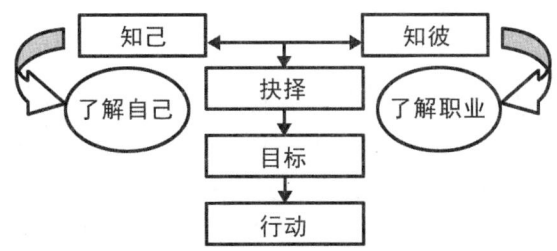

图1-1 职业生涯规划五要素关系图

(三)职业生涯规划的步骤

职业生涯规划的步骤强调的是职业生涯目标的探寻过程,其基本步骤包括探索自我、评估环境、确立目标、设定职业发展路线、实施行动和反馈评估。

1. 探索自我

自我探索的目的是认识自己、了解自己。一个有效的职业规划,必须是在充分且正确地认识自身条件的基础上进行的。对自我了解越透彻,越能做好职业规划。对自己做真实的评估可能是一件比较难的事情,需要抛弃各种不健全的心态,实事求是地审视自己、认识自己、了解自己。自我评估包括评估自己的兴趣、特长、性格、技能、情商、思维方式和价值观等。自我探索可以借助职业心理测评来实现,也可以在实际生活中体味。

2. 评估环境

评估环境主要是综合分析各种环境因素对自身生涯发展的影响。每一个人都置身于一定的社会环境之中,离开了这个社会环境,便无法生存与成长。判断一项职业是否适宜个人的发展和追求,就需要去认真了解该职业的工作内容、薪资水平、所需要的技能和训练、工作条件以及晋升机会等。职业环境除了企业环境外,还包括社会环境、政治环境、经济环境和自然环境。因此,在制订个人的职业生涯规划时,要分析这些大环境的特点、发展变化情况以及环境对自己提出的要求,了解意向职业在这个环境中的地位、有利条件与不利条件等。

在职业生涯规划中,决策的好坏取决于所获取的职业信息。缺乏信息支撑的决策,是可怕的决策。只有对环境因素充分了解,才能做到在生涯发展过程中避害趋利,使生涯规划更具可行性和可操作性。

3. 确立目标

目标是人生前进的指向标,是人生成功的精神力量。没有指路的灯塔,人将会迷失航向,最终与正确轨道渐行渐远。因此,确立职业生涯发展目标是职业生涯规划的核心。

职业生涯目标的确定应当以自身的最佳才能、最优性格、最大兴趣、最有利环境等因素为依据。在设定时要把握好三点:第一,要知道一直以来你想做的事;第二,要清楚你现在能做的;第三,要明白你将来要做的,你的职业期望是什么。将三者结合起来,就可以找到你未来的职业目标。

设立目标还要遵循一定的原则:具体、明确,不要含糊其词;可以是量化的,有一个能衡量成功或者失败的标准；可以是能达到但具有挑战性的，也就是说，就你的能力和特点而言，实现这个目标是现实的、可能的；目标需有一定的意义、价值；可以控制的，即对一些可能会影响目标实现的因素具有调控能力。

4. 设定职业发展路线

个人现在所处的位置与所确定的总体职业目标会有距离，而且也不可能一蹴而就。要完成总体职业发展目标，就必须将总体目标进行分解，分阶段逐步完成。而每一个阶段的职业目标也不尽相同，有的人适合搞行政，可以在管理方面大显身手；有的人适合做研究，可以在某一领域成为一名专家。如果一个人不具有科研才能、科研思维和创新意识，却选择了走科研路线，这个人就很难成就事业。因此，在职业生涯规划中，须设定职业发展路线：从纵向来讲，总体职业目标应分成几个阶段；从横向来讲，在每一个阶段内是向管理路线发展，是向行政方面发展，还是向专业技术方向发展，这些问题搞明白了，就能使自己的职业发展规划沿着既定的职业生涯路线正确前进。

5. 实施行动

孔子提出，一个人的修行是学、思、行三者的结合，他特别强调"君子欲讷于言而敏于行"，即君子更要重视行动。行动，主要包括在校的教育和实践、走上工作岗位的轮岗和培训等方面的措施。例如，为了实现职业目标，我们不仅要在工作方法上采取措施提高效率，在专业知识方面继续深造，还要在人际关系方面营造一个良好的氛围。行动是所有生涯设计中最具实际意义的一个步骤，没有这一步骤，理想就是梦想，规划就会渺如尘埃，目标就如海市蜃楼，一切的一切将会毫无意义。

6. 反馈评估

在生涯发展进程中，影响职业生涯规划的因素有许多，变化因素有可以预测和不可以预测之分。这就需要我们对职业规划进行反馈与评估，要善于快速地将新信息吸纳反馈到职业计划中去，要根据自我发展、社会变化以及其他不可预测的因素，及时评估职业规划，灵活调整，不断修正、优化自己的职业生涯规划。

（四）职业生涯规划的重要意义

科学的、合理的职业生涯规划是每个在校大学生就业前的必要准备工作，也是每个大学生职业生涯发展过程中的必然要求。面对越来越严峻的就业压力，如果大学生希望在毕业时能有较好的职业选择，远离"毕业即失业"的紧箍咒，在未来职业生涯中实现自我价值，就应该及早确定职业发展方向，及时进行职业生涯规划，制订出切实可行的具体实施方案并适时评估调整。规划做得越早，离成功就越近。职业生涯规划有助于全面提升大学生的综合素质，缓解升学后因目标缺失导致的自由散漫和不合理时间支配，避免学习的盲目性和被动性；职业生涯规划能对大学生起到内在激励作用，让大学生在职业探索、职业选择和发展中少走弯路，减少挫折，节省时间和精力。

1. 明确人生目标

"如果你不知道要到哪儿去，那通常你哪儿也去不了。"无论做什么事情，确立目标是第一步。很多大学生在高中时把高考作为自己奋斗的目标，一旦考上大学之后，就感到松了一口气，开始放纵自己，结果等到快毕业时才发现白白浪费了四年宝贵的时光。还有些学生不适应大学环境，对未来感到迷茫。这些都是由于缺少新的人生目标。"有志之人立长志,无志之人常立志。"职业生涯规划使大学生有了一个长远的目标,并且把长远目标分解成依次递进的子目标,在学习、工作、生活中按照子目标脚踏实地地向着长远目标行进。即便在行进过程中遭遇到很多障碍,但有明确目标的人,会比没有目标的人更充满希望和信心,并以更积极的态度去面对。

2. 感悟人生意义

走进高校,接受高等教育,这是人生的一次重要选择。它说明大学生崇尚知识,愿意从事对知识要求高的工作,体现了大学生积极向上的人生观、价值观。到了高校,进行专业选择和职业规划,则更加具体地体现着他们的理想、志向和追求,并且,通过职业使个人价值和社会价值实现了统一,使人生更富有意义。有意义的人生需要从个人和社会两个层面理解:就个人来说,个体通过职业能够满足自身的物质需求和精神需求;就社会来说,个体通过职业能为单位、为社会创造价值、做出贡献。当一个人能够通过劳动获得自身的物质和精神需求,能够因贡献而得到社会的认可,就会有最大程度的幸福感和自尊感。

3. 明确人生方向

大学生职业规划确立的过程是一个可评估、可调整的具有弹性的动态规划过程,是一个认识机会与挑战的过程,是一个对自我进行深层次剖析的过程,是积累和分析经验、经历,选择未来可能的工作方向的过程。职业规划可以使个人对自我进行全面分析,通过认识自己、了解环境,搞清楚想要做什么,能够做什么,优势是什么,不足之处有哪些等问题,既能仰望星空又能脚踏实地,使人生理想具有可操作性。

4. 拥有自我定位

现在很多大学生在找工作时,对自己缺少客观的剖析。他们考虑的常常是用人单位的情况,如单位所在的城市、工资待遇、单位的实力与名声等,但对自身基本情况不做认真分析,不知道自己能做什么,适合做什么,结果在职场中屡屡碰壁。根据自己的情况进行职业生涯规划,可以促使大学生对自我进行认真而全面的了解和分析,对自己的性格特征、兴趣爱好、价值观和职业能力水平进行综合评价,而不是一味地盲目从众、盲目攀比。在充分认识自己在职业选择上的优势和不足的基础上,选择适合自己从事的职业,从而真正拥有具有自己特色的科学的、合理的职业定位。

5. 激励勤奋学习

职业生涯规划就像一座灯塔,指引着我们在追求人生目标的道路上前进,它可以使大学生看清肩负的历史使命,并由此产生强大的动力。步入大学校园,许多学生在面对全新的环境、全新的学习和生活方式、稍显复杂的人际关系以及对所学专业不甚了解等情况下,都会产生无所适从感。有些学生对社会认识过于主观化、理想化,有些学生甚至在等待父母为其安排,抱着走一步看一步的想法,缺乏学习的积极性。职业生涯规划可以帮助大学生了解自我、树立目标,增强学习成才的热情,把"要我学"的外部动力内化为"我要学"的内在动力。随着时间推移,职业生涯规划的效果越来越明显,无形中使思维方式得到开发与运用,对工作的观念也从生存的需要过渡到自我实现的需要,可以促进大学生更加主动地学习,为将来的发展储备各方面的能量。

6. 促进自我完善

如果大学生没有自己的职业生涯规划,时间和精力就很容易陷入与学业无关的琐事中。职业生涯规划能够引导大学生认识自身特质因素,如兴趣、能力、价值观和人格特质等;引导他们了解职业,如工作薪水、职业的分类系统、胜任职业所需的专业知识和技能、在不同职业工作岗位轮岗所表现出来的优势和劣势、补偿机会以及职业发展空间等。有了这些了解,个人职业目标与现状之间的距离会引导其学会应用科学有效的方法提升综合素质,逐步增强专业竞争力,扬长避短,自我完善。而且,职业生涯规划可以使大学生明白,现在做的每一点都是为实现未来目标所做的努力,进而增强他们的自我控制力和自我管理能力。

7. 提升竞争实力

在市场经济条件下,招聘者越来越强调员工的主动性和创造性,他们更喜欢有实力的人才。物竞天择,适者生存,要想在激烈的竞争中脱颖而出,就必须规划好自己的职业生涯。好的工作不仅受到学校知名度、专业与社会需求、学生自身等因素的影响,更与学生自己的个人素质、就业能力和就业技巧等有关。只有未雨绸缪,才能在变化的职业世界中更具竞争力,为人生发展储备更多的资本,创造职业成功的机遇。

二、职业生涯发展

(一)职业生涯发展的阶段划分

人的职业生活是其生活的主体,在生涯中占据核心与关键的位置。职业生涯发展阶段是按照年龄层划分的。

从职业生涯的一般规律看,人的职业准备期一般从 14～15 岁开始,延续到 18～22 岁,有的人读硕士、博士,要延续到 25～28 岁。职业选择期主要集中在 17～18 岁直至 30 岁以前,一些人的职业选择还可能延续到 40 岁;职业适应期一般在就业后 1～2 年就可以完成。职业稳定期一般从 25～30 岁开始,延续到 45～50 岁。职业能力衰退期从 45～50 岁,延续到 55 岁或 60 岁,与职业结束期相连接。

1. 职业准备期

职业准备期是一个人从事专业、职业技能学习的时期。这是人生职业生涯的起点,也是职业素质形成的主要时期。但是,很多人对于这个职业生涯起点是模糊的,甚至是盲目的,也有一些人这一时期是由别人(主要是父母)代替而走过的。

2. 职业选择期

人们会根据自己的能力和愿望以及社会需要,做出职业选择并走上工作岗位,个人的职业素质会与社会碰撞,并在此过程中获得认可,因此这是职业生涯过程中关键的一步。如果这时的选择行为失误,会给生涯发展带来挫折和前途不光明的阴影。

3. 职业适应期(工作初期)

走上职业岗位从事职业活动,随之而来的是对劳动者综合素质的实际检验。职业适应期会出现以下几种情况:个人素质超过岗位要求较多者、个人兴趣与现职业类别很不相符者,可能重新进行职业选择;基本具备职业岗位要求的人,能够顺利适应某一职业;能力素质较差或者个人特质因素与职业要求不匹配的人,则需要通过职业教育培训来适应职业;自身的职业能力、人格特点等素质与工作岗位的要求差距较大难以达到职业适应者,可重新进行职业选择。

4. 职业稳定期（工作中期）

职业稳定期一般在人的成年、壮年时期，是职业生涯中比较重要的阶段，在时间的跨度上占据了职业生活期的很大一部分。这一时期人们的劳动效果最好，但同时还要担负繁重的家庭责任和养儿育女的重任。因此，职业人往往趋向于稳定的职业岗位。在职业稳定时期，如果从业者的素质能够得到展现，多年积淀的潜力得以体现，那么，抓住机会，逐步取得阶段性成果，进而能够获得职业生涯的成功。

5. 职业衰退期（工作后期）

职业衰退期是人开始步入老年的时期。由于人的生理条件的变化，其能力会缓慢减退，心理逐步降低需求而求稳妥，其生涯则一般是维持现状。但是，由于市场竞争激烈，许多用人单位裁员，一般来说年龄较大的就业者被辞退的可能性比年轻人更大。

也有一些老年人，智力并没有减退，随着职业生涯的延续，知识和经验会越聚越多（有的学者称之为"晶态智力"），这种智力的发挥，能够使他们轻松应对职场或科研过程中的难题，出现第二次创造高峰，再次获得职业生涯的成功。

6. 职业结束期

职业结束期是由于年龄或其他原因而结束职业生活历程的短暂的过渡时期。

对个人而言，职业的稳定与合意是非常重要的。在上述六个时期中，"稳定期"延续时间最长，"选择期"最为关键，其前的"准备期"在一定程度上决定着选择方向与稳定性。

（二）职业生涯发展的影响因素

人们的职业道路选择、职业发展以及事业成功，受到个人、亲友、社会等多方面的影响。

1. 自身因素

影响职业发展的自身因素包括性别、教育、心理、家庭、体质与健康等。

（1）性别。随着科学技术的发展和社会的进步，人类由工业社会进入了信息社会。生产方式的改变使得男女两性在职业分工上的差距逐步缩小，职业的性别色彩逐渐淡化，但是男女在生理特征、气质及社会对男女"社会角色"的期望等方面都存在差异。这些差异使他们在职业选择和职业发展上存在一定的区别，职业分工仍然存在。

（2）教育。一个人的受教育程度和水平，直接影响其职业选择的方向和成功率。受教育程度与职业发展有明显的关系，因为它对劳动者的知识结构、职业能力和职业价值观等均会产生重要的影响。在实际中，用人单位不仅要看应聘者的教育经历，还要看其能力和综合素质。

（3）心理。心理主要包括性格、气质、能力及能力倾向、价值观、态度以及是否喜欢与人打交道、与人合作等。不同性格、气质、能力的人适合从事的工作类型也不同。

（4）家庭。个体自身的成长环境和家庭环境与职业发展关系紧密。教育方式不同会造成孩子认知世界的方法不同，家庭中父母的价值观、处世态度、行为方式等都会对孩子的职业选择产生直接或间接的影响。

（5）体质与健康。健康的身体是职业生涯成功的首要条件，体质与健康在每一种职业中都是必不可少的。体质包括身体形态及其发育水平、生理机制、运动能力、适应能力、感知能力等。健康指身体健康、心理健康和具有良好的社会适应能力,它受遗传、营养、医疗保健与心理等因素的影响。体质与健康有时会限制个体进行职业选择或职业流动,如飞行员对从业者的体质条件具有硬性要求。

2. 职业因素

职业需求、职业声望、行业发展状况与发展前景等因素,往往会影响个人的职业行为及未来的职业发展道路。

(1) 职业需求。职业需求是指在一定时间内各种不同职业对劳动者的需求量。职业需求可以鼓励和强化劳动者原有的职业倾向,抑制和打消劳动者不现实的设想,或者诱导劳动者产生新的职业期望。

(2) 职业声望。职业声望是在社会习俗、职业传统、社会舆论等因素的影响下,根据职业的社会功能、报酬、晋升机遇、工作条件及职业需求等方面对职业进行的排序。

(3) 行业发展状况与发展前景。要对行业发展状况进行分析,首先应了解自己现在所从事行业的类别和发展趋势。行业发展前景受行业自身的生命力和国家对该行业的政策两方面因素的影响。

3. 环境因素

社会环境对个人职业发展影响重大,任何个人的职业选择和职业发展都无法摆脱经济发展水平、社会文化环境、政治制度和氛围、社会价值观念等因素带来的影响。

(1) 经济发展水平。较好的经济发展水平对职业发展有着良好的助推作用。

(2) 社会文化环境。社会文化环境包括教育水平和条件、社会文化设施以及社会文化氛围等。个体可以在良好的社会文化环境下接受到良好的教育,为以后的职业发展打下良好的基础。

(3) 政治制度和氛围。在政治制度的助推和引导下,特定职业会出现利好现象,这在一定程度上会对职业发展产生积极的推动作用。

(4) 社会价值观念。社会主体价值观一旦形成,会直接决定人们对某种职业的认识、接受和认可程度,人们倾向于选择从事社会认可度较高的职业。

第三节 认知生涯发展理论

一、职业生涯选择理论

职业生涯选择理论着重从个体的角度探讨职业行为,重视个人的需要、能力、兴趣、人格等内在因素在职业选择与职业发展过程中的作用,该理论倾向于一个人在择业时要尽量做到个人特性与职业特性相匹配。职业生涯选择的代表理论主要有特质-因素论和人格类型论。

(一) 特质-因素论

特质-因素论的基本观点最早由美国波士顿大学的帕森斯(Parsons)教授于1909年

在其所著的《选择职业》一书中提出,其后经美国职业指导专家威廉姆森(Williamson)等人进一步发展完善而成。该理论的核心是强调个人的特质与职业选择的匹配关系。

1. 理论要点

帕森斯的《选择职业》是用于职业选择与职业指导的经典著作之一。它的基本假设是一个人可以通过个人的特质与工作要求条件的相互匹配,找出理想的工作或职业。帕森斯认为,可以借用测量或者量表等工具,用一组特质或者人格特质界定不同类型的人,同时也可以用一组工作上所要求的条件或者资格来界定不同类型的工作。通过个人特质与工作因素的匹配,可以达到"人以群分"的理想效果。①

该理论提出了职业选择的三大要素,也称为三阶段过程理论。第一,应清楚地了解自己的态度、能力、兴趣、智谋、局限和其他特征;第二,应清楚地了解职业选择成功的条件、所需知识,在不同职业工作岗位上所占有的优势、不利和补偿、机会和前途;第三,上述两个条件的平衡。

帕森斯强调,在做出职业决策之前首先要评估个人的能力,因为个人选择职业的关键就在于个人的特质与特定行业的要求是否相配;其次要进行职业调查,即强调对工作进行分析,包括研究工作情形、参观工作场所、与工作人员进行交谈;最后要以"人职匹配"作为职业指导的最终目标。

三阶段过程理论的核心是人与职业的匹配,其理论前提是:第一,每个人都有一系列独特的特性,它们是可以客观而有效地进行测量的;第二,为了取得成功,不同职业需要具备不同特性的人员;第三,选择职业是一种相当易行的过程,而且人职匹配是可能的;第四,个人特质与工作要求之间的配合愈密切,职业成功(工作效率和满意度)的可能性愈大。

根据此理论,可以把职业选择和职业规划的过程分为三个步骤:第一步,进行人员分析,评价个体的生理和心理特征;第二步,分析职业对人的要求,研究有关职业所要求的人员条件、职业和环境等各种特征,尤其注重人员条件的分析,了解社会上不同职业对于人员在能力、技能、兴趣等方面的要求;第三步,人职匹配。个人在了解自己的特点和职业要求的基础上来选择一项既适合自己特点又有可能获得的职业。

根据此理论,将职业与人的匹配分为两种情形:第一,条件匹配,即掌握该种特殊技能和专业知识的择业者找到与之相匹配的所需专门技术和专业知识的职业;第二,特长匹配,即某些职业需要雇员具有一定的特长才能完成。

在帕森斯职业指导三阶段过程理论的基础上,威廉姆森将其发展,继而形成较完善的特质-因素论。该理论认为个体差异广泛出现在人的心理与行为中,每个人都具有自己独特的能力模式和人格特性,而某种能力模式和人格特性又与某些职业存在关联。基于此,特质-因素论形成了著名的职业选择三原则,即了解个人特质、分析职业环境、综合职我并进行匹配。

2. 应用价值

特质-因素论是最早的职业指导理论,注意个别差异与职业资料的搜集与利用,其模式与方法为职业指导广泛采用,影响深远。该理论抓住了"求职与就业"这一主要矛盾,通过对

---

① 来云.大学生职业生涯规划[M].北京:新华出版社,2009:20.

求职者与职业两方面的全面深入分析,寻找最佳匹配,使得职业指导有规可循、有资可用。

(二) 人格类型论

人格类型论是由美国霍普金斯大学教授约翰·霍兰德(John Holland)提出的,该理论认为职业选择是个人人格在工作世界的反映和延伸,同时霍兰德又根据本人的职业咨询经验发现,个人会被某些满足其需要和角色认同的特定职业所吸引。经过大量的研究之后,他形成了一套系统的职业指导模式。

1. 理论要点

约翰·霍兰德,美国著名心理学家、职业指导专家,美国霍普金斯大学心理学教授,长期从事职业咨询工作,成为该领域里程碑式的人物。1959年,他以自己从事职业咨询的经验为基础,通过对自己职业生涯和他人职业道路的研究,首次提出了具有广泛社会影响的职业兴趣理论,并阐述了个人兴趣与环境类型相匹配的思想。在其后的几十年中,霍兰德和其助手对该理论又进行了多次补充和修订,包括兴趣与职业类型的划分、职业分类、类型鉴定表等。个人可以通过自我评定来发现自己的兴趣类型,并依据兴趣类型来选择相应的职业。1973年,霍兰德的《做出职业选择》(*Making Vocational Choice*)问世。这本书中,霍兰德全面表述了他的职业兴趣和职业选择理论。该理论有以下基本观点:

(1) 职业选择是个人人格的延伸和表现;

(2) 个人的兴趣组型即是人格组型;

(3) 同一职业团体内的人有相似的人格,因此他们对很多的情境与问题会有相类似的反应方式,从而产生类似的人际环境;

(4) 在社会文化中,大多数人的人格都可以分为六种类型:现实型(Realistic Type,简称 R)、研究型(Investigative Type,简称 I)、艺术型(Artistic Type,简称 A)、社会型(Social Type,简称 S)、企业型(Enterprising Type,简称 E)与传统型(Conventional Type,简称 C)。每一特定类型人格的人,会对相应职业类型中的工作或学习感兴趣。如表 1-1 所示。

表 1-1 人格类型与环境或职业类型适配表

人格类型	特 征	职业类型
现实型(R)	喜欢从事户外工作或操作机器。通常比较现实,身强体壮,擅长机械和体力劳动。具有传统的价值观,倾向于用简单、直接的方式来处理问题,不善于用言语表达自己的情感	通常是那些对物体、工具、机器及动物等进行操作的工作,如制造、机械、农业、技术、林业、特种工程师、渔业、野生动物管理和军事工作等
研究型(I)	喜欢研究那些需要分析、思考的抽象问题,如数学、物理、生物和社会科学等。这一类型的人虽然常隶属于某一研究团体,但他们喜欢独立工作,一般会以复杂、抽象的方式看待世界,并倾向于用理性和分析的方式来处理问题。性格特征为聪明、好奇,具有创造性和批判性	通常是指那些对物理学、生物学或文化知识进行研究和探索的职业。主要有实验室工作人员、生物学家、化学家、社会学家、工程设计师、物理学家和程序设计员等

续表

人格类型	特　征	职业类型
艺术型（A）	喜欢自我表达，喜欢在写作、音乐、艺术和戏剧等方面进行创作。他们通常会尽力避免那些过度模式化的环境，喜欢将自己完全投注在自己所制定的项目中。性格特征是善于表达，有直觉力，具有想象力和创造力，具有表演、写作、音乐创作和演讲等天赋，与他人交往更富于情感和表达	通常指那些进行艺术、文学、音乐和戏剧创作的职业。主要有作家、艺术家、音乐家、诗人、画家、演员、戏剧导演、作曲家和乐队指挥等
社会型（S）	喜欢与人合作，关心他人幸福，愿意帮助别人解决困难、传达信息。性格特征为易合作、友好、仁慈、随和、机智、善解人意等	主要是那些与人打交道的工作，如教导、培训、治疗或启发人的心智等。主要有教学、社会工作、宗教、心理咨询和娱乐等
企业型（E）	喜欢领导和控制别人，追求高出平均水平的收入，希望成就一番事业。这样的人多从商或从政。管理型的人通常精力充沛、自负、热情、自信，具有冒险精神，能控制形势，擅长表达和领导	通常是指那些通过控制、管理他人而达到个人或组织目标的职业。主要有商业管理、律师、政治领袖、推销商、市场经理或销售经理、体育运动策划者、采购员、投资商、电视制片人和保险代理人等
传统型（C）	喜欢规范化的工作或活动，喜欢整洁有序，乐意在组织中处于从属地位、跟随大流。性格特征为细心、顺从及依赖、有序、有条理、有毅力、效率高等	通常是指那些对数据进行细致有序的系统处理的工作，如会计、银行出纳、图书管理员、秘书、档案文书、录入、档案管理、信息组织和机器操作等

霍兰德认为个人的行为取决于人格和所处的环境特征之间的相互作用，只有当人格类型与环境或职业类型相容或相近，才能达成类型与环境的"和谐"。基于以上观点，霍兰德提出了四项核心假设和三个辅助假设。

四项核心假设的具体内容如下：

假设一：在我们的文化里大多数人可以被归纳为六种类型，即现实型、研究型、艺术型、社会型、企业型和传统型，这六种类型按照一个固定的顺序可排成一个六边形（RIASEC）。

假设二：社会环境中有六类职业，即现实型（R）、研究型（I）、艺术型（A）、社会型（S）、企业型（E）和传统型（C）。同样，这六大职业类型，按照一个固定的顺序也可排成一个六边形（RIASEC）。如图1-2所示。

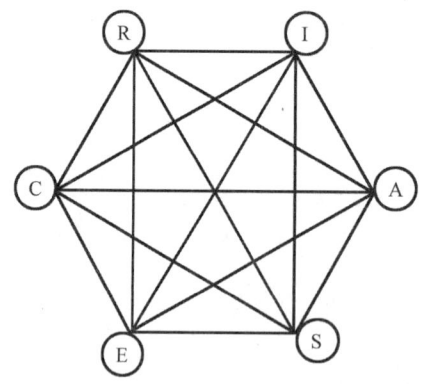

图 1-2 六边形模型

假设三：人总是寻找适合个人人格类型的环境，锻炼相应的技巧与能力，从而表现出各自的态度及价值观，面对相似问题的人群，会扮演相似的角色。

假设四：一个人的行为表现，是由他的人格与他所处的环境交互作用决定的。

三个辅助假设的具体内容如下：

一致性：指类型之间在心理上一致的程度。譬如，艺术型（A）和社会型（S）在性格特征上比较接近，表现为善于表达、喜欢与人交往、外向等，我们称这两种类型的一致性高。反之，传统型（C）和艺术型（A）的一致性偏低，前者顺从、依赖、工作有序性强，后者独创性强。各类型的一致性程度可以用它们在六边形上的距离表示：一致性高的，它们在六边形模型上的位置是相邻的，如 RI、RC 等；一致性中等的，它们在六边形模型上的位置是相隔的，如 RA、RE 等；一致性低的，它们在六边形模型上的位置是相对的，如 RS 等。

区分性：某些人或某些职业环境的界定较为清晰，较为接近某一类型，而与其他类型相似甚少，这种情况表示区分性良好；若某些人与多种类型相近，则表示他们的区分性较低。

适配性：指人格类型与职业类型的匹配程度。适配性的高低，可以预测个人的职业满意度、稳定性及职业成就。例如，研究型的人更适合有研究型的职业环境，只有这种职业环境才最适宜其发展。

2. 应用价值

适配性是霍兰德三个辅助假设理论中最为重要的一个假设。不同的人需要不同的工作环境。通过了解适配性的高低，可以帮助我们预测个人的职业满意度、职业稳定性及职业成就感。借助霍兰德的职业自我探索量表（SDS），可以用来评定个人所属兴趣类型，分析其一致性、区分性、适配性，这个量表可以很好地帮助我们进行自我探索。该理论主要适用于个体早期自我评估中的兴趣探索，以初步确定职业类型。

二、职业生涯发展理论

职业发展理论，强调的是个体在不同的职业发展阶段存在着不同的职业需要及追求的方向和方式。其理论前提是人生不可能只从事一种职业，个体的成功也不一定是在某一个稳定的职业中实现的，更多的是在职业流动中实现的。因此，只有充分认识到人在职业发展整个生涯中各个不同阶段的特点和规律,才能更好地规划人生。代表理论有舒伯的阶段发展理论、施恩的职业生涯周期理论及职业锚理论。

(一)舒伯的阶段发展理论

舒伯从人的终身发展的角度出发,根据关于"生涯发展形态"的研究结果,结合差异心理学、发展心理学、职业社会学及人格发展理论,系统地提出了有关人职关系的假设:

第一,个体特性与职业两者都具有很大弹性;

第二,个体特性随时间、环境和经验而改变,职业的选择与适应是持续不断的过程;

第三,职业发展过程是个人与社会环境、自我概念与现实的调和过程;

第四,工作满意程度与自我概念实现程度之间成正比。

基于上述假设,舒伯的发展论进一步探索了个体职业发展的全过程,认为人们的职业意识和要求早在童年时就孕育了萌芽,随着年龄、资历、教育等因素的变化,人们在职业发展中的心理状态也会发生变化。这种过程构成了一系列的生活阶段,包括成长、探索、建立、维持和衰退;这种过程组成了一系列的生涯空间,包括在各个阶段对不同社会角色的践行;这种过程形成了一系列的生涯故事,用动态的发展描述着个体与职业之间的伴随和成长。

1. 理论要点

舒伯曾将生涯定义为:生涯是生活中各种事件的演进方向与历程,结合了个人一生中各种职业与生活的角色,由此表现出个人独特的自我发展组型,生涯是人生自青春期以迄退休之后,一连串有酬和无酬职位的综合,除了职位以外,还包括人生和工作有关的角色。

于是,"生涯"的含义,不仅仅止于"工作"或者"职业",它包含了个人在一生中所从事的所有活动,甚至包括了个人的生活风格。也就是说,每个人在自己的生涯中都有着丰富的角色,每个人也都在扮演角色的同时发挥着这些角色独有的功能。同样,每个人都在实现角色功能过程中实践和完成着"成为自己"的历程,并表现出个人独特的发展风格。

阶段发展理论的典型标志为"生涯彩虹图",如图1-3所示。该图用生动的彩虹图像,将职业生涯的发展形象地分为时间、领域、深度三大层面,从另一个维度丰富了对职业发展的空间认知。

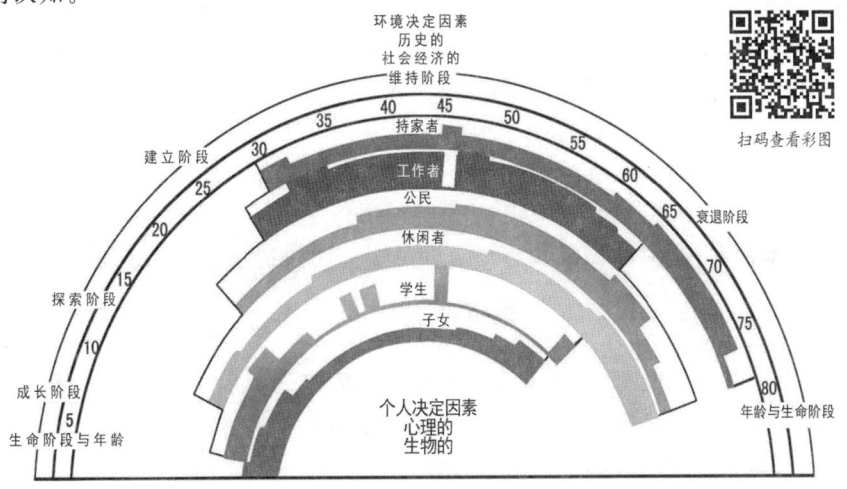

图1-3 生涯彩虹图

生涯彩虹图展现的是三个层面的含义:第一层面代表横跨一生的"生活广度",是职业生涯的时间层面,即按照人的年龄和生命历程划分为成长、探索、建立、维持、衰退五大阶段;第二层面代表纵贯上下的"生活空间",职业生涯的领域或者范围层面,英文表达为breadth或scope,是指一个人终身所扮演的各种不同的角色,由一组角色和职位所构成,包括如儿童、学生、公民、工作者和赋闲在家者等主要角色;第三层面代表每个点上的"生活深度",是职业生涯角色发展的深度层面,也称之为职业生涯的投入程度,指一个人在扮演每一个角色的时候所投入的程度。职业发展如同人的身体和心理发展一样,可以分为五个连续的不同阶段,即成长阶段、探索阶段、建立阶段、维持阶段和衰退阶段。

(1) 成长阶段(0~14岁)。成长阶段属于认知阶段。最初的角色是孩童,在其后的角色中,休闲者、学生、帮工者等会占很大比重。这个阶段发展的任务是发展自我形象,发展对工作世界的正确态度并了解工作的意义。该阶段又细分为三个时期:幻想期(4~10岁):以需求为主,尝试各种经验;兴趣期(11~12岁):以喜好为主,形成自我观念;能力期(13~14岁):选择职业以能力为主,了解工作的意义。

(2) 探索阶段(14~25岁)。该阶段学生角色是主要的,而公民和工作者角色正在增强。该阶段的青少年,通过学校的活动、社团休闲活动、打零工等机会,对自我能力以及角色、职业做了一番探索,因此选择职业的时候有较大弹性。这个阶段发展的任务是认知并接受职业选择信息,同时获得有关资料;了解兴趣和能力以及他们与工作机会的关系;认清与能力和兴趣相一致的工作领域和阶层;接受训练以培养技能和便于就业,或从事能实现兴趣与能力的职业。该阶段也细分为三个时期:试探期(15~17岁):初步、简单的职业选择,多种职业的抉择;转变期(18~21岁):恐惧工作压力;尝试期(22~24岁):努力寻找合适的工作。

(3) 建立阶段(25~44岁)。经过上一阶段的尝试,个体在该阶段较能确定整个职业生涯中属于自己的位置,并在31~40岁开始考虑如何保住这个位置并固定下来。该阶段是大多数人工作生命周期的核心部分。这个阶段发展的任务是统整、稳固并求上进。这个阶段又可以细分为两个时期:试验-承诺期(25~30岁):个体寻求安定,也可能因生活或工作上的若干变动而尚未感到满意;建立期(31~44岁),个体致力于工作上的稳固,大部分人处于最佳创业时期,自身往往业绩优良。

(4) 维持阶段(45~64岁)。维持阶段属于升迁和专精阶段。个体仍希望继续维持属于他的工作职位,同时会面对新的人员的挑战。这一阶段发展的任务是通过在职进修或在职培训以保持技能,维持已有的成就与地位;准备退休计划。

(5) 衰退阶段(65岁以上)。衰退阶段属于退休阶段。由于生理及心理机能日渐衰退,个体不得不面对现实,从积极参与到隐退。这一阶段的主要任务是适应退休生活,发展新角色。

2. 应用价值

舒伯从个人的自我概念、年龄和生活角色的角度来强调生涯发展,帮助我们更清楚地理解生涯发展的内容。显然,生涯规划不仅仅是选择一个大学、一个专业、一份职业或者一个工作地点,它包括彻底地分析我们自己以及我们在生活中所扮演的所有角色。

舒伯一改以往理论关注焦点只在"职业选择"上的倾向,开始关注职业生涯中的发展问题。在应用中,其理论横向的发展阶段(时间)、发展任务(领域)和纵向的生涯角色的发展(深度)交织成立体的生涯发展结构,对个体探索和发展职业有重要的指导意义。

需要注意的是,在上述发展阶段中,每一阶段都有特定的发展任务需完成,每一阶段都需达到一定的发展水准或成就水准,并且前一阶段发展任务的达成与否关系到后一阶段的发展。例如,一名大学一年级的新生,必须适应新的角色与学习环境,经过"成长"和"探索"后,一旦"建立"了较固定的适应模式,同时"维持"了大学学习生活之后,又要开始面对另一个阶段——准备求职。原有的已经适应了的习惯会逐渐衰退,继而对新阶段的任务又要进行"成长""探索""建立""维持"与"衰退"的过程,如此周而复始。

(二) 施恩的职业锚理论

职业锚理论由埃德加·H.施恩(Edgar H. Schein)提出。施恩曾组织一个专门研究小组,对其所任教的麻省理工学院斯隆管理学院的 44 名 MBA 毕业生进行长达 12 年的职业生涯研究,包括面谈、跟踪调查、公司调查、人才测评、问卷等多种方式,最终分析总结出了职业锚理论。

1. 理论要点

锚,是使船舶停泊定位的铁质器具。职业锚,实际就是人们在选择和发展自己的职业时所围绕的中心,是指当一个人在不得不做出选择时,他无论如何都不会放弃的职业中的那种至关重要的东西或价值观。因此,职业锚又称为职业系留点。

职业锚的核心内容由三部分组成:

第一部分,知道自己能干什么。强调自身所拥有的才干与能力,以各种作业环境中的实际成功为基础。

第二部分,知道自己想干什么。强调的是自身的动机和需要,以实际环境中自我测试诊断的机会以及他人反馈为基础。

第三部分,知道自己为什么而干。强调的是自身的态度和价值观,以自我价值观与工作环境准则间的实际遭遇为基础。

施恩从大量的跟踪调查研究中总结了五种职业锚的类型,即技术职能型职业锚、管理能力型职业锚、创造型职业锚、安全稳定型职业锚、自主独立型职业锚。

到 20 世纪 90 年代,他又提出了三种类型职业锚,即挑战型、生活型、服务型。这样职业锚增加至 8 种类型。如表 1-2 所示。

表 1-2 职业锚类型表

职业锚类型	主要特征	工作类型
技术职能型	注重工作的专业化,追求在技术领域的成长和技能的提高,以及应用这种技术的机会;喜欢面对挑战和独立开展工作;排斥一般的管理性质的工作;看中的成长和成功主要不是地位的大幅度提升,而是其专业地位的提高和技术领域的扩大	喜欢在专业技术领域面对挑战和独立开展工作,大多从事工程技术、财务分析、系统分析、企业计划等工作

续表

职业锚类型	主要特征	工作类型
管理能力型	追求并致力于工作晋升,倾向于全面管理,独自负责一个部分,将公司的成功与否看成自己的工作;在分析能力、决策能力、人际关系和组织能力方面表现超常;强壮的神经和充沛的精力,在强大的工作压力和困难下仍能客观处理问题	渴望承担更大的责任,希望从事充满挑战性、变化丰富的工作,有领导他人的机会,适合做总经理
创造型	有通过发展新产品或服务来创造自己生意的强烈愿望,把赚钱作为成功的度量标准;意志坚定,敢于冒险;以自我为中心,在传统的组织中不会待太久的时间,适合做企业家	渴望有创造性的工作,不喜欢墨守成规,会不断地开发新产品或服务项目,否则会失去工作兴趣,不断需要新的有创造性的挑战
安全稳定型	注重职业的长期安定性,喜好可预测的未来;他们为了安全的工作、可观的收入、优越的福利与养老制度等付出努力;比较容易接受组织,倾向于根据雇主对他们的要求做事	喜好具有以下特征的组织:能提供长期的职位,很少裁员,有好的退休计划和福利项目。典型工作如教师、医生、银行职员、政府公务人员
自主独立型	不愿被他人制订的条条框框限制,喜好以自我的方式、节奏和标准做事,追求能施展个人能力的工作环境;在选择职业时,他们宁可放弃提升或工作拓展的机会,也不愿放弃自身的自由与独立	喜好能发挥个人专长的工作,厌恶监工式的管理;能接受组织交给的目标任务,但要按自我方式工作;往往从事一些自主性较高的工作,如自主创业
挑战型	有征服一些事与人的意向,对成功的定义是克服非常困难的障碍、解决难以解决的问题或征服难以征服的对象,对工作的要求是能够不断提供挑战自我的机会,缺乏这样的机会反倒使个人感到厌烦和无趣	典型职业是特种兵、高级管理顾问
生活型	强调工作必须和整体的生活相结合,不仅仅是在个人和职业生活之间形成一种平衡,而且是个人、家庭和职业需求的融合	需要灵活的工作时间安排(如弹性工作制),需要更多的休息日,提供哺乳期,可以在家办公等
服务型	喜欢从事符合自己价值观的工作,如帮助他人、改善人们的安全,通过新的产品消除疾病	希望选择以帮助别人为主的职业,如医师、护士、社会工作者

总体来说,职业锚具有以下功能:

(1) 有助于识别个人的职业抱负模式和职业成功标准;

(2) 促进个人与其心理契约的发展,有利于个人与组织稳固地相互接纳;

(3) 有助于增强个人职业技能和工作经验,提高工作效率和劳动生产力;

(4) 可为个人中后期的职业生涯发展奠定基础。

上述 8 种职业锚之间可能存在着交叉,但是,每一种都有一个最突出、最强烈、最易识别的特性。

2. 应用价值

职业锚,也可以成为职业价值观,主要应用于自我评估中的价值观探索。它由个人能力、动机和价值观三个方面的相互作用与整合构成,是个人与工作情境之间相互作用的产物,必须经过一定实践的实际工作内化沉淀才能被发现。明确职业锚可以引导我们更加准确地进行职业定位。

(三) 明尼苏达工作适应理论

明尼苏达工作适应理论(Person-Environment Fit Theory)起源于一项在明尼苏达大学进行的旨在探索如何帮助残障人士适应工作的研究。20世纪60年代,戴维斯(Dawis)与罗奎斯特(Lofquist)在"工作适应项目"研究的基础上提出,经过数十年发展成为强调个人与情境一致性的工作理论。该理论强调人和职业是一个相互适应的过程,所以人可以去改变工作的方式,但同时人的行为方式也将受到工作的影响。所以,人和工作就是在不断调试与相互适应中达到一个相对理想的状态。工作适应理论的重点在于就业后个人需要的满足及对工作要求的满足,即就业后的适应问题。

1. 理论要点

第一,个人与工作环境之间存在着互动关系(人也是环境的组成),符合与否是互动过程的产物。第二,个人的需求会变,工作的要求也会随时间或经济情势而调整。第三,每个人都会努力寻求个人与环境之间的符合性,当工作环境能满足个人的需要,个人又能顺利完成工作上的要求时,符合与和谐程度就会随之提高。第四,如果一个人能努力维持与工作环境基本一致的关系,则个人工作满意度高,在这个工作领域也愈能持久。

戴维斯与罗奎斯特于1969年针对个人与情境的关系,提出了工作适应过程的概念框架,如图1-4所示。

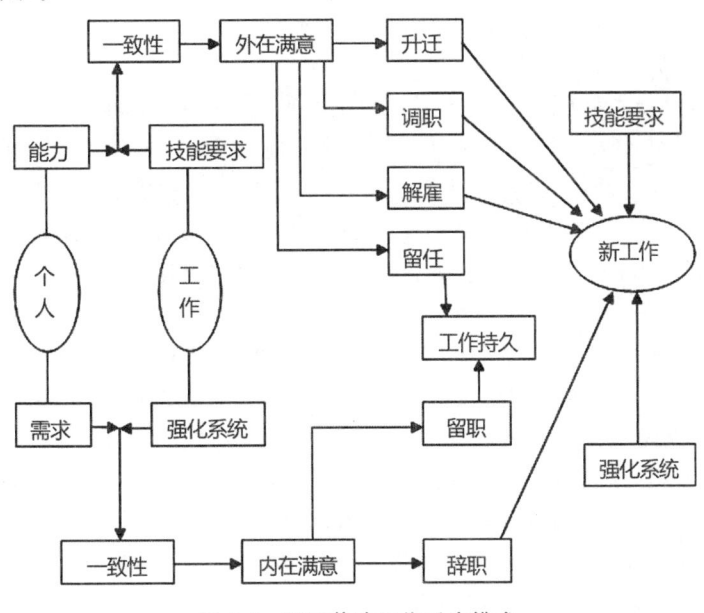

图1-4 明尼苏达工作适应模式

图1-4从两个向度来说明个人与情境之间的配合问题:(1) 第一向度是个人能力与

工作对从业者的能力要求。二者之间越符合,个人绩效越高,组织也就越满意。(2)第二向度是个人需要与工作环境增强系统(如薪酬、领导方式、工作实践、安全保障等)。二者之间越符合,个人也就越满意。

2. 应用价值

工作适应论强调个人能力与工作要求、个人需要与工作环境增强系统之间的配合与协调发展。该理论可以很好地解释个人对组织的满意度和组织对个人的满意度问题。当个人在工作中感到不愉快时,应当考虑一下是个人的能力不足还是组织不能满足个人的需求,而问题的澄清有利于我们做出正确的职业决策和职业行为。

三、职业生涯决策理论

职业生涯决策理论,是指当一个人在面对职业生涯中重大问题的抉择时,所做的选择尽量能够获得最大收益或满意度。随着职业辅导的深化,人们越来越认识到在职业生涯决策中过程的重要性,在目前这个快速变化的社会里,帮助个人如何"一世适应"要比帮他做出某个特定的"一时选择"来说更有意义。所以,决策的过程是职业生涯发展中的重要环节。目前,职业生涯决策理论常见的有标准化理论、描述性理论和规范性理论三种。其中,克朗伯兹的社会学习论和彼得森等人的认知信息加工理论是比较有代表性的理论。

(一) 克朗伯兹的社会学习论

社会学习论由班都拉(Bundura)于20世纪70年代提出,强调的是个人独特的学习经验对其人格与行为的影响。克朗伯兹将这一观念引用到职业生涯辅导上,用以了解在个人决策历程当中,社会、遗传与个人因素对于决策的影响。在此基础上,他提出了影响职业选择的四因素,其后又提出了职业生涯决策的七个步骤。

1. 影响职业决策的四因素

(1) 遗传因素与特殊能力。遗传因素包括种族、性别、外在的仪表和特征、身体健康程度等,个人的特殊能力包括职业偏好、智力、音乐能力、美术能力、动作协调能力等。

(2) 环境条件与特殊事件。克朗伯兹认为,在影响教育和职业的选择因素中,有许多来自外部环境,非个人所能控制。这些外部因素大多由人为所致(如社会、文化、政治或经济的活动),也可能由自然力量引起(如自然资源的分布或天然灾害),具体包括:工作机会的数量和性质;训练机会的多寡和性质;职业选择训练人员和工作人员的社会政策和过程;不同职业的投资报酬率;政府劳动法规以及行业协会规定;物理环境的影响,如地震、洪水、干旱、台风等;自然资源的开发;技术创新发展;社会组织的改变;家庭的影响;教育系统和社区的影响等等。

(3) 学习经验。克朗伯兹认为,每个人独特的学习经验,在决定其生涯路径时扮演着重要的角色。学习经验包括你作用于环境的经验和环境作用于你的经验两种。

(4) 工作取向技能。前面提到的各种因素,如遗传因素、特殊能力、社会上各种影响因素,以及不同的学习经验等,会以一种交互影响的方式使个人形成特有的工作取向技能,这些工作取向技能包括解决问题的能力、工作习惯、工作的标准与价值、情绪反应、知觉和认知的历程(如选择、注意、保留、符号知觉等心理过程)等。

2. 职业生涯决策的七步骤

1977年,克朗伯兹以社会学习理论对职业生涯决策技巧的作用进行研究,提出了进行职业生涯决策的七个步骤:

(1) 界定问题。理清自己的需求及时间或个人限制,并制定出明确的目标。

(2) 拟订行动计划。思考可能达成目标的行动方案,并规划达到目标的流程。

(3) 澄清价值。界定个人的选择标准,作为评量各项方案的依据。

(4) 找出可能的选择。搜集资料,论证可行的方法。

(5) 评价各种有可能的选择。依据自己的标准,对各种可能的选择方案进行评价。

(6) 系统地删除。有系统地删除不合适的方案,挑选最合适的方案。

(7) 开始执行方案。方案确定之后开始实施。

克朗伯兹的理论是以社会学习的观点来解释人类生涯选择的行为,特别强调社会影响因素和学习经验,对实际的生涯辅导工作应用提供了不少方法和启示,具有较高的实用价值。不过,该理论试图解释个人的教育与职业爱好和技能如何形成,以及这些爱好和技能如何影响个人对各种课程、职业和工作领域的选择,但由于其作用机制相当复杂,只能说是为探讨开了个头,尚有许多有待完善之处。

(二) 认知信息加工理论

比较有代表性的规范性职业生涯决策理论是彼得森等人的认知信息加工理论。1991年,盖瑞·彼得森(Gary Peterson)、詹姆斯·桑普森(James Sampson)和罗伯特·里尔敦(Robert Reardon)三人合著了《职业生涯开发和服务:一种认知的方法》(*Career Development and Services: A Cognitive Approach*)一书。在书中,他们提出了一种新的思考职业生涯发展的方法并进行了论述,这就是认知信息加工(Cognitive Information Processing,简称 CIP)理论。

1. 基本观点

认知信息加工理论认为,生涯发展是关于一个人如何做出生涯决策以及在生涯决策过程中如何使用信息的。做出生涯选择是一项解决问题的活动,生涯决策需要动机,有赖于我们想什么、如何想,而生涯的质量有赖于我们是否很好地学习和掌握了做出生涯决策所需的技能。所以,通过改进认知信息加工技能,可以提高对生涯管理的能力。

认知信息加工理论把职业决策的过程视为学习信息加工能力的过程。按照信息加工的特点,该理论构建了一个金字塔模型,即认知信息加工模型图,由三水平四部分组成。如图 1-5 所示。

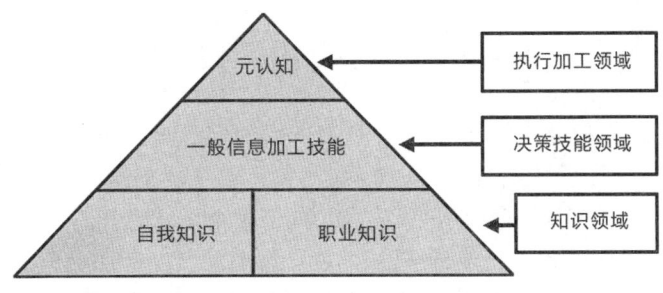

图 1-5 认知信息加工模型图

金字塔中的最高层是称为元认知的执行加工领域,是个人完成一项任务或达到一定目标而投身其中的记忆和思考,是一种思维活动过程。元认知的作用是对认知过程进行调节、监督和控制,主宰着如何思考生涯问题和制定决策,它包括自我言语、自我觉察、控制与监督。

中间层是决策技能领域,关注的是"个体如何做决策的",其功能相当于计算机的程序软件,让我们对所存储的信息进行加工处理。

最底层是知识领域,包含自我知识和职业知识。自我知识包括了解自己的价值观、兴趣、需要和技能,职业知识包括理解特定的职业、学校专业、休闲及组织状况等。知识领域相当于计算机的数据文件,需要我们进行存储,这是职业生涯决策的基础。

在这三个层次中,执行加工领域相当于电脑的工作控制功能,操纵电脑按指令执行程序,对其下的两个领域进行监控和调节;决策技能领域相当于电脑的应用软件,对所存储的信息进行加工处理;而知识领域相当于电脑的数据文件。从这个模型可以看到,任何一个层次出问题,都会影响职业生涯规划决策的质量。

2. 五个步骤

金字塔中间层的决策技能领域是关键环节,对所有的信息进行加工处理,进而形成决策,它由五个环节构成,即沟通(Communication)、分析(Analysis)、综合(Synthesis)、评估(Valuing)和执行(Execution),缩写为CASVE,构成了决策的循环。如图1-6所示。

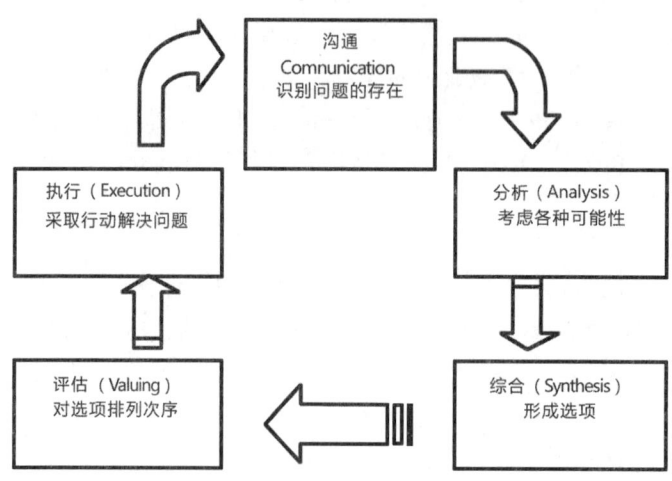

图1-6 CASVE循环图

(1)沟通:个体意识到理想和现实情境之间存在差距。这一步是决策的开始,个人如果没有意识到自己的需要,后面的步骤则无从谈起。沟通包括内部沟通和外部沟通。内部沟通包括情绪信号和身体信号,如个体所接收到的信息对其职业计划带来的焦虑感(不满、厌烦、失望);外部沟通包括老师、父母、媒体传递给个体的有关就业不容乐观的信息。内部沟通和外部沟通使自己感受到一定的压力,于是个体意识到有做出职业选择的需要。

(2)分析:将问题的各个组成部分相互联系起来,对现状进行评估,对所有的信息进行分析。检查自我知识和职业知识领域,改善自己在兴趣、技能、价值观、职业、学习机会、工作组织、行业类型等方面的知识,考虑和分析可能影响职业决策的积极或消极想法。分析的目的在于决策时避免冲动、盲目行事。

(3) 综合:把前一步骤分析阶段提供的各种信息放到一起,进行综合加工,制定出消除问题或差距的行动方案。在此阶段,个体首先要搜索查找各种解决问题的可能性,扩展解决问题的选项,对每一个选项进行思考。然后再逐步缩小选项的范围,保留下最好的,通常要减缩到三至五个。

(4) 评估:从可行性和满意度两方面评估保留下来的选择方案,并按照评估结果予以排序,得出最终的选择。在评估中,每个人都必须面对这样的抉择:第一,对个人而言哪个选择是最好的;第二,对我生活中重要的他人,如父母、亲友而言,哪个选择是最好的;第三,对社会而言哪个选择是最好的。每一种选择都要从对自己和对他人的代价和利益两方面进行考虑。在排序时,能够最有效地消除在沟通阶段所确定的存在于现实与理想状态之间的差距的那个选择排在第一位,次好的选择排在第二位,以此类推。

(5) 执行:这是整套 CASVE 的最后一个部分,它意味着对个体的选择付诸积极行动并解决在沟通阶段所确定的职业问题。

需要注意的是,决策是一个循环的过程,也就是说,在行动之后,还需要对自己的决定及其结果进行评估,由此可能进入新一轮的决策过程。

圆满完成这个决策过程有赖于每个步骤的成功。不管哪一个步骤出现问题,都会减缓或影响整个问题的解决。其中,有三个步骤是比较关键的。首先是在沟通步骤,可能会被眼前的问题所难倒,会感到沮丧、焦虑、害怕和消沉,带着一种被动的、消极的情绪进入分析或综合步骤。其次,在评估步骤会出现迷惑。在缩小了选择范围之后,还是无法做出选择。这种情况发生时,人就会有挫折感,变得焦虑、消沉,且发现自己又重新回到了最初的沟通步骤。最后是实施步骤。这是最困难的步骤,在实施的过程中会遇到各种各样原来想象不到的困难,有时会感到任务完成的希望很渺茫,以至于心情颓废。所以,认真完成每个步骤都非常重要。

综合而言,职业生涯选择理论从静态角度来探讨个人特质与职业之间的匹配问题,重视内在因素在职业选择中的作用;职业生涯发展理论从动态角度探讨个人职业生涯的成长历程,强调自我概念与职业决策能力的发展;职业生涯决策理论重视个人生涯发展的历程及抉择,以及决策过程中对个人价值观的了解和澄清。无论是哪一种理论,都从不同角度为职业生涯规划做出了理论支撑,都是开展规划的重要科学依据。

【案例】

调整职业 规划人生

黄先出生在一个贫困山区,小时候个子比较矮,在同龄人中很不起眼。父亲是乡村小学教师,母亲在家务农,家里还有一个患有精神疾病的弟弟,日子过得十分艰难。高中时他由于数理化成绩不太好,便选择了在英语班学习,希望能够扬长避短,考上大学,跳出农门。经过努力,他以全县文科第一名的成绩考上了一所大学的外语系,成为 20 世纪 80 年代的第一批大学生。

进入大学,他制定的第一个职业生涯目标就是毕业留校。因为按照当时的政策,如果不留校,就意味着毕业后回到家乡工作。为了这个目标,他刻苦学习,苦练英语口语。刚开始他找班上英语最好的同学互相对话练习口语,一个月以后,那位同学已经跟不上他了,他就自己对着墙练习。经过四年的刻苦学习,黄先终于以全年级第一名的成绩留校任教,从事大学公共英语课程的教学工作,实现了他的第一个职业目标。工作了一段时间以后,他又给自己制定了第二个目标,自学一门新专业,考取硕士研究生。他认真分析了国家宏观环境和发展趋势,并进行了自我分析,决定自学法律专业。两年以后,他考取了中国政法大学民商法专业的硕士研究生。毕业后,他又回到原单位工作。同年,他参加了全省组织的专业组英语竞赛,获得了第一名,并被当地一家劳务输出公司看中,被聘请为随队翻译并派往非洲。第一次签订合同时,只签了一年。到非洲后,公司发现他不仅懂英语还懂法律,特别是由于他懂得劳务合同的有关条款,为公司挽回了重大损失,公司又和他续约三年。在非洲工作期间,他结识了很多酋长的子女,这些人大多在英美国家接受过法律方面的良好教育,熟悉英美国家的法律理论和制度,黄先逐渐与他们成了朋友,得到了很多他们赠送的英文原版的法律书籍,并经常与他们讨论有关的法律问题。渐渐地,黄先发现自己很有处理涉外经济方面法律问题的分析能力和解决问题的能力,负责办理的几个案子都胜诉了。于是,他又制定了第三个职业目标,从事涉外法律工作,成为一名职业律师。三年后,他做出了大胆的决定,从高校辞职,到沿海城市成了一名专职律师。又过了五年,他被一家猎头公司看中,去了一家外资企业做法律顾问,收入颇丰。随后不久,他又开办了一家自己的企业,在接近40岁时,达到了个人职业的巅峰。他摆脱了贫困,并把父母接来同住,实现了个人和家庭的和谐发展。

(节选自关东梅:《创业技能》,清华大学出版社2008年版。)

【分析】

黄先事业成功的关键在于他制定了清晰连续、切实可行的目标,并在目标驱动下进行了不懈的努力。在制定目标时,他充分考虑了自己的优势和劣势,考虑了自己拥有的知识、能力和资源,而且分析了国家的政策、社会发展的趋势等外部环境因素,做到了知己知彼。黄先的职业发展经历告诉我们:有效的职业生涯规划是一个人事业成功的基石;确立清晰、可行的职业生涯目标是制订职业生涯规划的关键,有了目标才能排除干扰,全心致力于目标的实现;制定目标需要综合考虑自身情况和面对的机遇与限制;目标确定后,要为实现目标确定学习、培训和实践计划并付诸行动。

【讨论与思考】

1. 如何在大学为自己的职业发展定位?如何看待职业成功和职业幸福?
2. 运用所学的理论知识,尝试制订一份大学期间的学业规划。
3. 职业生涯的发展阶段理论有哪些?
4. 结合你所处的职业生涯时期(如发展期或瓶颈期),谈谈职业生涯规划的必要性。

第二章　初探职业世界

【名人名言】

天下最可悲的事,莫过于一个人不能发现一生的真正事业,或未能发现他已随波逐流或为环境所迫陷入了不合志趣的职业。

——约翰·杜威

【学习目标】

1. 掌握职业环境分析的途径和方法。
2. 掌握职业岗位探索的主要内容。
3. 掌握职业认知的方法和途径。

【案例导入】

兰兰的困惑

兰兰,女性,20岁,汉族,是某高职院校2008级国际贸易实务专业的学生,在校期间,学习刻苦,成绩优秀,工作积极认真负责,特别是在担任班级班委、学院学生会的干部期间,能很好地协助老师处理相关事务。但由于临近毕业,对就业、职业生涯等问题都感到困惑和迷茫,特来到就业指导中心向老师咨询。据了解,该同学高考填报志愿时,是根据自己的意愿选择国际商务专业,还是比较喜欢该专业的,但是她对毕业后的去向比较迷惘。除了自己所知能做外贸销售人员、外贸跟单员、商检与报关实务外,还有什么工作可以选择呢?外贸销售人员、外贸跟单员等职业的具体情况如何,需要什么技能呢?与外贸相关的工作环境是怎么样的呢?很多人说国际商务专业是万金油专业,哪个公司都需要,真实情况是这样的吗?目前,学该专业的大学生很多,如何在竞争中脱颖而出,需要具备哪些其他知识或技能呢?毕业后马上工作还是继续升学呢?兰兰带着这些问题来向职业指导老师咨询。

兰兰的问题是大多数高校毕业生都会遇到的普遍问题,其产生的主要原因是在校期间对自己将来所要从事的工作内容、工作环境没有做过深入了解,对自己可能面临的职业世界图景不清晰,没有对社会工作世界做过有效的考察与分析。

第一节　认知职业环境

在了解职业的基础上,还要了解职业环境,即职业环境的特点、大学生与职业环境的关系、职业环境对大学生提出的要求及职业环境对大学生的有利条件与不利条件等。只有对职业环境因素进行了充分了解,才能做到在复杂的职业环境中避害趋利,使自己的职业生涯规划得以实现。

环境是指围绕着人类的外部世界,是人类赖以生存和发展的物质条件的综合体。我们习惯把环境分为小环境和大环境。小环境通常由学校、家庭及朋友等构成,能为就业提供很多可利用资源。大环境由国家、社会、地方区域等构成,通过了解相关的政策法规、经济形势,可探索到个人职业发展的意义和价值。

一、社会环境分析

所谓社会环境分析,就是对我们所处的社会政治环境、经济环境、法制环境、科技环境、文化环境、语言环境、卫生环境等宏观因素的分析。在这些分析中,既关心当前的社会运行状况,更关注未来的发展态势,以寻找有利的职业发展机会。社会环境分析主要包括以下几点。

(一) 高端人才是发展的核心要素

目前,各市场主体之间的竞争日益激烈,尤其是高端人才是市场主体竞争获胜的关键要素,也是促进市场主体发展的核心要素。大学生经历了系统化的学习和实践活动,不仅有较强的专业能力水平,也有较强的综合能力。与没有接受过大学教育的人员比起来,他们有着相对较强的语言表达能力、协调沟通能力和环境适应能力。从用人单位的角度来看,他们更喜欢录用一些综合能力强、学习能力强的员工,因此大学生作为高端人才在就业中获得了一定的优势。

(二) 国家、地方以及高校出台了更多的促进大学生就业创业的政策

近几年,国家、地方以及高校都出台了促进大学生就业创业的相关政策,这些政策的出台给大学生带来了比较良好的外部环境和机会,为他们的就业提供了有利的条件。譬如,政府出台的主要政策有:鼓励和引导毕业生到城乡基层就业的政策措施;鼓励毕业生到中小企业、非公有制企业就业的政策;鼓励骨干企业和科研项目单位积极吸纳和稳定高校毕业生就业的政策;鼓励和支持高校毕业生自主创业的政策措施;对困难毕业生的就业援助措施等。高校作为大学生就业创业教育的主要阵地,不断丰富就业创业教育内容,增强教育的针对性,为大学生提供就业创业指导。高校特别关注困难学生群体的就业创业问题,通过采取发放就业创业补贴、提供"一对一"帮扶等措施解决学生就业创业中的实际困难。

(三) 国家产业重心的转移以及新兴产业的兴起为大学生就业提供更多机会

一是随着我国产业重心逐步由第二产业向第三产业转移，新企业、新岗位将不断涌现，这将给大学生提供更多的就业机会；二是战略性新兴产业正在快速发展，如节能环保、新兴信息产业、生物产业等。这些新兴行业飞速发展，和传统行业形成了鲜明的对比。大学生对于新兴产业及相关领域的了解更加全面，这对于大学生就业方向提供了更多选择。

(四) 工作形式多样化

目前，除了全职、兼职工作形式外，还存在自由职业、自我创业等多种职业形式。

自由职业者是脑力劳动者或服务提供者，不隶属于任何组织的人，不向任何雇主作长期承诺而从事某种职业的人，他们在自己的指导下自己找工作做，经常但不是一律在家里工作。如：作家、寿险顾问、电工等。自我创业，就是指自己作为企业主，雇佣他人生产经营，具有高风险、高回报的性质。

作为大学生，要清醒地意识到，社会提供给个人的工作机会越来越多，在进行职业规划时要注意到这些变化，为自己的职业发展提供更大的选择空间。

【案例】

洪林波创业之路

如今的"90后"创客们，不仅享有更完善的公共服务体系、更宽松的社会环境，自身也具有一定的经济基础和知识储备，因此创业想法往往更加大胆多元。这其中，"未毕业已创业"的"90后"大有人在。

在浙江桐庐，就有一位成功创业的在读大学生——杭州九月体育文化有限公司的负责人洪林波。他的另一个身份是北京体育大学的在读大学生。为何在求学阶段就开始创业？洪林波说，2017年假期他回到家乡合岭村，发现家乡的变化太大了。洪林波萌生了将"体育+旅游"带入乡村的想法。

在综合考察了地理位置、客流量等因素后，洪林波决定成立一家以基地和训练营为主的体育公司。在旧县街道党工委以及乡村振兴队的帮助下，洪林波很快就办好了各项手续，成立了杭州九月体育文化有限公司。他发挥自己的专业特长，整合各类资源，通过举办射箭项目"特色训练营"等项目，吸引了许多学生及家长的目光。公司成立不到一年，训练营的学员就多达100余人，并在2018年杭州市中小学生阳光体育射箭锦标赛中取得了初中组团体第一名的好成绩。

像洪林波一样，大多数"90后"创业者们也许还略显稚嫩，但他们创业也绝不是"头脑一热"，而是经过了深思熟虑。

【分析】

洪林波创业之所以成功，主要有三方面原因：一是他有自主创业的意识，敢于尝试；二是通过对地理位置、客流量等因素的考察，对创业成功的可能性进行了理性分析；三是注重发挥自身专业特长、创业思路清晰且得到了当地政府的支持。这个案例告诉我们，作为大学生要积极适应工作形式多样化这一新变化，综合考虑自身情况，选择适合自己的职业。

(五) 大学生就业形势依然严峻

一是大学毕业生人数继续保持较大规模。2018年毕业大学生为820万,2019年为834万,2020年将达到874万。二是随着国家对环境保护的重视,倡导绿色经济发展模式,经济发展进入减速提质阶段。经济增长与市场岗位供给呈正相关,经济增长的放缓将较大幅度减少市场对劳动力的需求。三是随着制造业的减少以及技术型、智能型产业的逐渐增多,我国经济发展对高技能的人才需求增多。然而当前高等教育的大学生培养计划,很难适应当下经济结构的发展现状。

二、家庭及学校环境分析

家庭环境包括硬环境和软环境两个方面:硬环境主要指家庭结构、家庭经济状况、父母职业、父母文化程度等;软环境指父母婚姻状况、父母教养方式、亲子关系等。

家庭环境对一个人的职业理想、职业目标和职业发展都会产生重要影响。譬如,父母教育程度越高,对子女在校期间的学习成绩、担任学生干部的可能性都有正向促进作用,也会增强子女继续深造的意愿。

父母教养方式分为权威型、专制型和宽容性。权威型教养方式下的父母会表现出对子女成长的关注和爱,会耐心地倾听子女的观点,并鼓励子女参与家庭决策。这类家庭中的孩子在社会能力和认知能力上都比较出色,有较清晰的职业生涯规划。专制型教养方式下,父母对子女的行为有较高的要求和标准,并强调子女顺从,崇尚权威和传统等。这类家庭的孩子会表现出较多的焦虑、退缩及反抗等负面情绪和行为,职业生涯规划模糊。宽容性教养方式下的父母对子女比较溺爱,导致孩子在今后的职业决策中缺乏信心和责任感,遇到挫折缺乏心理准备和应付方法等。

三、行业环境分析

行业指从事国民经济中同性质的生产或其他经济社会活动的经营单位和个体等构成的组织结构体系,如农业、制造业、建筑业等。联合国经济和社会事务统计局曾制定了《全部经济活动国际标准行业分类》,按照经济活动同质性原则,把国民经济划分为10个门类:农业、畜牧狩猎业、林业和渔业;采矿业及土石采掘业;制造业;电、煤气和水;建筑业;批发和零售业、饮食和旅馆业;运输、仓储和邮电通信业;金融、保险、房地产和工商服务业;政府、社会和个人服务业;其他行业。在每个门类的基础上,还可以再划分为大类、中类和小类。

行业环境分析包括对目前从事或将来想从事的目标行业的环境分析,内容包括行业的发展状况、国际国内重大事件对该行业的影响、目前行业优势与问题所在以及行业发展的前景预测等因素。

在分析行业环境时,一定要结合社会大环境的发展趋势。由于科学技术的飞速发展,某些行业如同夕阳坠落,逐渐萎缩、消亡,更有许多极具发展前途的朝阳行业不断出现并发展起来。同时还要注意国家政策的影响,要了解国家对某一行业是支持、鼓励和引导,还是限制、控制和制约。要尽量选择那些有前景、发展空间较大的行业。譬如,我国近年来高度重视环境保护工作,使环境保护产业获得发展良机,环保设备生产、环保技术咨询等行业迅速发展,提供了大量就业岗位。而这时如果看不到这一新的变化,进入那些污染后果严重的行业谋职,必将会给自己的职业生涯造成严重的不良后果。

【案例】

"花匠"庄晨阳

目前,返乡创业正在成为一种新潮流。江苏小伙子庄晨阳2014年毕业于复旦大学动画专业,2017年他在家乡江苏省宿迁市泗阳县成立了自己的公司——花汀园艺种植园。

"花匠"庄晨阳的创业缘于"不务正业",学动画的他爱上了多肉植物。在上学期间,庄晨阳就经常在学习之余养多肉盆栽。渐渐地,这些多肉开始引起了同学们的注意,庄晨阳尝试出售这些小苗。没想到,销售情况十分乐观,这让庄晨阳察觉到了其中的商机。他大学一毕业便主动选择了回家乡种多肉。

2017年末,由于培育的多肉植物品种多、卖相好,庄晨阳种植的多肉相继被各大新闻媒体关注并报道,收获了较好的经济效益和社会效益。为扩大规模,开展产业化经营,2017至2018年间,他每年新建1000多平方米多肉种植温室,带动周边农户就业近30人。如今,庄晨阳大棚里的多肉植物种类达300多种,培育出的多肉苗远销上海、山东、深圳等地,年产值保守估计在80万元左右,经济效益十分可观。

"我是先爱上这行,看到了机会,然后才决定从事这行。可是如果没有县人社部门的大力帮扶,我的创业道路也不会如此一帆风顺。"庄晨阳回忆说,在创业初期,他一度遭遇场地、资金难题,众兴镇人力资源与社会保障劳动所得知后,主动与杨圩社区对接,帮助他流转1000多平方米土地,建起了两个恒温大棚。

【分析】

庄晨阳创业之所以成功,主要有三方面原因:一是他敏锐地预测到培育种植多肉植物这一行业将会有较好的发展前景;二是他对于培育种植多肉植物有兴趣,喜爱这一行,并在大学期间已经进行了探索和实践;三是得到当地政府的帮助和支持。对培育种植多肉植物发展前景的正确预测是庄晨阳创业成功的关键所在。

四、组织(企业)环境分析

组织(企业)环境分析是指一切社会组织的内部环境分析,主要指企业内部环境分析。它包括企业在本行业或新的发展领域中的地位和发展前景,以及企业产品或服务在市场上的表现与发展前景。同时,它还包括企业性质、类型、企业实力、资本构成体系、发展历程与背景、企业领导、人才选拔机制、发展战略、薪酬结构、企业文化和规章制度等因素。

(一)企业实力

企业在社会中的地位和声望如何,企业目前的产品、服务和活动范畴是什么,企业的发展领域在哪些方面,发展前景如何,战略目标是什么,技术力量和设施是否先进,在本行业中是否具备很强的竞争力,是发展扩张还是倒退紧缩,谁是竞争对手,企业目前的财政状况如何,是真正在"做大做强"还是空有其壳,有没有长久的生命力,企业的组织结构是怎样的,是扁平制还是等级制等等。

(二) 企业领导人

企业主要领导人的抱负及能力是企业发展的关键性因素。个人在职场的运气很大一部分来自于自己的老板。很多成功的大企业都有一位出色的企业家作为掌舵领航人。因此,要了解企业主要领导人是真心要干一番事业,还是想捞取名利;管理风格是否先进开明;是否有足够的能力带领员工开创新天地;有没有战略眼光和措施;是以人为本,还是以物为本;有没有考虑员工的职业生涯发展;是否尊重员工等等。

(三) 企业文化

企业文化是组织中员工共有的价值观和遵守的行为准则,与其他企业相比具有其自身的独特性。企业文化具有创新和冒险、关注细节、结果导向、关注员工、团队导向、积极进取和持久性等基本内涵。优秀的企业文化会让员工感到快乐和受尊重,而使员工工作更有创造性。员工与企业相互配合是否良好的关键在于企业文化。因此,在求职时选择什么样的企业文化氛围让你觉得最舒服,才是至关重要的。

企业制度是关于企业组织、运营、管理等一系列行为的规范和模式的总称,主要包括管理制度、用人制度、培训制度等。尽可能了解这些信息,了解企业在组织结构上的特征与发展变化趋势,分析这种安排对自己的未来可能带来什么样的影响。特别要注意企业用人制度如何,能否提供教育培训机会,提供的条件是什么,自己将来有没有可能在职务和待遇上有很好的发展空间,职务或待遇提升的依据是基于能力还是工作年限等。

总之,毕业生在选择目标企业时,应通过多种渠道了解企业相关信息,以判断自己的职业生涯在这个企业中有没有足够的发展空间,衡量自己的目标能够在该企业得以实现的可能性。

第二节 探索职业岗位

职业岗位即职位,它是指一个企业组织中,在一个特定的时间内,由一个特定的人所担负的一个或数个任务所组成。在同一时间内,职位数量与员工数量相等,即只要是企业的员工就应有其特定的职位。

一、职业的分类

每个岗位都可以归属于对应的职业类型中,关于职业类型有几种典型的分类方法,譬如,霍兰德的职业环境分类、工作世界地图以及JobSoSo分类等。这里主要介绍一下《中华人民共和国职业分类大典》关于职业的分类。根据《中华人民共和国职业分类大典》(2015年版),把职业分为8个大类、75个中类、434个小类,并具体确定了各个职业名称。8个大类情况见表2-1。

表 2-1　中华人民共和国职业分类

类别	包含人员
第一大类	国家机关、党群组织、企业、事业单位负责人,其中包括 5 个中类,16 个小类,25 个细类
第二大类	专业技术人员,其中包括 14 个中类,115 个小类,379 个细类
第三大类	办事人员和有关人员,其中包括 4 个中类,12 个小类,45 个细类
第四大类	商业、服务业人员,其中包括 8 个中类,43 个小类,147 个细类
第五大类	农、林、牧、渔、水利业生产人员,其中包括 6 个中类,30 个小类,121 个细类
第六大类	生产、运输设备操作人员及有关人员,其中包括 27 个中类,195 个小类,1119 个细类
第七大类	军人,其中包括 1 个中类,1 个小类,1 个细类
第八大类	不便分类的其他从业人员,其中包括 1 个种类,1 个小类,1 个细类

二、职业岗位的探索

职业岗位探索就是岗位本身和影响岗位发展的因素的调研。对岗位进行探索是大学生求职的第一步。对岗位的明确把握,可以让大学生在应聘时更有针对性,也会在了解岗位的基础上加深对自己的了解。一般而言,职业岗位探索包含以下内容。

(一) 岗位描述

岗位描述主要是对岗位的定义、工作内容及要具备的任职资格的描述,这是岗位的基本内容,是理解一个岗位的最直观方面。

社会上对每个岗位都有一定的、通用的看法,这是大家普遍赞成的定义。但是不同的人,譬如,专家、管理者等从业人士又对其有具体的、个性化的看法。大学生在探索岗位的定义时,要尽量全面地了解各方的看法,然后综合起来形成自己的看法。

每个岗位都有其核心的工作内容,这个可以通过企事业单位招聘时对招聘岗位工作内容的描述来具体明确,也可以通过对从事过该岗位的人的调研来了解。大学生在探索岗位时主要就是要搞清楚这个岗位的核心工作内容,据此来判定自己是否能够做好以及是否喜欢该岗位。

要胜任一个岗位,就要具备从事该岗位的任职资格。任职资格主要包括:知识、能力、经验、态度等。单位在招聘时会将明确的任职资格罗列出来,大学生要据此搞清楚岗位的任职资格,看自己是否具备,从而做出正确的岗位选择。

(二) 相关岗位探索

一般来说,在一个部门里是有众多职能相同工作相似的岗位的。譬如,招聘专员的相似岗位就是人力资源部门的众多岗位,包括培训专员、考核专员等。大学生对相关岗位进行同样的岗位探索,有利于大学生全面了解部门职能、多方面培养能力、进行岗位轮换和工作转换,也有利于大学生进行职业选择和个人定位。

(三) 岗位晋升通路

一般来说,一个岗位是有其固定的晋升通路的。如招聘专员的晋升通路一般是招聘专员—招聘经理助理——招聘经理——招聘总监等,但具体的晋升岗位和通路要结合企业类型和企业所处的发展规模,很可能一些中小公司的招聘专员就负责整个公司的招聘工作。大学生搞清楚自己的岗位晋升通路是很有必要的,有利于激发个人热情和信心,也有利于明确努力方向。

(四) 不同背景下的岗位要求

岗位的通用要求加上不同背景下的岗位要求构成了一个岗位的最终描述,大学生在求职时要特别关注不同背景下的岗位要求,因为这才是制约个人在单位发展的关键。

行业背景下的岗位要求。同样的一个岗位名称,在不同行业里完全有可能做不一样的工作。譬如,同样是研发人员,在汽车行业和在家电行业其做的工作是存在差异的。这就要求大学生在应聘一个具体岗位时,要搞清楚岗位所在行业对岗位的具体要求。

企业背景下的岗位要求。不同性质的企业,如外资、国企、私企等性质完全不同的企业对岗位的要求是存在差异的。企业所处的发展阶段、发展规模也是影响岗位要求的关键因素,一般来说,大企业就正规一些,而小企业就随意一些。

人为背景下的岗位要求。虽然业内对一个岗位有其通用的要求,但还是要考虑公司领导和上司对岗位的具体理解和要求,毕竟个体是要在这个公司发展的。领导和上司的个性化、个人化要求有些是不能具体量化的,这个就要具体参照你要应聘的那个公司了,如果你的目标不明确,就可以参考一些行业和企业对其的通用要求。

第三节 职业认知

职业认知简单来说就是对职业、职员和团体的认识。进行职业认知的方法有很多,大致可分为静态的资料接触、动态的资料接触和参与真实情境三类。三类方法各有利弊,互为补充,只有将三类方法结合起来,才能更好地进行职业认知。

一、静态的资料接触

阅读和观看一些有关职业世界的书籍报刊等出版物、视听材料、网络信息,参观行业展览会和学习交流会等,可以帮助我们较为全面的了解职业世界的信息,很好地建立起对职业世界的感观认识。

文学作品、专业书籍、期刊以及社会调查报告等,都能为我们提供一些职业世界的信息。如:《中国大学生就业》杂志侧重学生的求职指导,包括政策发布、求职案例、职业规划、就业辅导、择业指导等内容板块。各种光盘、电视广播节目等是生动形象展示职业世界的窗口。如:安徽广播电视台的《就业赢未来》栏目聚焦就业创业这一最大的民生工程,主要包括宣传就业政策,搭建就业平台,讲述就业故事等内容。参观行业展览会和人才交流会可以获得很多企业和工作的具体情况,比如公司的规模、具体产品的特点、人员状况等。

通过网络信息来了解职业,是越来越普遍的一种探索职业世界的方法。目前,中国就业网(www.chinajob.com)、新职业网(www.ncss.org.cn)、中华英才网(www.chinahr.com)、中国人力资源网(www.hr.com.cn)等专业网站,成为大学生探索职业世界的主要网络平台。在这些平台上,大学生可以搜索职业相关资料,了解职业的一般描述,该职业对求职者的要求、职业的薪酬待遇与发展等信息。

静态的资料在网络上或有关出版物上非常之多,但静态的资料毕竟是二手资料,在利用这些资料时,一定要有自己的判断力。

二、动态的资料接触

动态的资料接触渠道主要包括参加一些专业俱乐部、专业协会或学会,进行生涯人物访谈等。譬如,参加会计师协会、律师协会、HR俱乐部等专业俱乐部、专业协会或学会活动有助于了解行业的发展信息,也能观察到职业人的生存状态。生涯人物访谈是这几种方法中效果最佳的一种方法,下面着重介绍该方法。

(一)生涯人物访谈的定义及意义

生涯人物访谈是一种引导大学生去思考的职业规划活动,通过与自己感兴趣行业的职场人物访谈,获取到关于某种行业或某个单位信息的职业探索活动。生涯人物访谈不仅是大学生对未来职业生涯的一次探索,更是对自我设计、自我规划、自我成就的探索。通过生涯人物访谈,借鉴访谈对象的职场历程和经验,真实了解对自己所向往的职业和该行业对从业人员的要求,从而对自己的职业生涯规划与实践有一个清晰的认知,来设计、规划自己的职业发展。

(二)生涯人物访谈的流程

(1)明确访谈目的。在进行正式访谈之前,你需要思考本次访谈要达到的目的,你要了解哪个职业,了解这个职业的哪些方面的信息。并通过静态的资料接触的方式,先对该职业进行一个全方位的了解。

(2)寻找合适的生涯人物。根据自己的专业方向、兴趣、技能、教育背景等,列举未来可能从事的若干专业或选择方向,在每个职业方向上寻找3人以上作为生涯人物。只要与所探寻职业相关、可以提供行业信息的从业人员均可作为生涯人物。

(3)拟定科学访谈提纲。要根据目标职业疑问,围绕工作内容、任职资格、晋升通道、工作环境以及薪酬福利等内容设计访谈问题。访谈问题主要有:

这份工作需要什么样的知识、技能和经验储备,对学历有什么要求?

您的职位是什么?您的工作职责是什么?

您是如何晋升到现在的职位的?花费了多长时间完成您的晋升?

在这个职位上,您每天都做些什么?

什么样的个人品质或能力对本工作来讲是重要的?

工作中采取行动和解决问题的自由度如何?

这个工作岗位分为几级?每一级的薪酬待遇如何?

工作单位对刚进入该领域的新员工有没有培训?有的话,提供哪些培训?

您如何看待该职位的发展前景?

您能否对准备进入这个行业的大学生提供些建议?

……

(4) 预约并进行正式访谈。预约时首先要介绍自己,然后说明访谈的目的、感兴趣的工作类型以及访谈时间等。正式访谈时,准时是第一要求,包括准时开始与准时结束。访谈中,如果访谈对象出现厌烦的情绪或访谈陷入僵局,一定要及时结束,否则不仅达不到访谈目的,而且也不利于今后的交往。访谈结束后,要从自身查找原因并找出解决办法,以便下一次访谈的顺利达成。为了避免访谈过程中可能会出现的僵局,在正式访谈前最好找一个合适的人就访谈内容进行预演。

(5) 访谈结果的科学分析。访谈结束后,要对访谈中获取的职业信息进行加工分析,与之前自己对该职业的认知进行比照,找出二者之间的偏差。综合考虑自己是否适合该职业,是否具备从事该职业的任职资格。如果确实不适合该职业,则需要重新寻找领域进行探索。

(三) 生涯人物访谈的注意事项

(1) 自我探索应在职业探索之前完成。只有在正确自我认知的基础上,才能够在访谈中找准切入点并获取自己需要的职业信息。

(2) 生涯人物的选择要科学合理。生涯人物既要包含功成名就的职业成功者,也要包含在职业岗位上默默无闻奉献者,在创业领域,不但需要创业成功者,也需要失败者的经验分享。就二者比例而言,前者更应成为访谈的核心人物。

(3) 把控好访谈进程和局面。访谈中,要根据访谈提纲循序渐进,避免拖时和主题偏离现象。要根据访谈情况及时调整访谈内容,一旦出现突发事件,能够随机应变进行灵活处理。

三、参与真实情境

参与真实情境指通过参与到真实的工作情境中去,获取职业世界的真实信息。这种方法使得获得的职业信息更加深入,职业体验更为深刻,还可以培养大学生的职业能力,获得工作经验。参与真实情境有两种主要途径:直接观察和直接工作经验。

(一) 直接观察

直接观察指进入职业招聘现场或工作现场,对职业进行面对面的接触和了解。常见的方法有参加行业的展览会、参加职业招聘会和见习等。

(二) 直接工作经验

直接工作经验是指直接参与到工作实践中,切身体验真实的工作。大学生可以通过参加社会实践、实习、兼职、创业等方式获得直接工作经验。对于大学生而言,普遍存在缺乏工作经验的问题,而工作经验又是很多招聘单位在录用员工时很看重的一点。因此,大学生应该充分利用双休日、节假日、假期等到用人单位从事兼职工作或进行实习。如果条件允许,也可以积极进行创业。这样将所学知识运用到实际工作中,找出自身差距,及时查漏补缺,为毕业后的就业奠定坚实基础。

【案例】

A女生的求职之路

×学院经济统计学专业A女生是2018届毕业生,在校期间,经常泡图书馆,极少参加班级活动,且心态不够成熟。

A同学的目的是考研,结果未考上,该生选择了找工作。由于之前一直处于备考,没有参加任何大型的招聘会,错过了招聘的"黄金期",再加上没有任何工作实习经验,工作就更难找了。前一段时间到了杭州一家生物制药公司做销售工作,工作了一个星期,由于工作辛苦,又对销售不太感兴趣,她辞职了,又想着来年报考研究生。但是现在又放弃了这一目标(根据她的说法,研究生毕业后一样得工作,还不如现在先工作,到时有机会再读研),于是该女生开始找工作,在网上不断地投简历,当有单位打电话过来时,由于投的单位太多,所以还要根据电话号码上网查看是哪家企业应聘的是什么职位,就这样忙乎了一个星期,几乎每天要跑去两个单位参加面试,应聘了一个星期后没有回音。A女生对于未来的前景感到非常迷茫,不知所措。

【分析】

这是一个大学生没有做好职业规划的典型案例。A女生求职失败主要原因有两个方面:一是没有认真进行自我认知,对自己的能力和兴趣了解不够。二是忽视了对职业世界的探索。该生一心忙于考研,没有参加任何大型招聘会,也没有任何工作实习经验,缺乏对职业环境的分析、职业岗位的探索和职业的认知。这样导致该生不清楚哪些岗位适合自己的能力和兴趣,盲目投简历,也没有什么结果,以至于对未来的前景感到非常迷茫,不知所措。

【讨论与思考】

1. 如何分析职业环境?
2. 职业岗位探索主要包括哪些内容?
3. 职业认知的方法有哪些?
4. 大学毕业后你想从事什么职业?请谈谈你想从事该职业的原因。

第三章　挖掘自我资源

【名人名言】

知人者智,自知者明。胜人者有力,自胜者强。

——老子

【学习目标】

1. 理解并掌握自我认知的含义及内容,了解自我认知的结构,学会使用自我认知的方法。

2. 了解大学生自我认知的特点,重点理解大学生自我认知在职业生涯规划中的重要作用。

3. 掌握并应用完善自我的方法。

【案例导入】

一个大学生对自己的评估

在我考上大学以前,我所有的学习都是为了将来能考入大学,对大学生活有许许多多的憧憬,大学就是我梦想中的天堂。我每天埋头苦干,学习动力十足,家长和老师也不时地提醒我,不要松懈,只要有一点怠慢,大学生活就会与我失之交臂。在不懈努力下,我终于跨进了大学的校门。

在进入大学之后,我就认为现在终于可以轻松一把了,不要再像中学那样每天只在书堆里转了,好像考上大学就是我学习的终点了。在学习上,目的不明确,自我意识不清,缺乏有效的学习动机。

现在的大学生大部分还是对未来有着强烈的兴趣,对未知事物有好奇的心理,具有一定的探知欲望。但有一小部分学生不想学,也有一些不得不学的意味,他们自我意识不清,相当一部分学生不能恰当地进行自我评价,要么以自我为中心,要么自卑,要么就是自负。缺乏目标意识和学习的动力。不少学生的求学动机主要立足于个人发展,对学校和专业不满的比例较高,而一部分的学生对大学的学习感到无所适从,从而产生情绪波动。这些都与自我意识有很大关系。

第一节 认识你自己

一、自我认知的内涵

"我是谁""我究竟是怎样的人""我应当成为怎样一个人""我想做什么""我究竟适合做什么""我怎样成为理想中的那种人",这样的问题是否也常出现在你的脑海中?从心理学的角度分析,这些围绕自身的想法,就是所谓的自我认知问题。

自我认知是主观的"我"对客观的"我"的认知和评价,即个体对自己的生理状况和心理状况、对自己与他人和社会关系的认识和评价。自我认知主要包括自我观察、自我分析和自我评价等。

(一)自我观察

曾子曰:"吾日三省吾身。"其中的"省",就包含自我观察的意思。自我观察就是个体将自己的内心活动作为被观察的对象。个体有关自我的材料来源于自我观察,因此自我观察是自我认知的基本成分。自我观察的方法主要有自我暴露、社会比较、分析环境因素和外部活动等。

(二)自我分析

自我分析就是个体把自我观察所得到的思想和行为状况进行分析的过程。在这个过程中,我们常会有"我究竟是一个什么样的人""我身上有什么优点""我身上有什么缺点""周围的人都是怎么看我的""我将来想成为什么样的人"等一系列的想法。自我分析的方法主要有定量分析和定性分析等。

(三)自我评价

自我评价是在自我观察和自我分析的基础上,对自己的思想、行为、能力、个性和品德等的判断和评价。自我评价的三种基本形式分别是自我评价过低、自我评价适当和自我评价过高。人们可以通过自我分析、他人评价、同级比较等方式开展自我评价。

二、自我认知的结构

(一)现实自我

现实自我是个体从自己的立场和观点出发,对自己目前的实际状况的评价和看法,涉及的根本问题是"我实际是个什么样的人"。

(二)理想自我

理想自我是个体要实现的比较完善的一种自我境界或形象,是个人追求的目标,涉及的问题是"我想要成为一个什么样的人"。理想自我虽有可能与现实自我不一致,但它却对个人的认知和行为有很大的影响,是人前进的动力和方向。

(三) 投射自我

投射自我也称镜中自我,是个人想象中他人对自己的看法和评价,以及由此而产生的自我感。投射自我和现实自我之间往往存在着差异,当差异过大的时候,个体会感到自己不被别人了解。

【趣味测试】

"我眼中的我"小测试

目的:帮助大学生梳理、觉察自我意识。

步骤:请完成以下填空,看一看你理想中的自己和现实中的自己是什么样的。

1. 现实的我

我的外貌(身高、体重、体形等)是:_____

我的性别是:_____

我有以下这些能力:_____

我有以下兴趣爱好:_____

我的性格是:_____

我的人际关系状况是:_____

在群体中我的形象和地位是:_____

2. 理想的我

我希望我的外貌是:_____

我希望我的性别是:_____

我希望我有以下这些能力:_____

我希望我有以下兴趣爱好:_____

我希望我的性格是:_____

我希望我的人际关系状况是:_____

我希望我在群体中我的形象和地位是:_____

3. 我对自己的情感是(正面还是负面,积极还是消极,满意还是不满意,自豪还是自卑等):_____

4. 我对现实的自己是否能够接纳?_____

我对理想中的自己是否能够悦纳?_____

如果你已经完成以上填空,请思考并和你的同学分享一下问题:

完成这些填空作业让你有怎样的感受?

现实的你和理想的你差距大吗?

这说明什么?对你有怎样的启发?

三、自我认知的方法

德国作家约翰保罗说:"一个人真正伟大之处,就在于他能够认识自己。"客观地认识自我并非一件易事，虽然每个人都希望有自知之明，但夸大自己的长处或者过分贬低自己，都不是有自知之明的表现。个体对自己的认知不是与生俱来的，而是后天获得的，是个体在社会环境中或与他人的互动中逐渐形成的，这是一个不断发展、完善的过程，也是对自己的反思过程。一般而言，大学生对自己的认知可以运用以下四种方法。

（一）自我分析

自我分析是个体把观察到的自身的思想与行为情况进行分析的过程。具体过程包括整理资料、去伪存真、由表及里，然后在分析、综合的基础上概括出自己的心理及个性品质中的本质。人们可以通过观察和内省的方法来进行自我分析，这是一种通过对自己的内部世界进行分析、反省来认识自己的方式，是自己与内心的对话，个体既是观察的主体，同时又是观察的对象。大学生在学习生活中不断地依据自己的外在行为来推断自己的特征，不断地对自己的学习、交往、性格、态度、品质等方面进行深入的观察和反省，使得对自我的认识持续完善和提高。

（二）他人评价

我们对自己的认识往往很难做到全面、客观，透过他人的眼睛，借助他人的评价有助于我们更加清晰地认识自我。每个人都有自己的评价体系和标准，可以通过综合不同渠道的信息和不同人的评价来增加对自我的认知，这些评价有助于我们纠正自我认知的偏差，克服自我认知的主观性和片面性，当他人的评价和自我观察有出入时，我们要冷静分析，妥善处理，敢于正视和接纳自己的不足。

大学生在对待他人评价时需要注意：首先，要重视熟识自己或与自己接触较多的人的评价，这些人对自己的了解比较全面，评价更客观；其次，要重视一致性的评价，如果很多人都指出了自己共同的问题，那么就需要引以为戒了；最后，既要重视与自己一致的观点，又要能听取与自己不一致的意见，从而在不同的声音中更加全面地了解自己。

（三）社会比较

古人云："以铜为镜，可以正衣冠；以古为镜，可以知兴替；以人为镜，可以明得失。"他人是反映自我的镜子，与他人比较是自我认知的重要方式。费斯廷格的社会比较理论认为，人们想准确地认识自我、评估自我时常常和自己相似的人做比较。大学生正处在人生重要的发展时期，职业理想、人生态度等都在形成之中，社会比较为大学生提供了认识自我的重要标尺。

大学生在进行社会比较时需要注意以下几点：第一，明确比较的目的。需要根据比较的目的，选择适当的比较内容，对比较的结果进行全面的综合分析。第二，注意选择比较的内容。大学生应该多在学习成绩、工作能力、意志品德、行为习惯等方面与他人比较，而不是在外貌条件、家庭背景等方面比较，因为前者是可以通过自身的努力不断提高的，而后者在很大程度上并不取决于大学生自身，也是个人在短期内难以改变的。第三，注意比较的对象。是与自己条件类似的人，还是比自己层次高能力强的人，或是极不如自己的人？向下比较会带来信心，向上比较会有压力，与相似的比较会更清楚努力的方向。

(四)职业测评

1. WAI 技法

WAI 技法是指对"我是谁"(Who am I)之类问题的自问自答,其形式上是自由写出 20 种回答,因此也被称为"二十句测验"。WAI 技法始于 20 世纪 50 年代,以"我"字开头的 20 空行,并印有 1~20 的番号,要求被试者针对"我是谁"这个问题,写出头脑中出现的关于自己的想法。

【趣味测试】

"我是谁"二十问

请你根据自己的实际情况,尽快地完成以下二十个句子。

1. 我是＿＿＿＿＿＿＿＿＿＿＿＿＿＿＿＿＿＿＿＿＿＿＿的人。
2. 我是＿＿＿＿＿＿＿＿＿＿＿＿＿＿＿＿＿＿＿＿＿＿＿的人。
3. 我是＿＿＿＿＿＿＿＿＿＿＿＿＿＿＿＿＿＿＿＿＿＿＿的人。
4. 我是＿＿＿＿＿＿＿＿＿＿＿＿＿＿＿＿＿＿＿＿＿＿＿的人。
5. 我是＿＿＿＿＿＿＿＿＿＿＿＿＿＿＿＿＿＿＿＿＿＿＿的人。
6. 我是＿＿＿＿＿＿＿＿＿＿＿＿＿＿＿＿＿＿＿＿＿＿＿的人。
7. 我是＿＿＿＿＿＿＿＿＿＿＿＿＿＿＿＿＿＿＿＿＿＿＿的人。
8. 我是＿＿＿＿＿＿＿＿＿＿＿＿＿＿＿＿＿＿＿＿＿＿＿的人。
9. 我是＿＿＿＿＿＿＿＿＿＿＿＿＿＿＿＿＿＿＿＿＿＿＿的人。
10. 我是＿＿＿＿＿＿＿＿＿＿＿＿＿＿＿＿＿＿＿＿＿＿＿的人。
11. 我是＿＿＿＿＿＿＿＿＿＿＿＿＿＿＿＿＿＿＿＿＿＿＿的人。
12. 我是＿＿＿＿＿＿＿＿＿＿＿＿＿＿＿＿＿＿＿＿＿＿＿的人。
13. 我是＿＿＿＿＿＿＿＿＿＿＿＿＿＿＿＿＿＿＿＿＿＿＿的人。
14. 我是＿＿＿＿＿＿＿＿＿＿＿＿＿＿＿＿＿＿＿＿＿＿＿的人。
15. 我是＿＿＿＿＿＿＿＿＿＿＿＿＿＿＿＿＿＿＿＿＿＿＿的人。
16. 我是＿＿＿＿＿＿＿＿＿＿＿＿＿＿＿＿＿＿＿＿＿＿＿的人。
17. 我是＿＿＿＿＿＿＿＿＿＿＿＿＿＿＿＿＿＿＿＿＿＿＿的人。
18. 我是＿＿＿＿＿＿＿＿＿＿＿＿＿＿＿＿＿＿＿＿＿＿＿的人。
19. 我是＿＿＿＿＿＿＿＿＿＿＿＿＿＿＿＿＿＿＿＿＿＿＿的人。
20. 我是＿＿＿＿＿＿＿＿＿＿＿＿＿＿＿＿＿＿＿＿＿＿＿的人。

"二十问"法,是心理学家了解一个人自我意识的一种简便有效的方法。通过上面的"二十问",你就可以了解自我意识的一些状况和特点。

(1)你的完成速度如何?完成速度与你对自己的了解程度有关,也与你愿意多大程度表露自己有关。不介意表露自己的人会写得快一些、多一些,不太希望表露自己的人,在写每一句的时候就会斟酌句子的内容。

(2)你写的内容的深度如何?比如,你可以看看在二十句句子中表面性的句子(如"我是一个在大学二年级读书的人")多,还是反映对自己看法的句子多。表面性的句子反映了自我意识的深度不够,或者不愿意让别人了解自己的内心世界。

（3）是正面的评价多，还是负面的评价多？这直观地反映出个体是否自信。如果负面的自我评价过多，表明个体的自我情感体验比较负面，个体不够自信。

（4）二十个句子的内容如何？是否有集中的主题？如果二十个句子中有许多句子都涉及同一主题，那集中的主题反映的是你当下最关注的事物，甚至是你以前自己都未意识到的。

总之，这简单的二十个句子能帮助你对自己有进一步的了解。这也是探索自我意识简单实用的方法之一。

2. 量表测评法

① 自我意识量表（SCS）。自我意识量表是心理学家 Fenigstein、Sheier 和 Buss 在 1975 年编制的，用于内在自我和工种自我的测量。

请阅读以下题目，并用 0～4 代表这些项目与自己相符的程度。"0"表示与我完全不符合，"4"代表与我非常符合，"1、2、3"分别代表不同程度的符合和不符合，请你在认为合适的数字上打"√"。

1. 我经常试图描述我自己。　　　　　　　　　0　1　2　3　4
2. 我关心自己做事的方式。　　　　　　　　　0　1　2　3　4
3. 总的来说我对自己是什么人不太清楚。　　0　1　2　3　4
4. 我经常反省自己。　　　　　　　　　　　　0　1　2　3　4
5. 我关心自己的表现方式。　　　　　　　　　0　1　2　3　4
6. 我能决定自己的命运。　　　　　　　　　　0　1　2　3　4
7. 我从不检讨自己。　　　　　　　　　　　　0　1　2　3　4
8. 我对自己是什么样的人很在意。　　　　　　0　1　2　3　4
9. 我很关注自己的内在感受。　　　　　　　　0　1　2　3　4
10. 我常担心我是不是给别人一个好印象。　　0　1　2　3　4
11. 我常常考察自己的动机。　　　　　　　　　0　1　2　3　4
12. 离开家时我常常照镜子。　　　　　　　　　0　1　2　3　4
13. 有时我有一种自己在看自己的感受。　　　0　1　2　3　4
14. 我关心他人看我的方式。　　　　　　　　　0　1　2　3　4
15. 我对自己心情变化很敏感。　　　　　　　　0　1　2　3　4
16. 我对自己的外表很关注。　　　　　　　　　0　1　2　3　4
17. 当解决问题时我很清楚我自己的心理。　　0　1　2　3　4

计分办法：代表内在自我的题目包括 1、3、4、6、7、9、11、13、15、17，代表公众自我的题目包括 2、5、8、10、12、14、16。第 3 题和第 7 题为反向计分题，其余各题为正向计分题。对于大学生而言，内在自我的平均得分为 26 分，公众自我的平均得分为 19 分。

② 自我和谐量表（SCCS）。

指导语：下面是一些人对自己看法的陈述，填答时，请你看清每句话的意思，然后圈选一个数字。①代表该句话完全不符合你的情况。②代表比较不符合你的情况。③代表不确定。④代表比较符合你的情况。⑤代表完全符合你的情况。每个人对自己的看法都有其独特性，因此答案没有对错，只要如实作答即可。

1. 我周围的人觉得我对自己的看法有些矛盾。　　　　　① ② ③ ④ ⑤
2. 有时我对自己在某方面的表现不满意。　　　　　　① ② ③ ④ ⑤
3. 当遇到困难,我首先分析造成困难的原因。　　　　① ② ③ ④ ⑤
4. 我很难恰当表达我对别人的情感反应。　　　　　　① ② ③ ④ ⑤
5. 我对很多事情都有自己的观点,但我并不要求别人也与我一样。① ② ③ ④ ⑤
6. 我一旦形成对事物的看法,就不会再改变。　　　　① ② ③ ④ ⑤
7. 我经常对自己的行为不满意。　　　　　　　　　　① ② ③ ④ ⑤
8. 尽管有时候做些不愿意的事,但我基本上是按自己意思办事的。① ② ③ ④ ⑤
9. 一件事好就是好,不好就是不好,没有什么可含糊的。① ② ③ ④ ⑤
10. 如果在某件事上不顺利,我往往就会怀疑自己的能力。① ② ③ ④ ⑤
11. 我至少有几个知心朋友。　　　　　　　　　　　① ② ③ ④ ⑤
12. 我觉得我所做的很多事情都是不该做的。　　　　① ② ③ ④ ⑤
13. 不论别人怎么说,我的观点绝不改变。　　　　　① ② ③ ④ ⑤
14. 别人常常会误会我对他们的好意。　　　　　　　① ② ③ ④ ⑤
15. 很多时候我不得不对自己的能力表示怀疑。　　　① ② ③ ④ ⑤
16. 我朋友中有些是与我截然不同的人,这不影响我们的关系。① ② ③ ④ ⑤
17. 与朋友交往过多容易暴露自己的隐私。　　　　　① ② ③ ④ ⑤
18. 我很了解自己对周围人的情感。　　　　　　　　① ② ③ ④ ⑤
19. 我觉得目前的处境与我的要求相距太远。　　　　① ② ③ ④ ⑤
20. 我很少去想自己所做的事是否应该。　　　　　　① ② ③ ④ ⑤
21. 我所遇到的很多问题都无法自己解决。　　　　　① ② ③ ④ ⑤
22. 我很清楚自己是什么样的人。　　　　　　　　　① ② ③ ④ ⑤
23. 我能很自如地表达我要表达的意思。　　　　　　① ② ③ ④ ⑤
24. 如果有足够的证据,我能改变自己的观点。　　　① ② ③ ④ ⑤
25. 我很少考虑自己是一个什么样的人。　　　　　　① ② ③ ④ ⑤
26. 把心里话告诉别人不仅得不到帮助,还可能招致麻烦。① ② ③ ④ ⑤
27. 在遇到问题时,我总觉得别人都离我很远。　　　① ② ③ ④ ⑤
28. 我觉得很难发挥出自己应有的水平。　　　　　　① ② ③ ④ ⑤
29. 我很担心自己的所作所为会引起别人误解。　　　① ② ③ ④ ⑤
30. 如果我发现自己某些方面表现不佳,总希望尽快弥补。① ② ③ ④ ⑤
31. 每个人都在忙自己的事,很难与他们沟通。　　　① ② ③ ④ ⑤
32. 我认为能力再强的人也可能遇上难题。　　　　　① ② ③ ④ ⑤
33. 我经常感到自己是孤立无援的。　　　　　　　　① ② ③ ④ ⑤
34. 一旦遇到麻烦,无论怎样做都无济于事。　　　　① ② ③ ④ ⑤
35. 我总能清楚地了解自己的感受。　　　　　　　　① ② ③ ④ ⑤

量表评分:各份量表的得分为其包含的项目分直接相加,三个分量表分别包含的项目为以下几种情况。自我与经验的不和谐:1、4、7、10、12、14、15、17、19、21、23、27、28、29、31、33共16项,得分之和高分≥56分,低分≤35分。自我的灵活性:2、3、5、8、11、16、18、

22、24、30、32、35 共 12 项,得分之和高分≥55 分,低分≤37 分。自我的刻板性:6、9、13、20、25、26、34 共 7 项,得分之和高分≥40 分,低分≤13 分。总分计算:将自我的灵活性反向计分,再与其他两个项目所得分数相加。

得分解释:得分越高,自我和谐度越低,容易对环境不适应或逃避而导致自我的僵化,或因不能改变导致无助感。一般来说低于 74 分为低分组,75～102 分为中间组,103 分以上为高分组。

【知识链接】

镜像自我

我们如何看自己?如何形成自我意识?美国社会心理学家库利认为,当我们进入社会群体时,避免不了与他人进行交往。在交往过程中,我们会觉察别人对我们言行的反应,也会不自觉地扮演对方,以想象对方如何看我们。这些想象就像一面"镜子",会影响我们如何看待自己。在社会交往中,人与人之间的互动过程及带来的结果对一个人的自我意识具有重要的影响。

第二节 大学生的自我认知

【案例】

咨询问题:老师,我觉得自己上大学之后,明明成长了很多,在学校自己的事情安排的妥妥当当,可是放假一回到家里,好像又成了父母身边的小屁孩,恢复了饭来张口、衣来伸手的日子。我都觉得挺分裂的,这样正常吗?

解答:不仅正常,而且说明你有很好的反省能力,你注意到自己在学校像个大人,在家好像又成了小孩子。一方面大学生本来就在走向成熟的过程中,这样的矛盾心理很常见,你在独立性和依赖性两者之间徘徊并逐渐走向独立;另一方面,你开始反省自己的状态,正在形成对自己较为稳定的评价,这是非常好的开始,并不是所谓的"分裂"。你可以锻炼自己,如在家里主动为父母分担家务,做些力所能及的事情孝敬父母,逐步走向独立。

心理学研究表明,个体自我认知从发生、发展到相对稳定成熟,大约需要二十多年的时间。大学生的自我认知是在儿童、青少年自我认知的基础上进一步发展的,总体水平较高,并有其特殊性。

一、自我认知的发展

在降生之初,婴儿并不能区分"我"与"非我",生活在主客体尚未分化的状态中;到了 8 个月左右,婴儿的生理自我开始萌芽,能意识到自己的身体,听到自己的名字会做出反应;到了 1 岁左右,儿童开始把自己的动作和动作对象区别开来,意识到自己是动作的主体;大约到了 2 岁,儿童逐渐学会使用代词"我",这是自我意识形成过程中的一次重要飞跃。这一时期常被称为自我中心期。

从3岁到青春期,是个体学习在社会中担任不同角色的时期,也是个体受社会文化影响最深的时期。儿童在家庭、学校接受教育,通过在学习、游戏、劳动中模仿、练习、认同,逐渐形成各种社会角色观念,如家庭角色、性别角色、学生角色等,并且能够有意识地调节和控制自己的行为。但在青春期以前,个体对自己内在世界的关注并不多,虽然他们已经意识到自己是一个主体,却不了解自己的心理状态,他们对外部世界的认识也只是照搬别人的观点。这一时期被称为客观化时期。

从青春期到成年,个体的自我意识经过分化、矛盾、统一,趋于成熟。此时,个体开始用自己的观点来认识与评价事物,形成了自己特有的价值体系来指导自己的言行,并且出现与价值观相一致的理想自我,这一时期个体逐渐获得了心理自我,称为主观化时期。

二、大学生自我认知的特点

【案例】

一位大学生的自我描述

我是一个内向、坚强、上进、自信、有理想、懂事、好学、乐于助人、疾恶如仇、争强好胜、渴望成功与优秀、有一点儿自私、嫉妒心强、自制力弱、说些小谎的大学男生。

在父母眼中:我是一个懂事、有些害羞、不用父母操心、上进、不乱花钱、有些懒惰的大男孩;

在兄弟姐妹眼中(只有一个妹妹):我是妹妹心中可以依靠与信赖的大哥,是一个诚实守信、爱护妹妹的好哥哥;

在同学眼中:我是一个大方、乐于助人、受人尊敬、好人缘、有些懒散、追求自由的人;

在老师眼中:我是一个默默无闻、成绩优秀、自律、品学兼优的学生;

在恋人眼中:我是一个懂得爱、有责任感、守时守信、有幽默感、坚强的好男人。

【分析】

这是一个学生的自我描述,也是自我认知的一部分,当自己将这些描述清晰地整理出来时,你可以与你的同学与家人、朋友、恋人沟通,听取他们对你自己评价的认同度,这也是自我过滤的过程。先将自己的优点列出,并得到大家的认同,再写出自己的弱点,请大家帮助分析,这些澄清的过程也是自我认识不断深化的过程。

大学生活的特殊性影响着大学生自我认识的发展。从时间上看,大学四年的时间给这个群体提供了关注自我成长和思考自身发展的时间,使他们能够真正地探索自我、了解自我;从空间上看,大学环境的多维文化氛围、多元价值观念都会不同程度地对大学生的自我认知发展产生影响,也使他们的自我有了更强的可塑性。大学生自我认知的特点表现在以下几个方面。

(一)自我认知的主动性

随着大学生主动性和自觉性的发展,他们的自我认知也更加积极主动,他们对自我充满了浓厚的兴趣,会围绕个体发展、个体与他人、个体与社会的关系主动积极地探索自我。大学生常会主动思考与自我认知相关的各种问题。例如,我是个成年人吗?我是一个诚实的人吗?我被重视吗?我聪明吗?我的人生价值是什么?我想要成为怎样的一个人?他们强烈地期待着这些问题的答案。

(二) 自我认知的深刻性

随着年龄的增长,身体各方面的发展趋于成熟,大学生对自身生理、心理和社会各方面的认识都更加深刻和全面。大学生在自我认知的过程中,常常会突破"意识"的领域,深入"潜意识",例如,他们已经不满足于"我是什么样的人",更想探索"我为什么会成为这样的人"。也有不少学生由于迫切地渴望了解自我,热衷关注弗洛伊德和马斯洛的理论,希望能够借助理论使自我认知更加理性、深刻。

(三) 自我认知的矛盾性

青年期自我意识的确立是在自我分化的基础上完成的,在这一阶段,出现了主体我与客体我、理想我与现实我以及投射自我与真实自我。对于大学生而言,在自我分化的基础上,如果能够形成协调统一的自我,那么就建立了良好的自我意识,如果情况相反,那么就可能出现自我意识混乱。当大学生逐渐地分离出主体我与客体我后,发现现实中许多人比自己更加优秀,就容易出现不能接纳自我的情况,从而带来"现实我"与"理想我"之间的较大落差,这种落差会带来诸多心理上的不适。因此,主体我与客体我、现实我与理想我的冲突是大学生自我认知矛盾性最集中的表现。

三、大学生自我认知在职业生涯规划中的作用

【案例】

"我戴着荆棘的王冠而来,我握着正义的宝剑而来。律师之门,神圣之门。"这是小李在读高中时写在日记中的一段话,也是他的人生目标。在高考填写志愿时,他的第一志愿就是某大学法学院。然而高考分数下来,仅仅两分之差,小李与自己梦寐以求的法律专业失之交臂,最终被社会学专业录取。小李带着极不情愿的心情开始了大学生活,大学一年级的基础课程让他觉得枯燥乏味,专业课程与自己的理想目标相去甚远,大部分的时间用来上网、打游戏,小李觉得自己每天都过得浑浑噩噩,陷入了痛苦和迷茫的泥潭。

(一) 自我认知是进行职业生涯规划的基础步骤

帕森斯的特质-因素理论(又称帕森斯的人职匹配理论)指出选择职业有三大要素:一是自我认知,即了解自身的兴趣、能力和价值观以及职业目标、教育背景和社会资源等;二是职业认知,即了解各种职业的特点、工资待遇、工作条件、晋升的可能性,以及从事这些职业所需的知识技能和其他条件;三是人职匹配,即在前两步的基础上针对可能的就业机会进行分析比较和判断,以便选择一种适合个人特点又有可能得到并能在职业上取得成功的职业,实现人职匹配。因此,自我认知是职业生涯规划的基础,是职业生涯规划中的第一步。自我认知不仅要了解自己的优点,而且要正视自己的缺点,选择自己能力范围之内的工作更容易获得职业生涯上的成功。比如,一个空间能力很差的学生可能花很长时间也画不好一幅工程设计图,但该项能力好的学生却可以轻松搞定。因此,自我认知是职业生涯规划中最重要的一步。

(二）自我认知影响大学生的择业目标

大学生想要确定择业目标,其前提是必须了解自己真正想要干什么,可以通过自我认知的"WHY(为什么)"和"WHAT(是什么)"两个过程,了解自己的兴趣、思想和行为以及个人目标和就业理想等。具体来说,就是大学生深入思考"我的人生需求到底是什么？对我来说什么最重要？我究竟想从事什么样的职业？我的成就观是什么？怎样才能使自己感到真正的快乐？"等问题。大学生只有把个人的兴趣爱好、理想抱负和对成功的理解同自己的职业目标、职业方向联系起来,才能真正实现自我的发展和为社会做出更大的贡献。大学生择业目标的确定,还需要了解自己能干什么,可以通过自我认知的"WHERE(在哪里)"过程,了解自己的知识、能力、个性和特长等,因为知识决定一个人的专业背景,能力决定一个人的职业素质,个性影响个人的发展前景,特长则关系到个人成功的大小。

(三）自我认知影响大学生的求职策略

人才的质量是在人才市场竞争中成败的基础,求职择业时采取的方法和策略是在人才市场竞争中成败的关键。大学生必须对自己和自己应聘的工作都有足够的了解,知己知彼方能百战不殆。因此在求职应聘时,大学生一旦确立了正确的择业目标,就应该通过自我认知的"HOW"过程,确定能够达成自己求职目标的方法和策略,全面分析自己的优势和劣势,给自己客观定位,以便在求职时能采取恰当的方式、方法,扬长避短,顺利达成自己的就业目标。

【知识链接】

自我发展的八个阶段

埃里克森认为人的一生要经历八个阶段,每个阶段都有一个自己独特的发展任务,这种任务以"危机"的形式出现。危机并不是灾难性的,而是一个人变得脆弱或增强潜力的转折点。

(1) 信任对不信任。该阶段出现在人生的第一个年头。如果这一阶段的危机成功地得到解决,就会形成希望的美德;如果危机没有成功地解决,就会形成胆小惧怕。

(2) 自主对羞愧、怀疑。该阶段出现在婴儿后期和幼儿期。在这个阶段中,如果儿童形成的自主性超过羞怯与疑虑,就会形成意志的美德;如果危机不能成功地解决,就会形成自我怀疑。

(3) 主动对内疚。该阶段出现在 3~5 岁,如果这个阶段的危机成功得到解决,就会形成方向和目的的美德;如果危机不能成功地解决,就会形成自卑感。

(4) 勤奋对自卑。该阶段大约出现在小学阶段,从 6 岁到青春期或青春期早期。如果这一阶段的危机成功地得到解决,就会形成能力的美德;如果危机不能成功地解决,就会形成无能。

(5) 自我认同对角色混乱。该阶段对应青春期。如果这一阶段的危机成功地得到解决,就会形成忠诚的美德;如果危机不能成功地解决,就会形成不确定性或说是无归属感,为人冷淡冷漠,缺乏关爱的意识。

(6) 亲密对孤独。对应于 20~40 岁,即成年早期。如果这一阶段的危机成功地得到解决,就会形成爱的美德;如果危机不能成功地解决,就会形成混乱的两性关系。

(7) 繁殖对停滞。对应于 40~60 岁，如果这一阶段的危机成功地得到解决，就会形成关心的美德；如果危机不能成功解决，就会形成自私自利。

(8) 自我完善对绝望。对应成年晚期，从 60 岁直至死亡。如果这一阶段的危机能够成功解决，就形成智慧的美德；如果危机不能成功解决，就会形成失望和毫无意义感。

第三节　完善自我

【案例】

要学会爱自己。正视你的身体，即使不满意自己的高矮胖瘦，也要努力学会接受。不要因为自己看起来不像杂志、广告、电影和电视里的明星，就觉得自卑或羞怯。大多数人都不是明星，用那个标准衡量自己只会自寻烦恼。

告诉自己，世界上没有一个人长得和你一模一样。为什么一定要通过整形手术，费尽九牛二虎之力，使自己再高几厘米，眼睛再大些，鼻子再高些，身材再苗条点。

每个人身上都有一些别人想拥有的特点。不要羡慕别人，接受自己的本色，突出自己喜欢的特点，并习惯不喜欢的部分。如果真正接受自己，不喜欢的地方也无关紧要，你看到的自己就将是别人眼中的你——迷人、可爱、聪明、有趣，而任何瑕疵都是你这个"完美"的人的点缀。

——艾伦·艾伯斯坦《一天比一天更多爱》

一、正确认识自我

认识自我就是全面地了解自我，包括了解自己的身体、相貌等生理特点，也包括了解自己的性格、气质、能力、兴趣、意志、品格等心理特质，还包括了解自己在群体中的作用，在人际关系中的地位与形象等。美国心理学家约翰·哈利提出的自我认知窗口理论认为，人对自己是一个不断探索的过程，每个人都有公开的自我、盲目的自我、秘密的自我和未知的自我（见表 3-1）。通过与他人分享秘密的自我，通过他人反馈减少盲目的自我，人对自己的了解就会更多、更客观。大学生如果能够正确地认识与评价自己，就能够摆脱自卑、自负等负面情绪，形成自我成长的积极动力，也只有全面、客观地认识到自我的优势与局限，形成积极的自我评价、良好的自我体验，才能获得真正的心理成熟。

表 3-1　自我认知窗口

	自知	自不知
他知	A 公开的自我	B 盲目的自我
他不知	C 秘密的自我	D 未知的自我

二、积极悦纳自我

悦纳自我是对自己的现实状态持肯定、认可的态度。每个人都知道"自我"是最重要的,但总有人不能真正地尊重自己、爱惜自己,他们喜欢知识、喜欢自然、喜欢朋友,却不能真正地喜欢和接受自己。能否悦纳自我决定了一个人是以积极的态度认可自我,形成自尊,还是以消极的态度拒绝自我,形成自卑。悦纳自我就是要无条件地接受自己,喜欢自己的一切,对自己有价值感、自豪感、愉快感和满足感;要正确面对自己的不完善和失败,每个人在外表、能力、个性等方面都有一定的限制;对过去的错失不要耿耿于怀,要敢于大胆尝试;要懂得珍惜自己的独特性,树立实际的目标,不要对自己有过高的要求;积极拓展社交圈子,积极思考,不断学习,善于管理实践,定期反省自我成长,多鼓励和奖赏自己的成就。

【小测试】

你的自我接纳程度如何?

请仔细阅读以下每个项目,在最符合自己实际情况的数字上打钩。每题不必过多考虑,根据最初的感觉写出来即可。

	(1) 非常不符合	(2) 基本不符合	(3) 基本符合	(4) 非常符合
1. 我内心的愿望从来不敢说出来。				
2. 我几乎全是优点长处。				
3. 我认为异性肯定会喜欢我。				
4. 我总是因为害怕做不好而不敢做事情。				
5. 我对自己的身材相貌感到很满意。				
6. 总体来说,我对自己很满意。				
7. 做任何事情只有得到别人的肯定我才放心。				
8. 我总是担心会受到别人的批评或是指责。				
9. 学习新东西时我总是比别人学得快。				
10. 我对自己的口才感到满意。				
11. 做任何事情之前我总是预想到自己会失败。				
12. 我能做好自己所有事情。				
13. 我认为别人都不喜欢我。				
14. 我总担心自己会惹别人不高兴。				
15. 我很喜欢自己的性格特点。				
16. 我总是担心别人会看不起我。				

计分方法:反向计分题为 1、4、7、8、11、13、14、16,四个选项按照正向计分分数为 4、3、

2、1，按照反向计分分数为1、2、3、4。总分相加后，你的得分越高，说明自我接纳程度越高。

如果在这个小测试中，你发现自己的得分偏低，大多数正向计分的选项都不太符合你日常生活中的情况，那么你非常有必要提高自己的自我接纳程度，梳理一下你不喜欢自己的地方有哪些，有必要的话，可以在老师的帮助下学习喜欢自己、欣赏自己，从而更好地发挥出自己的潜能。

大学生怎样才能形成悦纳自我的积极态度呢？

(一) 全面看待自己的优缺点

悦纳自我的第一步就是要接纳自己。所谓"尺有所短，寸有所长"，每个人都有长处和短处，我们不仅要接受自己的长处，而且也要能接受自己的短处，这样才能做一个真实的人。我们要认识到人既不会事事都行，又不会事事都不行。我们要肯定自己的价值，发挥自己的长处，克服自己的缺点，充分地发挥自身的能力。

(二) 保持乐观，性格开朗

悦纳自我的第二个要点就是要能够欣赏自己，喜欢自己。每个个体都是独特的，我们在学会体会、欣赏自己独特性的基础上可以更好地认识幸福感、满足感、愉快感和价值感。进入大学以后，大家需要适应各种环境，应对各种压力，处理各种挫折和压力，总有人可以以轻松、乐观的心态面对逆境。因此，遇到问题只要我们能够换一个角度，保持乐观、开朗的心态，很多问题就会迎刃而解。

(三) 理智地看待自己

自我悦纳的第三个要点就是能够客观、理智地对待自己的优缺点，冷静地看待成功与失败、得与失。在生活中应该注重自我，关注自己的成功，看到自己的闪光点，这是体验自我、悦纳自我的重要基础。同时也要学会正确地与他人比较，这样才能避免内心产生不必要的烦恼和冲突。首先，不用自己的劣势与他人的优势进行比较，在遇到事情时不要总将成功归因于运气好，将失败归因于能力差；其次，在与他人比较时应持有发展、辩证的观点。大学生应尽可能多地看到自己的进步、自身的成长以及在人生发展中获得的宝贵经历，这样即便没有获得成功，也不会一蹶不振。

(四) 合理定位自己的成功期望值

每个人都对自己有一定的期望，大学生正值青春年华，对自己的未来充满憧憬，希望拥有理想的人生。然而人生理想的实现并不是一蹴而就的，大学生在学习生活中会遇到许多困难和挫折，需要付出许多劳动和努力。在这个过程中，如果自我期望过高，容易导致挫败感增强，从而自我否定；如果自我期望过低，又容易导致成功感减弱，从而自我满足。因此，大学生需要把自我期望与现实情况相结合，调整自己的期望值，建立适中的理想目标，既不会太高，难以触及，又不会太低，不费力气，最好是"跳一跳，够得着"，这种目标是自己在现有水平和基础上通过一番努力能够实现的，这才是合适的成功期望值，合理的抱负水平。

三、有效控制自我

自我控制是人主动地改变自己的心理品质、特征以及行为的心理过程。有效的自我控制是健全自我意识、完善自我的根本途径,体现了一个人对自己的态度。它的最终目标是改变现实自我,以接近理想自我。

(一) 树立自信

自信心不仅能够影响一个人的精神状态,而且也能决定一个人的成功和失败。大学生在学习、生活和人际交往中,要在正确认知自我的基础上,树立一定的自信心。如果自信心不足,做事为人就会畏缩不前,不但影响个人发挥才能,甚至可能会导致行动的失败;但如果自信心过强,就可能会目中无人、狂妄自大,或者冒失莽撞、急功近利,这些都会对大学生的人际关系和就业发展造成不良的影响。

(二) 提高现实自我

提高现实自我要求大学生立足于社会需要,结合自己的实际情况不断修正现实自我的行为和相应的心理活动。提高现实自我要改善以下两种消极心理。

1. 克服自我中心

自我中心的人往往从自我的角度,用自己的标准去认识、评价周围的事物,凡事从自我出发,不能设身处地进行客观思考,只关心自己,不顾及他人的感受和需要。想要克服自我中心,首先,要摆正自己的位置,既重视自己,又重视他人,走出自我中心的小天地;其次,要实事求是、恰如其分地评价自己,既不妄自菲薄,也不自高自大;最后,要懂得换位思考,理解他人,尊重他人,关心他人。

2. 不过分追求完美

过分追求完美指不能客观地认识和评价自己,对自己苛求,追求完美的自我。可以说,过分追求完美的人只接受理想中"完美"的自我,不肯接纳现实中平凡或有缺点的自我,在自我的认识上有困难。改善过分追求完美的途径主要有:首先,了解自己,有正确的自我观念。一个人不可能十全十美,也不可能一无是处;好的时候不能以一当十,差的时候也不能以点带面。其次,应该确立科学的评价参照体系。人只有在比较中才能分出高低优劣,人应该选择适当的标准,更重要的是和自己进行比较,成功时要多反省自身的不足,失败时要多看到自身的长处。再次,目标合理。在充分了解自己的基础上,应该确立可望、可及又难及的目标,既不能高不可攀,又不能唾手可得,它应该是通过一定的努力可以实现的适宜目标,应该是符合个人的特点和实际能力水平,同时还应符合社会发展方向的。最后,接纳自己的不完美。不完美的自我也意味着自我的独具特色,我们应该在现实自我的基础上不断完善。

(三) 培养健全的意志力

"唯志坚者始能遂其志",目标的实现、计划的执行,都需要有一个顽强的意志力作为后盾。在实现人生目标的过程中,难免遇到各种本能欲望与外界干扰,出现各种困难,只有坚强的意志力,才能增强自我控制的自觉性和主动性,增强抵抗挫折的能力,克服困难,使自己朝着既定目标前进,实现自己的人生理想。在美国一间黑人教室的墙上,刻着这样一句话:"在这世界上你是独一无二的一个,生下来你是什么,这是上帝给你的礼物;你将成为什么,是你给上帝的礼物。"上帝的礼物,我们无法选择;你给上帝的礼物——你将成为什么样的人,全由你自己做主。那就是认识自我、悦纳自我、激励自我、调控自我、完善自我、超越自我,这才是走向成功和卓越的自我途径。

【案例】

小朱是一个来自于教师家庭的孩子,在父母关爱的目光中成长,重点小学、初中、高中的经历使其坚信自己是属于一流大学的。然而,由于高考的失误,他并没有如愿进入名牌大学,虽然他进入的也是重点大学,但他丝毫高兴不起来。由于盲目的自信,他确信完全有能力胜任大学的学习,学习没有了动力,生活没有了目标,在茫然徘徊中迎来了期末考试,小朱意外收获了不及格的结果。但他并没有认真反思自己,而是将这一切归咎于自己没有考上理想的大学,归咎于命运的不公平。第二学期,百无聊赖的小朱在网吧找到了久违的自信与上进心,他彻夜上网聊天打游戏,在游戏中体验虚拟世界的成功。结果第二学期五门功课亮起了红灯,学位没有了。不用说梦想中的名牌大学,连大学生的资格也将丢失,小朱觉得非常懊悔,第一次深深地自责:"我对不起父母,对不起培养我的老师,更重要的是我有负于自己的青春年华,我才发现大学的灯光是那么明亮,校园是那么美丽,而大学生活那么让人难以割舍……"

【讨论与思考】

1. 试着从多角度描述你自己。可以从学业自我、人际自我,也可以从理想的我、现实的我等方面来描述。

2. 未来十年或二十年,你想成为什么样的人?越具体越好。从现在起,你打算采取哪些步骤来实现这些梦想?实现这些梦想需要的资源是什么?

第四章　明确职业决策

【名人名言】

管理者的决策不是从"众口一词"中得来的。好的决策,应以互相冲突的意见为基础,应从不同的观点中选择,应从不同的判断中选择。

——彼得·德鲁克《现代企业经营名言》

【学习目标】

1. 能正确叙述大学学业规划的内容。
2. 能够根据自己的经验叙述大学学业规划的践行路径。
3. 掌握职业目标的确定方法及原则。
4. 了解职业目标的分类和职业发展路径。
5. 掌握职业与发展规划方案的评估办法与修正内容。

【案例导入】

一名大学一年级学生的困惑

李强,某校历史系大学一年级学生。高考填报志愿的时候,他征求了老师和家长的意见,协商一致后,选择了目前的专业。当进入大学之后,由于大学的生活和学习方式与中学期间有着巨大反差,他渐渐丧失了目标感。由此,他在学习和生活上产生了很大的困惑,在专业学习方面提不起兴趣,对大学老师的讲课方式和同学们的学习方式也不太适应。面对眼花缭乱的学生组织和社团生活,他也不知道如何选择和参与。面对大学里面各种各样证书考试的宣传资料,以及各种各样培训机构的宣讲,李强的心里产生了一种莫名的恐慌感。想咨询老师一些问题,可总是很难看到老师的影子。看到高年级的学生紧张地忙于考证书、准备考研、找工作,他感到心里特别压抑。

现代管理学之父彼得·德鲁克曾说过,21世纪是一个选择的世纪,其最大的改革是人类将拥有选择的权利。在今天的信息社会里,人人都能获取信息、学习知识、靠脑力上进,人人都有机会,所以获得成功更要取决于个人积极争取和智慧的选择。

李开复先生面对大学生提出的生涯困境,也曾说过:"我能帮你做的不是选择,因为你自身的问题只有自己最清楚,自己的未来也只有自己最在意。我能做的只是传授给你选择的智慧,帮你聆听自己心底里最真实的声音,帮助你做出智慧的选择。"

第一节 生涯规划的内容

一、大学学业规划

（一）处理好知识学习与实践智慧之间的关系

知识学习是大学生积累知识，发展理解、分析、综合、评价等思维能力的过程，知识学习的最终目的指向实践领域。实践智慧是大学生以其拥有的知识实现自身精神财富和物质财富价值转化的过程体现出来的智慧。知识学习和实践智慧提升是大学学习这一主题的两个方面，不可偏废。

大学毕业步入社会后，实践是最重要的内容，因此，提高大学生的实践能力、积累实践智慧是最终的目标。而大学期间，又是一个人一生中专门以理论学习为最重要任务的智力投资阶段，其本质是学习间接知识，即读书是最重要的内容，其目的是使大学生在最短的时间内吸收前人的知识成果。因此，积累理论知识、提高理论分析能力是大学期间的重要任务。大学生要在大学期间把学会认知、学会做事、学会生存和学会共同生活密切结合起来，在刻苦学习的同时，通过积极参加专业实践活动和各种学生组织进行实践锻炼，提升自己的实践能力，积累实践智慧。

（二）理清大学期间不同年度目标之间的关系

第一学年：自我认知发现。在基础课程、学生工作、课余活动等方面发展兴趣和技能，跟父母、朋友、老师和已经工作的前辈讨论你对于职业的兴趣，参加一些跟求职有关的小组讨论、自我测试等。良好的学习和生活习惯是职业素质的基础，扎实的专业素质和实践能力是职业发展的关键。

第二学年：扩展职业视野，继续在职业选择方面扩展知识。罗列那些听起来很吸引人的职业，并试着去了解。通过招聘网站、报纸等媒介来搜寻相关资料，更多地了解人才市场。同那些在你感兴趣的领域工作的人面谈，了解更多信息。参与对方一天的工作，建立对这些工作的直观认识。争取参加暑期实习、社会实践、志愿活动等来积累工作经验，并通过实地考察来确定自己的职业偏好。观摩招聘会和其他与求职相关的活动，尽量扩展对不同行业、职业的认识。

第三学年：缩小职业选择范围，并与就业指导员等讨论，对原来的职业选择是否满意。如果选择的职业需要更高的学位，那么开始准备读研。如果选择工作，考察你所向往的单位及其工作环境，锁定能提供适合你的职位的单位，开始试着与单位联系，扩展自己的关系网，为接下来的求职做准备。同时，训练就业技巧，学会信息的搜集与利用，考取一些职业资格证书等。

第四学年：做出职业选择。通过参与就业指导活动来探索成功求职的技巧，并向职业咨询师咨询，为你的第一份工作做准备。和你的校友交流他们在工作第一年时的事情，这样你可以预期到未来的一些挑战。找到那些可能提供工作机会或者可以写推荐信的人。探询所有的机遇,可以参加招聘会和宣讲会,并密切关注各种招聘信息。

(三)处理好学习过程中"博学"与"精约"的关系

博学是指通识文化知识的学习应当以广度为追求目标,专业领域的学习则以深度为追求目标。重博览而轻专业与重专业而轻博览,都会影响到知识结构的合理性。相比来说,博览是基础,专业学习是深化,重视博览、强化基础是发展方向。因此,应该重视选修课程的学习与课外阅读。例如,用心学好哲学,因为它是世界观与方法论;学习《形式逻辑》,提高自己表达的严谨性;坚持阅读《演讲与口才》,提高自己的口头表达能力;学习《社交礼仪》,学会在交往中尊重他人的方式;阅读《细节决定成败》等书籍,养成在做事中着手于小事的习惯;等等。

专业课的学习则以系统精深为追求目标。例如,在学好教材基本内容的基础上,广泛涉猎本专业的重要期刊,了解本专业的研究前沿和热点问题,也可以通过对相关专业教授的访谈和请教获得本专业的知识发展状况。此外,专业知识的学习不应当碎片化,应理顺专业知识的逻辑关系,形成合理的认知结构,保证知识学习的可持续性。

(四)处理好交友与学习的关系,以学会友,以友促学

大学生身心逐渐发展成熟,有强烈的交友欲望,但是应理性交友。所以,交友不能一味地仅凭兴趣。学习是大学生活的本质,对自己的学习有利才是根本标准。具体而言,不应沉迷于网络,不应盲目恋爱。除了通过网络查阅与学习有关的新闻和论文、考研资讯和资料外,如果整天把很多时间用于出入网吧、聊天,盲目会见网友,甚至"省吃俭用"而去包夜玩游戏,第二天萎靡不振、卧床不起,上课时间睡大觉,这就是玩物丧志、荒废学业、迷失自我、有负父母的表现。恋爱的基础是爱情。大学生不仅有权利恋爱,而且也有权利结婚。但是,如果想通过恋爱消磨自己的空余时间,打发自己的寂寞,或者是因为看别人恋爱而感到自己没面子,下决心找个情侣满足自己的虚荣心,甚至为了恋爱而花费无度,用钱经营爱情,成了全职恋人,那么,不仅不会从这种盲目的恋爱中获得激励、发奋学习、积极进取,反而会荒废学业。因此,大学生作为一个求学者的身份,不论是交普通朋友还是男女朋友,都应遵循"以学会友,以友促学"的最基本原则。

(五)合理规划体育锻炼与学习的时间,促进身心协调发展

身体不仅是学习的基础,而且也是将来职业发展的基础。没有良好的身体就不会有优异的学业成就。同样,没有必要的身体条件,也难以胜任相应的工作职位。因此,合理饮食,正常休息,适当锻炼,才能身体好。身体好,精力才能充沛,学习效率才可能提高,未来职业发展才能有保障。但是,为了抓紧学习而以身体透支为代价的做法,是不科学的。生活没有规律,锻炼不足或者锻炼过度,都会影响到身体健康和学习效率,进而影响到个人的职业发展。

二、职业准备规划

(一)大学期间的规划与一生的规划互相关照

大学时期的拼搏和努力会为今后一生的规划奠定坚实的基础,基础不牢地动山摇。因此,规划一生的科学发展,需要认识到大学四年的重要作用,正确把握大学期间的智力投资方向。而如何正确把握大学生活,则需要从一生的整体规划来着眼。不谋全局者不足以谋一隅。明天是今天的方向,方向是方案的灵魂,因此从结果开始倒推,是规划大学生活的基本逻辑与角度。

(二)学业发展目标与职业目标规划互相渗透

学业是就业的基础。但是,大学生应当以提高综合素质而不是直接对应职位要求的就业培训为主要任务,大学培养的是独立思考的能力,分析和解决问题的能力,提高了这些能力,将来从事的工作无论专业对口与否都能够尽快胜任。这种基于理论、经验与个性的胜任能力,首先需要在完成学业的过程中培养。大学毕业生的精英化身份在教育大众化的时代已不复存在,在就业市场中面临着激烈的竞争。因此,无论是考研究生、公务员,还是去企业或自主创业,以及其他方式就业,就业的考量已经成为学业的动力。但是,直接对应就业职位要求的急功近利的学业观,以快速掌握具体技巧而非扎实提高综合素质为学习目标的行为,恰恰不利于大学生的就业与长期发展。

(三)正确处理"享受"与"刻苦"的关系,培育职业精神

享受生活是人的正常追求。但是,不能一味地享受,只有艰苦奋斗才能开创更美好的生活。大学生应该以艰苦奋斗为大学生活的主旋律,为自己美好的未来以及奉献社会提供才智基础。第一,要把握好扎实与创新的关系。创新是进步发展的灵魂。青年人富有闯劲,敢于创新,但是扎实是创新的基础,不下真功夫,仅靠考试前的冲刺的做法,难以增加实力,是没有长久发展后劲的。第二,要处理好自律与他律的关系。自律是他律的基础,自律是主动的。如果弱化自律意识,遇事不自觉,他律自然就会强化。因此,应该强化自律,以自律为主。第三,要理清大事与小事的关系。"天下大事做于细""勿以善小而不为",讲的都是重视小事的道理。微观是宏观的基础,细节决定成败,至少直接影响成败。因此,应该从小事做起,抓大做小,着眼于大事而着手于小事。第四,要理清难事与易事的关系。易事是难事的基础,天下难事做于易。只要有心登攀,从易事做起,世上便无难事。

(四)积极转变就业观念并适应就业形势的发展

当代大学生普遍心态比较浮躁,不能专心致志、全力以赴地做好自己的工作。大学生应调整好自己的心态,确立自己的职业目标和规划。积极主动就业,做到先就业、后择业、再事业。要找准定位,调整好心态,在严峻的就业形势面前保持清醒的头脑,认清就业形势,提前做好步入社会的准备,努力提升竞争力,抱着学习的心态去适应社会,要有从基层做起的观念,正视就业现状,做到心中有数。

三、职业实践规划

（一）利用假期时间，积极地进行社会实践

很多企业在招聘的过程中都十分重视应聘者的工作经验，因此大学生应通过社会实践，完善自己的专业学识，使自己所学的知识更好地和社会相衔接。在与社会接触的过程中，对于环境的变化大学生要有所准备和思考，然后再准确出击。很多学生遇到问题时没有主见，比较盲目，这一点是大家应努力克服的。

（二）变压力为动力，主动降低期望值

大学生要深刻认识到现在就业形势的严峻性，变压力为动力。只有正视就业压力，才会迫使自己积极行动起来，从而产生求胜的心理并付诸行动。因为缺乏社会和工作经验，适当地、主动地降低期望值是很有必要的。大学生需要不断地加强职业能力的培养，主动放低姿态，乐于吃苦耐劳。只有以这样的态度处世，才能获得更多的就业机会。

（三）借助各种渠道，把握就业机会

当前大学生可利用人才交流会、校园招聘会、网络资源、亲戚朋友介绍等途径，寻找合适的就业岗位，主动大胆地把自己推销出去，珍惜和抓住每一次来之不易的就业机会，不怕失败，不怕被拒绝，坚持就是胜利。

上大学只是证明了大学生具备了基本的文化知识，但远远没有达到成为"人才"的地步，人才既要有理论素养，还要有适应社会环境、企业环境、家庭环境的能力，并要有学习新知识的能力。大学生毕业走向社会后，还需要在社会中不断地接受新的知识。就业难易对大学生来说是因人而异的。在校期间，如果为将来的就业做好了充分的准备，不管就业形势如何变化，毕业后找到一份理想的工作并不是一件难事，应以不变应万变。进入大学，应该充满信心地面对社会中的竞争，做好准备去应对社会中的挑战。只有做好了充分的准备，才能经得起考验，成为最终的胜利者。

第二节 确立职业目标

职业目标是指个体渴望获得的与职业相关的结果，是个体所选定的职业领域中未来某个时刻所要达到的具体成就。设定职业目标是职业生涯规划的核心内容。具体表现在：其一，有助于大学生朝向目标坚持努力；其二，有助于大学生选择实现目标的战略战术；其三，有助于大学生的生涯成功，影响和引领大学生现时的行为表达方式；其四，有助于大学生衡量自己行为结果的有效性，提供即时性的积极反馈。大学生的职业目标是指大学生根据社会期望和自身发展的需要，选择自我奋斗目标和发展方向。它不仅为大学生的自我发展提供向导作用，而且能够充分调动大学生的积极性、主动性和创造性。

一、职业目标的类型

(一)按时间划分

职业目标按时间可以分为短期目标、中期目标、长期目标和人生目标。通常短期目标服务于中期目标,中期目标服务于长期目标,长期目标服务于人生目标。具体实施目标时,是从具体的短期目标开始的,短期目标的时间跨度是1~3年,中期目标的时间跨度是3~5年,长期目标的时间跨度是5年以上。

(二)按性质划分

按照性质来分,职业目标可以划分为外职业目标和内职业目标。外职业目标是指侧重于职业过程的、外在的、可以看得见的标记,主要包括工作内容、职业要求、经济收入、工作环境和工作地点等方面的目标。内职业目标是指在职业生涯规划中的知识和经验的积累、观念的转变、能力和素质的提高,以及成就感、价值感等内心感受,这些必须通过自己的努力才能获得和掌握。

二、设定职业目标的原则

一个有效的职业生涯目标需要符合"SMART"原则。

(一) S(Specific):**具体、明确**

目标必须明确而具体,要充分了解每一个行为的目的,不能含含糊糊,不能用笼统的语言,要清晰地评估每一个行为的进展,正面检讨每一个行为的效率。

(二) M(Measurable):**可量化的**

目标必须逐个量化、可测定,要有定量数据,如数量、质量、时间等,这样才能循序渐进。

(三) A(Achievable but challenging):**可达到但有挑战性**

目标首先必须是合理的,是在个人可控制的范围内;其次要具备一定的挑战性。目标太高,无法完成,只会打击自信心;目标太低,不费吹灰之力就能完成,没有成就感又容易助长狂妄的坏脾气。因此,要将目标制定得恰到好处。

(四) R(Realistic):**现实性**

要符合自身条件和环境的实际情况,要把自己的目标与所在团队的目标结合、协调起来,达到双赢的目的。反之,自己不但无法达成目标,也无法与团队共存。因此,切合实际地制定目标,才能一步步提高并完成自己的梦想。

(五) T(Time-bounded):**时限性**

必须规定起始和完成时间,以克服人的惰性。不要将目标统统定为"在大学毕业前完成",而是要有计划分步骤地在限定的时间内完成,可以以一周、一个月或一个学期为单位设立目标。制定明确的目标完成时间可以时刻督促自己坚持不懈地向着目标努力,成功地完成自己的职业生涯规划。

(六) C(Controllable):可控性

在 SMART 的原则之外,还有一条原则对于目标设立来说是很重要的,那就是可控性。可控性主要是指你对影响目标时间的因素具有相当的控制能力。例如,"我的目标是在某公司获得一份工作",这种目标的设立就违反了可控性的原则,因为你能否获得这份工作并不取决于你自己,你有被拒绝的可能。但如果你将目标换成"在下周一之前向某公司申请一个职位",这就是可行的,因为你能控制相关的因素。目标的可控性原则表明:你的目标必须完全地"属于"你,你必须为自己的目标负责,而不能指望他人来实现一切。

采用上述指导原则设立目标能使你所制定的目标与计划有实现的可能,并可以帮助你在一段时间之后回顾、总结自己所取得的进步与不足,明确自己该做什么以及做得怎么样。

三、确定职业目标的方法

大学生群体中有明确职业目标的占 13%,有目标但不很明确的占 25%,无明确职业目标的达到 62%。这个调查结果反映了当前大学生在求职过程中的心理困惑和行为盲目,暴露了大学生职业目标严重缺失的问题。职业目标设立的方法有以下两个。

(一) 选择职业生涯发展路线

职业生涯发展路线是指一个人未来的职业发展方向。不同的生涯发展路线对从业者的素质要求有所不同,影响今后的生涯发展阶梯。生涯发展路线呈现为一个自下而上的职业阶梯。例如,企业财务人员的职业发展路线是会计员→主管会计师→财务部经理→公司财务总监,而大学教师的生涯发展路线则是助教→讲师→副教授→教授。

不同素质的个体所适合的职业生涯发展路线会有所不同。职业生涯发展路线的类型有以下三种:专业技术型路线,这是一种技术职能取向的专业路线,需要从业者具备特定的知识、能力和技术,尤其是良好的分析和综合能力;行政管理型路线。这是一种管理职能取向的路线,以从事一定的管理岗位为目标,对一个人的综合素质,尤其是人际交往能力的要求较高;自我创业型路线。这是一种以自主选择和自由发展为特色的生涯路线。客观上要求具备创业的良好机会,主观上则需要创业人员具有较高的创造性、强烈的成就动机、较好的心理素质和承担风险的意识与能力,善于开拓新领域、新产品和新思维。

(二) 选择职业目标

职业生涯规划需要设立一个有效且可行的生涯发展目标。生涯目标要符合如下要求:

为每一个行为设定明确方向;
反映一个人的真正追求和真实需要,便于科学管理时间;
立足现在和利于未来发展相结合;
清晰地评价每一个具体行为的效率、效能和进展状况;
结果导向重于过程导向;
结果具有可预见性,以便产生持续信心、热情和动力;

具体、明确而不空泛；

高低适度，不宜好高骛远；

兼顾平衡，与生活目标有机结合。

职业目标的选择流程为：自我认知→职业认知→职业目标确立。

第一阶段为自我认知阶段。自我认知的结论作为职业目标的确立流程的起始因素，影响着个人对职业目标的判断。结合职业认知的观念，我们可以把职业分为适合的职业、喜欢的职业、能干的职业和可干的职业，这通常被称为职业定向。在第一阶段我们基本上可以对职业有一个相对个性化的判断，对职业目标的选择有一个大致的方向。

第二阶段为分析评估阶段，这个阶段包括个人职业选择策略的明确和优势整合两个步骤。职业选择策略指的是在面对众多的职业选择对象时，个人所采取的选择方法。一般情况下，每个人在选择职业的时候总希望把那些适合自身特点又有发展前途的职业作为目标，也就是说，该职业应该是既适合自己的，又是自己喜欢的、自己能干的和可干的。与优势整合环节相结合后，第一种可能是目标不止一个，那么个人就必须从多个目标中做出取舍；而第二种可能则是理想的目标一个也没有，因此就必须退而求其次，如选择适合自己的、能干的、可干的但不一定是自己喜欢的职业作为目标。

第三阶段即目标确立阶段。在此阶段，个人必须既考虑到个人实现目标的资源和精力，又要考虑到其中可能会面临的风险，因而目标保留的最终数量不应超过三个，但至少应该有一个。保留多个目标的人应考虑协调几个目标之间的关系，争取使它们之间具备互补支撑和相互代替的关系；目标有缺陷的个人，从确立目标之日起，就应该着手创造条件，弥补缺憾，力争在改造资源和增强个人能力的同时使目标得以实现。

四、实现职业目标的方法

（一）认真完成学业，积极参与培训

任何一个职业生涯目标的实现，都应该有基本的知识储备做保证。而大学教育正是获得未来各项职业基本知识的有效途径。在学习知识的同时，参与各类培训是我们提高工作能力的重要策略，有效的培训不仅要指向目标，而且要切合自己的实际情况。

（二）严格实行计划，分清轻重缓急

一个好的计划，就是个人努力的方向。为了保证自己的行动能力与努力的目标相一致，就需要最大限度地根据个人职业生涯发展规划，约束自己的行为。如果出现无法应对的情况，就应该分轻重缓急予以解决。职业生涯目标的实现，一方面要靠苦干实干，另一方面也需要巧干。在当今这个多变的时代，一切因素都处在变化之中，如果你的理想发生变化，那么你的构想和行动也要做出相应的变动，阶段性目标和策略也应随之改变。

（三）抓住机会，投入有效行动

实现职业生涯目标，除了个人创造机会外，还应抓住组织所提供的机会。如果单位有培训机会，千万不要因为工作忙、家庭事务多等理由而放弃。这样很可能失去此次机会，同时也就失去了一个晋升或选择更有挑战性职业的机会。

抓住机会就要立即行动。歌德曾说过:"仅有知识是不够的,我们必须应用;仅有愿望也是不够的,我们必须行动。"所谓有效的行动,就是行动要始终围绕着目标进行,要将所有能调动的"能量"集中于目标,如时间、精力、物力和财力等,为实现目标努力。同时还要排除无益于目标实现的活动和干扰,行动不能偏离目标轨道。

(四) 监督工作进度,克服拖延恶习

在学习工作过程中,有些人总是喜欢拖延,或者行动的附加条件太多,行动太磨蹭。时间久了,这种小拖延就变成了大拖延,人生规划就难以实现。大学生应养成立即行动的好习惯,从当日做起,当日的事情当日完成。有意识地训练自己,用好习惯取代拖延的习惯。

保证至少每三个月检查一次学习工作进度。过程中的监督可以发现计划存在的问题,可以考察计划的落实情况,可以有针对性地提出解决方案。如果感到学习、工作或者生活过于舒适,那就意味着目标定低了,需要适当地调整目标。

(五) 锻炼坚强毅力,努力克服困难

在工作、学习和技能培训等实现职业生涯目标的过程中,会受到许多正常的杂事、杂念的影响。有时工作太累了,很想休息;有时朋友约你去旅行,很有诱惑力;很多人都在娱乐时,自己也想加入。所有的这些都需要用坚强的毅力来坚持,所以坚强的毅力是实现目标的保证。

困难往往不是一时半刻就能解决的。要实现自己的生涯目标,就要敢于克服困难。有些人遇到困难,马上就如同泄了气的皮球,垂头丧气,意志消沉;有些人在职业生涯规划初期,坚持行动是没有问题的,但随着时间的推移,动力就逐渐减少,行动也就难以坚持了。凡此种种,都是畏难情绪在作怪,世界上没有一件有价值的事情不是通过辛勤劳动而得以实现的,一个人要想获得事业的成功,必须具有敢于克服困难、敢于拼搏、坚持到底的精神。

第三节　职业目标分解及职业发展路径

一、分解职业目标

职业目标分解是一个将目标清晰化、具体化的过程,是将目标量化成可操作的实施方案的有效手段。目标分解就是根据观念、知识、能力的差距,将职业生涯的远大目标分解为有时间规定的长、中、短期分目标,直至将目标分解为某确定日期可以采取的具体步骤。它帮助我们在现实环境与美好愿望之间建立起可以拾阶而上的路径。目标可以按时间和性质分解。

(一) 按时间分解

按时间分解是最常用,也是很容易掌握的目标分解方法。通常可以分解为人生目标、

长期目标、中期目标和短期目标。

1. 应该区分最终目标与阶段目标

在经过自我识别定位和职业环境分析,选定了职业路线之后,求职者就会确定一个最终目标,即人生目标。最终目标取决于一个人的价值观、知识储备、能力水平,是对自身条件、社会环境、组织环境等主客观因素进行大量分析之后得到的结果。心理越成熟的人,就会越早确定自己的最终目标,并朝着这个目标努力前进。

2. 把最终目标分解为若干个长期目标(5～10年)

每个阶段都应有一个具体的目标。这个具体的目标应具有以下特征:具备长远目光,符合自己的价值观,与社会发展需求相结合,富有挑战性和创造性,能够用明确的语言定性地描述,在一定时间范围内可行,一经实现会带来巨大的成就感,易于分解操作等等。

3. 每一个长期目标继续分解成各个中期目标(3～5年)

中期目标应该具备与长期目标相一致、具有全局眼光、基本符合自己的价值观、自我与组织环境相结合、创新性、灵活性、能够用明确的语言量化描述和环境支持等特征。

4. 继续将中期目标分解为短期目标(1～2年)

与长期目标和中期目标相比,短期目标更要求可操作性和灵活性。一般应具备与人生目标、长期目标相一致,适应组织环境需求,灵活简单,未必与价值观相符但可以接受,具有可操作性,切合实际,确能实现,朝着长期目标以迂为直等特征。

(二) 按性质分解

美国职业心理学家施恩最早把职业生涯分为外职业生涯和内职业生涯。外职业生涯是指从事职业时的工作单位、地点、内容、职务、环境、工资待遇等因素的结合及其变化过程。外职业生涯构成因素通常是由别人给予的,也容易被别人收回。外职业生涯发展是以内职业生涯发展为基础的。内职业生涯是指从事一项职业时所具备的知识、观念、心理素质、能力、内心感受等因素的组合及其变化过程。内职业生涯各项因素要靠自己的主观努力才能实现,别人只能是一个助力,而且内职业生涯的各个构成因素一旦取得,就会变成别人拿不走收不回的个人财富。内职业生涯的发展是外职业生涯发展的前提,内职业生涯发展了,外职业生涯自然会提升。

1. 外职业生涯目标

(1) 职务目标。具体、清晰、明确的职务目标应是专业加职务。

(2) 工作内容目标,即把在某一阶段计划完成的工作内容详细罗列出来。工作内容目标对于选择了专业技术型发展路线的人格外重要。因为此类型发展路线的人的发展体现在本专业技术领域取得的成果及相应的职称晋升,所以具体可行的工作内容目标才是规划的重点。

(3) 经济目标。获得经济收入是我们工作的一大目的,在职业生涯规划中列出收入期望无可非议,但是要切合自己的能力素质,切合实际,大胆规划出一个具体的数字,这个数字将在日后成为重要的激励源。

(4) 工作地点目标和工作环境目标。如果你对工作地点或工作环境有特殊要求,就要在规划中列出这两项内容。尽可能地根据个人喜好来规划,但切勿太过细琐,以免影响选择面。

2. 内职业生涯目标

(1) 工作能力目标。工作能力是对处理职业生涯中各种工作问题的能力的统称,如组织领导能力、策划能力、管理能力、研究创新能力、人际关系沟通能力、与同事协调合作的能力等。

(2) 工作成果目标。工作成果是进行绩效考核的重要指标,优异的工作成果不仅带给我们荣誉感和成就感,而且也铺砌了通往晋升之路的阶梯。

(3) 心理素质目标。在职业生涯中,只有心理素质合格的人才能正视现实,努力克服困难,追求卓越。为了使职业生涯规划蓝图能够变成现实,就要不断提高自己的心理素质。提高心理素质目标包括抗挫折、包容他人,也包括在暂时的成功面前保持冷静清醒,做到能屈能伸、宠辱不惊。

(4) 观念目标。观念是对人对事的态度、价值观。当今是个强调观念的社会,各种各样新的观念层出不穷。这些观念影响着我们的行动,也影响组织、领导、同事、客户对我们的态度。随时更新自己的观念,让自己总是站在前沿地带,也是我们规划个人职业生涯的重要环节。

二、明晰职业发展路径

职业生涯发展路径是指一个人明确职业方向后选择从什么途径去实现自己的职业目标,是向专业技术方向发展,还是向行政管理方向发展。发展方向不同,要求也不同。人们常说"条条大路通罗马",讲的就是道路多、选择多、方法多的道理。可是那么多条道路到底哪条才是最近、最好走、最适合自己的,这就是实现目标中的路线选择问题。选择了好路,便易于进入职业发展的快车道。如果没有一个职业发展的路线蓝图,我们就容易走错路、弯路,这将直接影响我们的成就,导致我们的努力、动力、能力不能直接作用于目标,更会产生资源、时间、精力的浪费,在无形中延长了我们实现职业目标的期限。因此,在职业目标确定之后,我们必须对职业生涯发展路线进行选择,以便今后的学习和工作沿着职业生涯路线和预定的方向发展。

职业生涯发展路线的选择往往要经过很长一段时间的探索后才能找到适合自己的。对于大学生来讲,大学毕业是人生一个重要转折点,毕业后的生涯路径有很多种可能性,如大多数大学生毕业后可能会先就业;部分学生可能会进入更高阶段的学习或者进行其他的进修学习,不急于参加工作或等待时机再就业;而有的同学可能会选择直接创业。这三种去向并不意味着从此就不相干了。先就业的同学将来仍然可能选择重新回到学校继续学业或者接受各种不同形式的培训,或者在条件成熟的时候走上创业之路。继续求学的同学在学习告一段落之后,也仍然会面临就业或者创业的选择。创业的同学也有可能重新进入就业或是接受教育培训的行列。

职业生涯发展路线选择的重点是对职业理想、职业能力、职业环境三方面职业生涯选择要素进行系统分析,并在此基础上确定自己的职业生涯发展路线。大学期间,要对自己的职业生涯发展路线做出合理的规划,在抉择的过程中通常需要考虑以下三个问题:

我想往哪一条路线发展?

我能往哪一条路线发展？

我可以往哪一条路线发展？

回答这三个问题，是对"知己、知彼"有关情况进行综合分析并加以利用的过程，以此确定自己的最佳职业生涯路线。如图4-1所示。

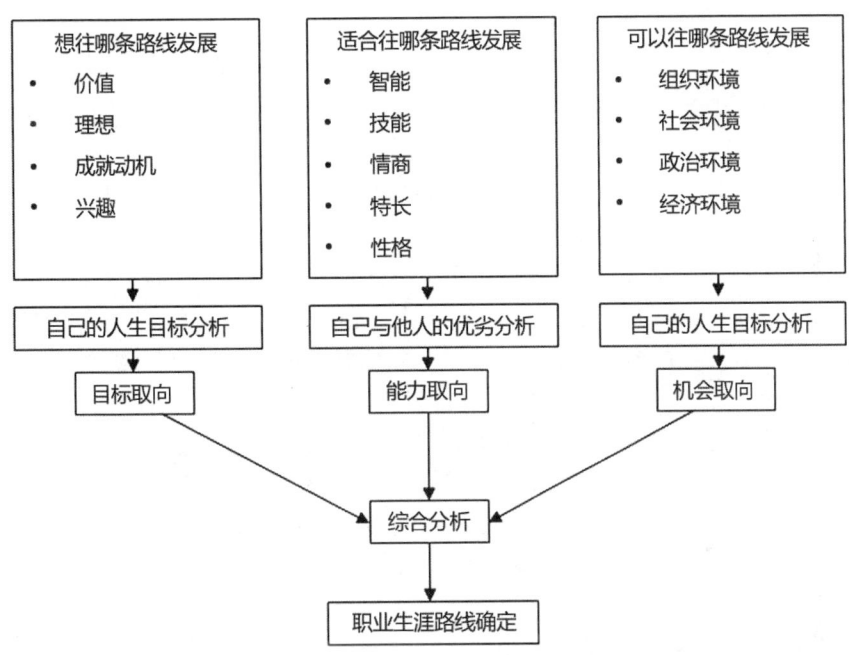

图 4-1 职业生涯路线分析流程图

第四节 职业生涯决策的方法和工具

一、职业生涯决策方法的分类

影响职业生涯决策的因素有很多，一是个人因素，包括价值观、兴趣、能力、气质、人格类型等方面；二是家庭因素，即父母亲的职业态度、家庭的社会经济状况、接受培训和教育的可能性等等；三是社会因素，即从业、就业的可能性。决策有多种方法，比如经验法、直觉法、比较法。

（1）经验法是运用得比较多的方法，往往是找一些有经验的人，提供支持。比如教师过去指导过许多学生填报志愿，成年人在经历了漫长的职业生涯道路后，往往也有许多经验，可以凭借这些经验来辅助决策。这种方法的问题是主观意识性强、客观精确性差。

（2）直觉法则主要借助个人的内在感情和感觉，运用想象力，辅之以过去的知识和背景来做决定。优点是简单、迅速，缺点是主观、武断，缺乏科学依据，比较感性。

(3) 比较法是运用推理、比较和数据资料，综合考虑多方面的利弊得失，找出正面预期多，负面影响少的方案。这种方法比较科学，但是十分复杂，需要的技术和资源较多，决策过程漫长。

二、职业生涯决策的工具

(一) 信息检索

1. 信息检索的概念

信息检索(Information Retrieval)是指将信息按一定的方式组织起来，并根据信息用户的需要，找出有关信息的过程和技术。狭义的信息检索就是信息检索过程的后半部分，即从信息集合中找出所需要的信息的过程，也就是我们常说的信息查寻(Information Search 或 Information Seek)。信息检索是指从信息资源的集合中查找所需文献或查找所需文献中包含的信息内容的过程，它也是一个匹配的过程。信息检索过程包括信息处理和检索两方面。

信息检索是终身教育的基础。学校培养学生的目标是学生的智能，包括自学能力、研究能力、思维能力、表达能力和组织管理能力。联合国教科文组织提出，教育已扩大到一个人的整个一生，认为唯有全面的终身教育才能够培养完善的人，防止其知识老化，使其不断更新知识，以适应当代信息社会发展的需求。

2. 信息检索的四个要素

(1) 信息检索的前提——信息意识。

所谓信息意识，是人们利用信息系统获取所需信息的内在动因，具体表现为对信息的敏感性、选择能力和消化吸收能力，从而判断该信息是否能为自己或某一团体所利用，是否能解决现实生活实践中某一特定问题等一系列的思维过程。信息意识含有信息认知、信息情感和信息行为倾向三个层面。

(2) 信息检索的基础——信息源。

信息源的构成如下：

按文献载体分，信息源分为印刷型、缩微型、机读型、声像型。

按文献内容和加工程度分，信息源分为一次信息，二次信息，三次信息。

按出版形式分，信息源分为图书、报纸杂志、研究报告、会议信息、专利信息、统计数据、政府出版物、档案、学位论文、标准信息(它们被认为是十大信息源，其中后 8 种被称为特种文献)。教育信息资源主要分布在教育类图书、专业期刊、学位论文等不同类型的出版物中。

(3) 信息检索的核心——信息获取能力。

信息获取能力是指了解各种信息来源，掌握检索语言，熟练使用检索工具，能对检索效果进行判断和评价。

判断检索效果有两个指标：

查全率＝被检出相关信息量/相关信息总量(%)

查准率＝被检出相关信息量/被检出信息总量(%)

(4) 信息检索的关键——信息利用。

社会进步的过程就是一个知识不断生产—流通—再生产的过程。为了全面、有效地利用现有知识和信息,在学习、科学研究和生活过程中,信息检索的时间比例日渐增大。获取学术信息的最终目的,是通过对所得信息的整理、分析、归纳和总结,根据自己学习、研究过程中的思考和思路,将各种信息进行重组,创造出新的知识和信息,从而达到信息激活和增值的目的。

(二) 逻辑思维

1. 逻辑思维的概念及特点

逻辑思维(Logical thinking),是人们在认识事物的过程中借助概念、判断、推理等思维形式能动地反映客观现实的理性认识过程,又称抽象思维。它是作为对认识着的思维及其结构以及起作用的规律的分析而产生和发展起来的。只有经过逻辑思维,人们对事物的认识才能达到对具体对象本质规定的把握,进而认识客观世界。它是人的认识的高级阶段,即理性认识阶段。

逻辑思维是思维的一种高级形式,它符合世间事物之间的关系(合乎自然规律),我们所说的逻辑思维主要指遵循传统形式逻辑规则的思维方式。逻辑思维是确定的,而不是模棱两可的;是前后一贯的,而不是自相矛盾的;它是有条理、有根据的思维。在逻辑思维中,要用到概念,判断、推理等思维形式和比较、分析、综合、抽象、概括等思维方法,而掌握和运用这些思维形式和方法的程度,也就是逻辑思维的能力。

逻辑思维是人们在认识过程中借助于概念、判断、推理反映现实的过程。它与形象思维不同,是用科学的抽象概念、范畴揭示事物的本质,表达认识现实的结果。逻辑思维要遵循逻辑规律,这主要是形式逻辑的同一律、矛盾律、排中律、辩证逻辑的对立统一、质量互变、否定之否定等规律,违背这些规律,思维就会发生偷换概念、偷换论题、自相矛盾、形而上学等逻辑错误,认识就是混乱和错误的。

逻辑思维是分析性的,需按部就班。进行逻辑思维时,每一步必须都准确无误,否则无法得出正确的结论。逻辑思维是人脑的一种理性活动,思维主体把感性认识阶段获得的对于事物认识的信息材料抽象成概念,运用概念进行判断,并按一定逻辑关系进行推理,从而产生新的认识。

逻辑思维的特点是以抽象的概念、判断和推理作为思维的基本形式,以分析、综合、比较、抽象,概括和具体化作为思维的基本过程,从而揭示事物的本质特征和规律性联系。抽象思维既不同于以动作为支柱的动作思维,也不同于以表象为凭借的形象思维,它已摆脱了对感性材料的依赖。

抽象思维一般有经验型与理论型两种类型:前者是在实践活动的基础上,以实际经验为依据形成概念,进行判断和推理,如工人、农民运用生产经验解决生产中的问题,多属于这种类型。后者是以理论为依据,运用科学的概念、原理、定律,公式等进行判断和推理。科学家和理论工作者的思维多属于这种类型。经验型的思维由于常常局限于狭隘的经验,因而其抽象水平较低。

2. 基础逻辑思维

(1) 归纳与演绎。

归纳：从多个个别的事物中获得普遍的规则。例如，黑马、白马，可以归纳为马。

演绎：与归纳相反，演绎是从普遍性规则推导出个别性规则。例如，马可以演绎为黑马、白马等。

(2) 分析与综合。

分析：分析是把事物分解为各个部分、侧面、属性，分别对其加以研究。分析是认识事物整体的必要阶段。

综合：综合是把事物各个部分、侧面、属性按内在联系有机地统一为整体，以便掌握事物的本质和规律。

分析与综合是互相渗透和转化的，在分析的基础上综合，在综合的指导下分析。分析与综合循环往复，推动认识的深化和发展。

(3) 抽象与概括。

抽象：抽象是从众多的事物中抽取出它们共同的、本质性的特征，而舍弃其非本质的特征。具体地说，科学抽象就是人们在实践的基础上，对于丰富的感性材料通过"去粗取精、去伪存真、由此及彼、由表及里"的加工制作，形成概念、判断、推理等思维形式，以反映事物的本质和规律。

概括：概括是形成概念的一种思维过程和方法。即把从某些具有相同属性的事物中抽取出来的本质属性，推广到具有这些属性的一切事物中去，从而形成关于这类事物的普遍概念。概括是科学发现的重要方法。因为概括是由较小范围的认识上升到较大范围的认识；是由某一领域的认识推广到另一领域的认识。

(4) 比较思维法。

按照对象，比较分为同类事物之间的比较和不同类事物之间的比较。

按照形式，比较分为求同比较和求异比较。

在相似中，求不同处。在不同中，求相同或相似处。例如，人类发明飞机时参考了鸟的生理构造，发明潜水艇时参考了鱼的生理构造。

(5) 因果思维法。

简单来说，因果关系的逻辑就是：因为 A，所以 B；或者说，如果出现现象 A，必然就会出现现象 B(充分关系)。这是一种引起和被引起的关系，而且是原因 A 在前，结果 B 在后。

并非所有的先后关系都是因果关系，例如，起床先穿衣服后穿裤子，或者说先刷牙后洗脸，这些都不是因果关系。并不是一切必然联系都是引起和被引起的关系，只有存在引起和被引起关系的必然联系，才属于因果联系。

因果对应关系包括：一因一果，一个原因产生一个结果；多因一果，多个原因一起产生一个结果；一因多果，一个原因产生多个结果；多因多果，多个原因一起产生多个结果。

(6) 递推法。

递推就是按照因果关系或层次关系等方式，一步一步地推理。有的原因产生结果后，这个结果又作为原因产生了下一个结果，于是形成因果链。因果链就是一种递推思维。

例如，英国民谣："失了一颗铁钉，丢了一只马蹄铁；丢了一只马蹄铁，折了一匹战马；折了一匹战马，损失一位将军；损失一位将军，输了一场战争；输了一场战争，亡了一个帝国。"

(7) 逆向思维法。

逆向思维法与因果思维法相反,它是由结果推出原因。

例如,大家都听过"司马光砸缸"的故事。司马光的小伙伴掉进大水缸里了,常规的思维模式是"救人离水",而司马光面对紧急险情,运用了逆向思维,果断地用石头把缸砸破,"让水离人",救了小伙伴的性命。

(三) 决策平衡单

"决策平衡单"(decision-making balance sheet)经常被应用于问题解决模式和职业咨询中,用以协助咨询者系统地分析每一个可能的选项,判断分别执行各选项的利弊得失。然后,依据其在利弊得失上的加权计分排定各个选项的优先顺序,以执行最优先或偏好的选项,其在职业咨询中实施的程序主要有以下步骤:

第一步,建立"职业生涯决策平衡单"(如表 4-1 所示)。列出可能的职业选项,咨询者首先需在平衡单中列出有待深入评量的潜在职业选项 3~5 个。

表 4-1 职业生涯决策平衡单

相关因素 (权重)	选择方案 原始分 (加权分数)	第一方案 对口企业	第二方案 参军、"三支一扶"、志愿服务	第三方案 升学	第四方案 自主创业
A. 个人物质方面的得失	1. 福利薪水（乘以1）				
	2. 个人花销（乘以3）				
B. 他人物质方面的得失	家人开支（乘以1）				
C. 个人精神方面的得失	1. 精神状态（乘以3）				
	2. 工作的压力（乘以5）				
	3. 个人的成就感（乘以5）				
	4. 生活的满意度（乘以3）				
D. 他人精神方面的得失	1. 家人的态度（乘以2）				
	2. 朋友的态度（乘以4）				
	得分合计				
	得分总计				
	优先次序				

(注:括号内为加权后的数字)

第二步,判断各个职业选项的利弊得失。平衡单中会提供咨询者思考的重要得失,主要集中于四个方面,分别是自我物质方面的得失、他人物质方面的得失、自我赞许(精神方面)的得失、他人赞许(精神方面)的得失。考虑每个因素的得失程度,给出 1~5 分。

第三步,各项考虑因素的权重。咨询者在各个方面的利弊得失之间,会因身处于不同情境而有不同的考量。因此,在详细列出各项考虑层面之后,须再进行加权计分。按照自己的情况对每个考虑因素设置权重,给出1~5分。其中1分表示不看重,5分表示最看重。

第四步,计算出各个职业选项的得分。把各因素的权重和利弊得失分数相乘后再累加,计算各个生涯选项的总分。

第五步,排定各个职业选项的优先顺序。依据各职业选项在总分上的高低,排定优先次序。职业选项的优先次序即可作为咨询者做出职业生涯决策的依据。

当我们面对多种选择而无法决定时,平衡单是协助我们做出理智决策的一种有效技术。通过使用职业生涯决策平衡单,我们可以很清晰地对多种选择进行量化排序,从而为职业生涯决策提供量上的参考依据。需要指出的是,平衡单内的所有评分和权重设定都是决策者的主观评定,对不同的人来说,其内容可能会完全不同。因此,平衡单只能用于个体内比较,不能用于不同决策者之间的比较。

行动策略

(1) 考查自己制定决策的习惯,针对自己的习惯做何种改善?

反思个人的决策风格,请回想:迄今为止,你在生活中所做的五个重大决定,并按以下几条内容予以描述:a. 目标或当时的环境;b. 你所有的选择;c. 你做出的选择;d. 你的决策方式;e. 对结果的评估。在纸上将这些记录下来。

想一想:你如何描述自己在上述几项中的决策风格?它们有共同之处吗?当你做一番回顾的时候,你有没有想过自己通常采用什么样的决策模式?

你记录下了五个已做出的重大决定,分析其中哪些因素影响到了你的决定,然后按以下四个方面对它们进行分类。分析一下它们各自的影响程度有多大,它们是有力促进了你的发展,还是对你的决策造成了阻碍?影响你职业决策的因素有:

A. 影响你生涯决策的遗传与特殊能力;

B. 环境和重要事件;

C. 学习经验;

D. 任务取向的技能。

(2) 分析你的决策 CASVE 循环。

请使用 CASVE 循环来分析你在第一个练习中所写出的五个重大决策以及你现阶段面临的职业决策问题。分析可以参考以下问题进行:

你是怎样意识到自己的需求的?

你是如何分析这个问题、收集相关信息的(包括关于你自己的和关于问题解决的信息)?

你是如何形成解决方案的?以你今天的眼光,你是否能看到自己当时所没有看到的其他可能性?

你是如何在不同的解决方案之间选择的?你的选择标准是什么?

你是如何落实行动的?过程是否如你所期待的那样?

你怎样评价自己当时的决策过程?你对结果感到满意吗?如果不满意,是哪个步骤出现了问题?

如此分析了五个重大决策的过程之后,你对自己的决策模式有了什么新的了解?这对你处理现阶段所面临的职业决策问题有什么指导意义?

(3) 根据本章所学知识,运用"决策平衡单",制定自己的职业生涯决策。

将你的各种生涯选择水平排列在决策平衡单的顶部。按照表4-2所示,在平衡单的左侧垂直列出你在"个人物质方面得失"几个方面的重要价值观和考虑因素。按1~5的等级给各种价值观和因素分配权重。一项价值观因素的重要性越大,它的权重就越高。5为最高权重,表示"非常重要";3代表"一般",而1代表"最不重要"。

对自我需求和价值观加以准确了解,是给价值观和考虑因素指定权重的前提。根据各种生涯选择满足个体价值观和考虑因素的程度,进行打分,分值在"-5"到"+5"之间,其中"+5"表示"价值观和考虑因素在该生涯选择中得到了完全的满足","0"表示"不知道或无法确定",而"-5"表示"价值观和考虑因素完全未能得到满足"。

将各项生涯选择的得分与各项价值观和因素的权重对应相乘进行计分,将结果记录在相应空格内。将每一选择下所有的正负积分相加,得出它的总分。然后对所有总分进行比较和排序。

表4-2 职业生涯决策平衡单

选择 考虑因素	权重 -5~+5	短期目标1		短期目标2		短期目标3	
		加权分数 (+)	加权分数 (-)	加权分数 (+)	加权分数 (-)	加权分数 (+)	加权分数 (-)
个人物质方面的得失 1. 2. 3. ……							
他人物质方面的得失 1. 2. 3. ……							
个人精神方面的得失 1. 2. 3. ……							

选择考虑因素	权重 −5～+5	短期目标1		短期目标2		短期目标3	
		加权分数（+）	加权分数（−）	加权分数（+）	加权分数（−）	加权分数（+）	加权分数（−）
他人精神方面的得失 1. 2. 3. ……							
总分							

（4）尝试着回答下列问题，对自己所处的社会环境进行分析。

你所在的地区的经济发展形势怎样？很好、一般还是较差？这个地区给你提供了怎样的发展机会？

你所学专业对应的行业目前正处于发展上升期、稳定期还是衰落期？这个行业会为你提供哪些发展机会？机会有多大？

社会将会再出现哪些新兴行业？哪些新兴行业比较适合你的发展？

社会上还有哪些地方、行业或组织有更好的发展机会？

还有哪些重要的社会因素影响着你职业目标的确定？

（5）做出决定。

课堂练习：

下面的练习帮你增进对自己决策方式的了解。①是要求你对自己的决策方式做一个二维评估。这里不存在正确与错误的答案，只是使你了解自己的决策风格。②和③是回顾目标设定。练习④～⑦是检测你是否将口头上说得很严重的事付诸行动。⑧～⑮是为了澄清其他一些影响你决策的因素。⑯是让你思考一下目前生活选择的替代方案。⑰是反映你认识和清晰陈述目标的能力（有答案的正确和错误之分）。⑱是鼓励你去寻找具有创造性的解决方案。⑲是让你列出可以节约时间的因素。⑳是让你选择一个长期目标，同时包括逐步走向长期目标的清晰的短期行动的具体步骤。

① 评估自我。

请在下面代表你的决策风格的地方画√。

谨慎的　　　　　　　　　敢于冒险

直觉的　　　　　　　　　逻辑的

依赖的　　　　　　　　　独立的

易受他人影响　　　　　　自己拿主意

感觉/情绪化的　　　　　　理智的

悲观的　　　　　　　　　积极的

安静的　　　　　　　　　果断的

② 回顾目标设定。

讨论了长期目标,现在我们具体地讨论目标设定。请列出 3 个目标的长期目标。如果你有 3 个以上的长期目标,可以用附页列出。

  a. _____
  b. _____
  c. _____

假设你无法幸免于 6 个月后的一场地震,你的短期目标会发生什么变化?列出至少 3 个有关未来 6 个月你要实现的目标。

  a. _____
  b. _____
  c. _____

现在你有了一个长期目标和短期目标的清单。下一步要确定其中哪些对你最重要,这就叫"确定优先顺序"。用字母 A 代表对你最重要的、最有价值的目标,用 B 代表中等重要的,用 C 代表不太重要的。让我们先从 A 级目标开始,如果有不止一个 A 级目标,用 A1、A2、A3 来区分它们,其中 A1 是所有目标中最重要的。用同样的方法处理 B 级和 C 级目标。行动是指为了完成小目标而采取的步骤,小目标的实现使我们接近大目标的最终实现。用单独一页纸写下每一个长期目标,然后列出尽可能多的实现大目标要采取的行动。不要对涌入脑海的行动进行评价或产生疑问,把它们按原样列出来再说。列出行动后问自己:"我是否在下周可以拿出 5 分钟来做这些事?"如果回答是否定的,就把这件事划掉。如果你不想做这件事,不用为自己找任何借口,这没什么了不起。对各种行动的选择会帮助你确定各个行动的优先顺序。然后,对下周你准备做的事按重要性排序,你的行动计划成形了,你准备好去实现你的目标了。你应该把这个活动当成一次探险,享受全部过程中的成就感和乐趣。

③ 写出目标宣言。

  a. _____
  b. 根据目标回答下列问题:

我是独立地按自己的意愿选择这一目标的吗?

我能为这个目标写下一个书面保证吗?

我为目标设定时限了吗?

这件事是否在我的控制范围之内?

我想明白这件事的后果了吗?

这个目标符合我的价值观吗?

我能用细致的图景想象这个目标的实现过程吗?(这个目标是否足够具体化)我愿意为这个目标努力吗?

这个目标是否是可以量化的?

④ 确定任务。

花 5 分钟写下所有你在下周要做的事。

⑤ 只要再活一年。

如果只有一年的生命时间,上面列出的事对你仍然很重要吗?

⑥ 时间分配。

每周你将用多少时间去做与实现目标有关的事,用多少时间去做其他的事?

⑦ 你的充电器。

每天你必须做哪些活动以帮助你恢复活力?列出这些活动。

⑧ 最近的决定。

你最近一段时间曾经做过哪些决定?

⑨ 优先顺序。

这些决定中有一些对你更为重要吗?为什么?

⑩ 不可以改变的决定。

举例说明某些你已经做出的或正要做的难以改变的决定。

⑪ 危险的决定。

举例说明某些可能对你或你爱的人有危害的决定。

⑫ 限制性决定。

举例说明某些决定使你不得不放弃一些自己想做的事。

⑬ 连续反应决定。

举例说明某些会对其他决定产生影响的决定。

⑭ 价值观。

在你考虑前面"只要再活一年"的问题时,哪些价值对做出决定最重要?

⑮ 影响你做决定的因素。

这个练习的目的是确定哪些因素会影响你做出决定,以及这些因素之间是否存在某种规律性。首先写下3个你已经做出的决定,然后根据表4-3指出哪一个因素影响你的决定,影响的程度有多大。用√代表决定1,用×代表决定2,用○代表决定3。

决定1(√)

决定2(×)

决定3(○)

表4-3 影响人做出决定的内部与外部因素

外部因素	轻微影响	中度影响	强烈影响
1.家庭成员的期望			
2.家庭责任			
3.文化歧视的成规			
4.性别歧视的成规			
5.生存需要			
6.其他因素(具体说明)			
内部因素	轻微影响	中度影响	强烈影响
1.缺乏自信			
2.对变化的恐惧			

续表

内部因素	轻微影响	中度影响	强烈影响
3.害怕做出错误决定			
4.害怕失败			
5.害怕嘲笑			
6.其他因素(具体说明)			

在填好表之后,注意观察各因素之间的规律性。

哪种因素阻碍你做出一个令人满意的决定多一些?内部因素还是外部因素?

如果某一因素强烈地影响你的某一项决定,而另一个因素中等程度地影响你的两项甚至三项决定,你认为哪个对你的决策更有影响力?

⑯ 如果……

A. 假设你失去了所有的经济援助(如你被辞退或父母停止资助学费),列出 3 件你可以做的事:

　　a. _____

　　b. _____

　　c. _____

B. 上面替代方案对你来说是否可以解决困难?

C. 假设一年之后你将失去经济援助,在这一年的准备时间内你会做什么?

a. 你有什么替代方案?

b. 你需掌握哪些关于你的替代方案的信息?

c. 你会采取什么行动?

d. 你对自己的一年准备计划是否满意?

⑰ 具体或非具体的目标。

下面的陈述都是关于目标的宣言。阅读每一个陈述并指出哪些是具体的、哪些是不具体的。这些陈述是一般性的,并不一定代表你的看法。你可以想象某个人站在你的面前,正在对下列陈述做判断(用 S 代表具体,用 N 代表不具体)。

　　_____ a. 我想要发展业余爱好。

　　_____ b. 我想找一份好工作。

　　_____ c. 我想了解一下适合我的工作的情况。

　　_____ d. 我打算下学期开始学习西班牙语并坚持至少两年,这样作为一名教师
　　　　　　　　 我又多了一项技能。

　　_____ e. 我毕业后想要找一份每月 3000 元以上的工作。

　　_____ f. 明天我将与专业老师约定一个 1 小时的会面。

　　_____ g. 这学期我想在专业课考试中得一个"A"。

　　_____ h. 我打算下课后在网上做一个职业测评。

　　_____ i. 我想毕业后到一个有大量就业机会的地方去。

　　_____ j. 我毕业后想要争取继续深造。

_____ k.我想加深对自己的了解。
_____ l.我想与工作岗位上的同事搞好关系。
_____ m.下周我要找更多的时间去看望朋友。
_____ n.我今天晚上准备看一本极好的关于性格分析方面的书。
_____ o.我想要得到良好的教育。

⑱ 测验你的假设。

a.请用4条线将这些点链接起来,不要让笔离开纸。

○　○　○
○　○　○
○　○　○

b.只加一条线,把IX变成6。

　　　　IX

⑲ 节约时间。

列出3件可以节约时间的事。

⑳ 短期和长期目标。

写出一个长期目标,并列出两件下周可以做的、对实现目标有帮助的事。

第五节　职业生涯与发展规划方案的评估与修正

一、职业生涯与发展规划方案的评估

影响职业规划的因素很多,有很多因素是难以预测的,为了保证职业生涯方案的实施行之有效,就需要将职业生涯规划付诸实施并不断进行评估。

(一) 评估方法

职业生涯规划评估的方法主要有以下几种:

第一,调研法。在职业生涯规划每一个近期目标实现后,要对下一步目标实现的各个条件、因素进行调查、分析和研究,对情况的变化要充分了解、掌握,然后,及时、准确地修改下一步拟订的计划。

第二,对比法。它主要指的是在职业生涯规划时应该多比较、勤思考,好好吸取、学习并分析别人科学的方法和手段,更好地帮助我们正确修改自己的职业生涯规划。

第三,评价法。它指的是全方位反馈,也就是要求评价者,包括领导、同事和朋友,让他们对被评价者也就是自己的职业生涯规划进行客观、全方位的评价,然后,通过分析、研究他们反馈的信息,得到我们所需要的信息,对我们的职业生涯规划做出必要的修正。

第四,请教法。这要求我们把自己的职业生涯规划告诉家长、朋友和老师,以主动、积极的心态,诚恳地向他们征求看法及修改意见。这样会使我们从旁观者的角度更加清楚地看到自己的不足,以便更好地修正自己的职业生涯规划。

第五,总结法。它指的是我们要对职业生涯规划实施的过程进行回顾总结,总结我们从中学到了什么,收获了什么,体会到了什么,有什么领悟等等。

(二) 评估应注意的问题

第一,适应最新需求。这指的是对职业生涯规划的评估要跟上形势,面对新的变化和需求,要善于发掘潜能,对策略做出相应的改变,使自己的职业规划适应新的环境、新的形势和新的要求。

第二,关注薄弱环节。在我们的职业生涯中,观念的落后、知识的贫瘠、能力的欠缺和脆弱的心理素质都是我们无法成就自我职业生涯理想的薄弱环节。只有时时关注这些薄弱环节,用心提高强化这些薄弱环节,我们才能更科学、更准确、更全面地评估我们的职业生涯规划。

第三,抓住主要内容。这指的是在职业生涯规划的评估中我们要通过优先排序,对那些可能达到这个核心目标的主要策略的执行效果进行重点评估。

第四,找到突破方向。很多时候,在某一点上取得的突破性进展将会改变我们的整个职业生涯,甚至改变我们的人生。因此,找到这个改变我们一生的关键点并突破它,在我们的职业生涯中无比重要,是我们重点评估的对象。

二、职业生涯与发展规划方案的修正

职业生涯规划修正的内容包括职业的重新选择、职业生涯路线的选择、阶段目标的修正、实施措施与行动计划的变更等等。

(一) 修正的目的

通过评估与修正,应该达到下列目的。

第一,决定放弃或坚持自己的目标,并进行必要的调整;明确影响实施效果的关键因素,对实施方案的合理性予以确认。

第二,对自己的强项充满自信,有信心在职业发展路程上充分发挥自己的优势。

第三,对自己的发展机会有一个清楚的了解,能够清晰地认识自己所处的环境及自己的位置。

第四,找出关键的有待改进之处。

第五,为那些有待改进之处制订详细的行动改变计划。

第六,实施你的行动计划,确保修订后的实施方案能帮助自己达成生涯目标。

(二) 修正的内容

对职业生涯与发展规划进行修正的内容包括以下几个方面。

第一,职业目标的重新选择。

第二,职业生涯路线的重新确定。

第三,阶段目标的调整。

第四,生涯发展目标的调整。

第五,实施措施与计划的变更等。

在此过程中应注意回答以下问题:

第一,你的人生价值是什么?

第二,你有哪些知识、技能和条件?

第三,你最感兴趣的事情是什么?

第四,你的人格特质是什么?

第五,你是否好高骛远?

第六,你建立自己的就业信息网络了吗?

(三)修正的时机

在实施职业生涯规划的过程中,一定要为日后可能的计划修改预留余地,修正的依据是自己在每个阶段评估后反馈回来的信息。至于计划修正的时机,必须考虑下列三点。

第一,可以以周、月、半年或年为时间单位,来定期检测预定目标的达成进度。

第二,每一阶段目标达成之时,要依据实际效果,修订未来阶段目标可采用的策略。

第三,当发现客观环境改变进而影响到计划执行的时候。

(四)修正应考虑的因素

第一,环境因素,包括社会环境、政治环境、经济环境、科技环境、自然环境和法律环境等。

第二,组织因素,包括组织规模、组织结构、组织文化、组织发展状况、人力资源规划、人力资源管理系统类型、晋升政策和人际关系等。

第三,个人因素,包括年龄、性别、学历、工作经历、家庭背景和人格等。

评估和修正可以按以下模式进行,见表4-4。

表4-4 职业生涯规划评估和修正表

阶段目标(预测结果)	实施结果	评估差距	分析差距产生原因	修正措施

【讨论与思考】

1. 讨论学业规划与职业生涯设计的关系,以及如何从学业规划开始生涯设计。
2. 大学学业规划的内容是什么?
3. 如何在大学为自己的职业发展定位?

第五章 管理生涯规划

【名人名言】

每个人都是自己的命运建筑师。

——沙拉斯特

【学习目标】

1. 了解时间管理对生涯发展的重要意义。
2. 掌握时间管理的原则和方法。
3. 了解情绪的概念和种类。
4. 重点掌握情绪偏差的调适。
5. 了解适当压力的积极作用。
6. 掌握有效应对压力的方法。

【案例导入】

有三个泥瓦工在砌一堵墙。一天,一位哲人路过,问三个人:"你们在干什么?"第一个人回答:"砌墙。"第二个人回答:"盖一栋楼。"第三个人回答:"我们正在建设自己的家园。"哲人听后,笑着拍了拍第三个泥瓦工的肩头说:"今后你将是幸运的。"果不其然,许多年过后,第一个人还是泥瓦工,第二个人成了一名工程师,第三个人成了他们的老板。三个相同职业的人的命运却形成如此大的差别。因此,一个人的精神状态对于一个人的工作、生活乃至人生,具有很重要的意义。可以这样说,生活给予每个人成功的机会是同等的,收获的不同,只是人们的心态不同罢了。有的干什么事都视为无奈之举,总是怨天尤人,得过且过,结果只能是碌碌无为。有的人无论干什么事都以愉悦的心情对待,用热情、勤奋去构筑未来,所以自然能得到丰厚的回报。

这是一个非常有代表性的案例,反映了相当一部分在校大学生对情绪管理的状态。处于青年前期的大学生们,有些未能很好地学会掌控自己的情绪,影响到正常的学习和生活。而良好的情绪体验和调适是衡量一个人身心健康的重要指标之一,与一个人能否较好地适应社会,高效地工作,更好地与人交往和享受生活有着紧密的联系。因此,学会调节和掌握自己的情绪对于大学生来说非常重要。

第一节 时间管理

千百年来,人们对时间的探索和追问始终是一个亘古不变的主题。从"光阴似箭,日月如梭"的感慨,到"一寸光阴一寸金"的警示,时间留给我们太多的思考。在高速运转和竞争日益激烈的社会环境中,人们越来越感觉到时间的紧迫和珍贵。随着单位时间效率的不断提高,人们却感觉越来越忙碌,时间越来越不够用。主动地对有限的时间进行控制和分配,即时间管理逐渐成为人类关注的重要课题。

一、时间管理内涵

(一)时间的内涵

时间的流逝是不以人的意志为转移,我们面对的是有限的时间。我们不能创造时间,我们能做到的,只能是有效地利用时间。我们应对时间的内涵有深刻的认识。

时间的基本元素是事件,是过去的事、现在的事和未来的事,时间是由每个过程所发生的事件构成的;时间是组成生命的有机材料,生命中的一切活动都要在时间中进行;时间最长又最短,最快又最慢,最能分割又最宽广,最不受重视又最宝贵,没有它,什么事都做不成,它使一切渺小的东西归于消亡,使一切伟大的东西永垂不朽;时间对每个人都是平等的,但时间在每个人手里的价值却是不同的,管理好时间,就可以让自己的时间增值。

(二)时间的类型

按时间的功用,可以把时间分为工作或学习时间、生理时间和休闲时间。

工作或学习时间是指用在工作或学习上的时间。生理时间是指为满足人身体生长、新陈代谢等所必须花费的时间,如吃饭、睡觉和排泄等所占用的时间。休闲时间是指为调节身心状态,从事一些放松自己的活动的时间,如听音乐、进行体育活动等。

(三)时间的管理

时间管理是指个体为有效利用时间资源进行的计划和控制活动,即要在同样的时间消耗下,为提高时间的利用率和有效性而进行的一系列工作。其目标是使人们从被动地、自然地使用时间转到系统地、集中地、有目的有计划地主动分配使用时间,从而进行高效的、富有创造性的劳动。[1] 时间管理的对象不是"时间",时间本身是无法管理的。时间管理的实质是自我管理,是通过管理时间资源使用的方式、方法以及与时间对应的事项安排,以求减少时间浪费,用最短的时间或在预定的时间内实现既定目标的行为。

---

[1] 林崇德等.心理学大辞典[M].上海:上海教育出版社,2003:1124.

二、时间管理的发展

（一）"备忘录"的时间管理

俗话说，好记性不如烂笔头。备忘录管理的特色就是写纸条，这种备忘录可以随身携带，忘了就把它拿出来翻一下。一方面顺其自然，另一方面追踪时间的安排。当一天结束后，完成了的事情，就在备忘录上划掉，没完成的就增列到明天的备忘录上。这就是第一代时间管理，叫作备忘录的时间管理。

（二）"规划与准备"的时间管理

这是第二代时间管理理论，其特色是使用记事簿来做好时间规划。特点是制定时间表，记录应该做的事情，标明应该完成的期限，例如注明开会的日期等等。

（三）"规划、制定优先顺序，操之在我"的时间管理

这是第三代时间管理理论。它的特色就是将每天的活动写在纸上或者输入计算机，详细地规划各式各样的规划表或者组织表。这一代的管理强调的是价值，制定长中短的目标，以期实现一种价值观。它主要强调提高工作和生活效率。

（四）"一切以未来目标为中心的罗盘理论"的时间管理

这是第四代时间管理。这种管理法则一是强调自然法则，自然法则是指管理者应该保持工作、生活、健康等各方面平衡发展。如果工作顺利，家庭不幸福，那就会出现不平衡；或者工作很好，人际关系不好，那也是不平衡。因为事业的成功不能代替婚姻的破碎，工作的成就不能弥补身体的虚弱或心灵的缺憾。二是强调超越传统，追求更快、更好、更具有效率的观念，人走得多快是一回事，走得快有可能走很多弯路，方向对才是最重要的。怎么走，不是盲目求快，而是怎么向未来的目标接近。这种管理理论强调的是每一天的行动，每一个时段的行动，都要与未来的目标很接近，所以它强调的是一种方向，也叫作正北理论。

（五）"整体利益与个人利益的协调与平衡"的时间管理

这是第五代时间管理。这种时间管理的工作方式是要达到整体利益与个人利益的协调与平衡。它要求人们既能为集体创造价值，同时也要关注个人的人生价值，实现"鱼与熊掌"兼得的状态。它强调高效率的工作和高品质的生活。在这种工作方式下，人们既能感受高效率的工作所带来的满足感，同时又能享受高品质的生活所带来的幸福感，从而真正实现和谐的生活状态。工作为了生活，而生活能更好地促进工作——这就是在这种时间管理下，人们可以达到的工作与生活的和谐与平衡。这才是现代社会人们进行时间管理的最高境界。

表 5-1　时间管理理论的历史演进

理论的演进	特点	优点	缺点
第一代时间管理	备忘录型	应变力很强没有压力	随意、忽略整体规划
第二代时间管理	记事簿规划与准备	追踪约会时间达成率比较高	产生安排的习惯
第三代时间管理	强调价值规划、制定优先顺序	以价值为导向提高生产率	忽略了自然法则、缺乏远见
第四代时间管理	自然法则和罗盘理论	效率高、方向对	过分地强调了集体利益，而忽视了个人利益
第五代时间管理	工作就是享受，消费就是创造	整体利益与个人利益的协调与平衡	

三、时间管理的误区

误区一：工作缺乏计划。

大量的时间浪费来源于工作缺乏计划，比如：没有考虑工作的可并行性，结果使并行的工作以串行的形式进行；没有考虑工作的后续性，结果工作做了一半，就发现有外部因素限制只能搁置；没有考虑对工作方法的选择，结果长期用低效率高耗时的方法工作。

误区二：不会适时说"不"。

"时间管理当中最有用的词是'不'"。人们组织工作当中最常见的一种情况就是不会拒绝，这特别容易发生在热情洋溢的新人身上。新人为了表现自己，往往把来自于各方的请托都不假思索地接受下来，但这不是一种明智的行为。

量力而行地说"不"，对己对人都是一种负责。首先，自己不能胜任委托的工作，不仅徒费时间，还会对自己其他工作造成障碍。同时，无论是工作延误还是效果无法达标，都会打乱委托人的时间安排，结果是"双输"。

误区三："时间掌握在别人手中"。

假设一个大学生一年的学费是 1 万元，那么除以 365 天，折合为每天 27.39 元，那么每个学生每天都在自由地使用 27.39 元。如果他用来聊天、游戏、看韩剧，那么花费不止 27.39 元；如果他用来学习和实践，那么 27.39 元便是对未来的投资，为个人发展储备知识和能量。无论在学校还是在职场，心态决定效率，看似为别人工作，实际上可以达到双赢的局面。从这样的视角来看，时间当然掌握在自己的手中，没有人可以操纵属于自己的时间，除非是自己心甘情愿地浪费。

误区四："我的习惯就这样，不好改"。

如果习惯先迈左脚，再迈右脚，那么"要求"自己先迈右脚，再迈左脚时，每个人起初都会不习惯，只要有意识地加以调整，改变习惯也是轻松的事。行为心理学研究表明：21 天以上的重复会形成习惯；90 天的重复会形成稳定的习惯。即同一个动作，重复 21 天就会变成习惯性的动作；同样道理，任何一个想法，重复 21 天，或者重复验证 21 次，就会变成习惯性想法。没有任何一个习惯是不能改变的，运用时间管理的理念优化自己的生活，一旦开始运用并坚持下来，就会慢慢为自己创造效益、提高生活品质、增加自信，如此良性循环，必定会养成合理健康的生活习惯。

误区五："时间管理有什么用，计划赶不上变化"。

做计划并非死板硬套、限制自由，而是通过灵活机动的规划，使人们在短时间内有效完成重要任务，从而省出更多的时间适应生活中的变化。事实上，时间管理是为了让变化更具有计划性，将变化作为人们生活的一部分，这样才可以最大限度地减少压力、享受生活。

误区六："时间管理太费时"。

掌握任何知识和技术都需要时间的投入，从经济学的观点来看，将时间投入在对自己未来发展有帮助的知识或技术上，可以收获更可观的报酬。掌握时间管理的理念和技巧会帮助那些梦想成功者科学地规划生活和学习、提升自我价值，为达成目标做有效的准备。如果以前没有时间管理的概念，那么需要思考和分析自己的时间管理状况，一旦将时间管理的理念和原则与自己的生活融会贯通，那么每天只要 10 分钟，便能轻松节省至少 1 个小时的个人时间，与其在催促和焦虑中生活，不如按部就班地完成每项计划。

四、时间管理的方法

（一）明确目标

目标可以使人少走弯路，目标有助于培养时间观念，目标可以增加动力。目标原则不单单是有目标，而且是要让目标达到 SMART 标准，这里 SMART 标准是指：

具体性（Specific）。这是指目标必须是清晰的，可产生行为导向的。比如，目标"我要成为一个优秀的'河大人'"不是一个具体的目标，但目标"我要获得今年的国家奖学金"就是一个具体的目标了。

可衡量性（Measurable）。是指目标必须用指标量化表达。比如上面这个"我要获得今年的国家奖学金奖"目标，它就对应着许多量化的指标——学习成绩、获奖、论文等。

可行性（Attainable）。这里可行性有两层意思：一是目标应该在能力范围内；二是目标应该有一定难度。一般人在这点上往往只注意前者，其实后者也相当重要。如果目标经常达不到，的确会让人沮丧，但同时也应注意，太容易达到的目标会让人失去激情。

相关性（Relevant）。这里的"相关性"是指与现实生活相关，而不是简单的"白日梦"。

及时性（Time-based）。及时性比较容易理解，是指目标必须确定完成的日期。我们不但要确定最终目标的完成时间，还要设立多个小时间段上的"时间里程碑"，以便进行工作进度的监控。

（二）制订计划

制订计划，就是把目标分解成工作计划，那么究竟该怎样制订计划呢？大致的步骤如下：

（1）确立目标；

（2）探寻完成目标的各种途径；

(3) 选定最佳的完成方式；
(4) 将最佳途径转化成月/周/日的工作事项；
(5) 编排月/周/日的工作次序并加以执行；
(6) 定期检查目标的现实性以及完成目标的最佳途径的可行性。

有了计划，就必须有行动。行动是一件了不起的事，要切实实行你的计划和创意，以便发挥它的价值，不管主意有多好，除非真正身体力行，否则永远没有收获。

美国的成功学家格林演讲时，时常对观众开玩笑地说，美国最大的快递公司——联邦快递，其实是他发明的。他不说假话，他的确有过这个主意。但是我们相信世界是至少还有一万个和他一样的创业家，也想到同样的主意。20世纪60年代格林刚刚起步，在全美为公司间做撮合工作，每天都生活在赶截止日期，并在限时内将文件从美国的一端送另外一端的时间缝隙中。当时格林曾经想到，如果有人能够开办一个能够将重要文件在24小时之内送到任何目的地的服务，该有多好！这想法在他脑海中驻留了好几年……一直到有一个名叫弗列德·史密斯(Frederick W. Smith)的家伙真的把这主意转换为实际行动。

这个故事的教训是：成功地将一个好主意付诸实践，比在家空想出一千个好主意要有价值得多。

（三）分清工作的轻重缓急

我们习惯按照事情的紧急程度来判断工作的轻重缓急，愈紧迫的事，其重要性愈高，愈不紧迫的事，其重要性愈低。但是，在现实生活中的多数情况下，愈是重要的事偏偏不紧迫。例如期末考试，一个月后要交的一篇重要论文等等。如果我们按事情的"缓急程度"办事的话，不但使重要的事情的履行遥遥无期，而且经常使自己处于危机或紧急状态之下，最大的恶果是原本重要不紧急的事必然会转化为重要又紧急的事。比如，很多研究生都认为期末要交的课程论文是一件极其重要的事，但若现在距离期末尚有两个月的话，则一般人大概不会把它视为"今天应该做的事"，更不会把它视为"今天必须做的事"，既然今天可以不做这件事，那么就可以不断地拖延下去。直到截止日期的前几天，他们才如临大敌般地处理"紧急事件"，结果不是迟交了论文，就是草率应付了事。经过一番挣扎之后，他们可能会信誓旦旦地下决心，下次一定要将论文提前准备好。但是除非能够彻底地改变按"缓急程度"办事的习惯，否则到了下一次极有可能重蹈覆辙。

因此，我们认为：处理事情优先次序的判断的主要依据不是事情的轻重缓急，而是事情的"重要程度"。所谓"重要程度"，即指对实现目标的贡献大小。但是请注意，虽然有以上的理由，我们也不应全面否定按事情"缓急程度"办事的习惯，只是需要强调的是，在考虑行事的先后顺序时，应先考虑事情的"轻重"，再考虑事情的"缓急"——也就是我们通常采用的"第二象限组织法"。

我们以下面的时间管理的方法来探讨"急事"与"要事"的关系，请看下面的四象限图：

第一象限是重要又紧急的事。诸如应付难缠的客户、准时完成工作、住院开刀等等。这是考验我们的经验、判断力的时刻，如果做不好，后果会很严重。但我们也不能忘记，很多重要的事都是因为一拖再拖或事前准备不足，而变成迫在眉睫。

第二象限是重要但不紧急的事。主要是与生活品质有关，包括长期的规划、问题的发掘与预防、参加培训、向上级提出问题处理的建议等等。荒废这个领域将使第一象限日益

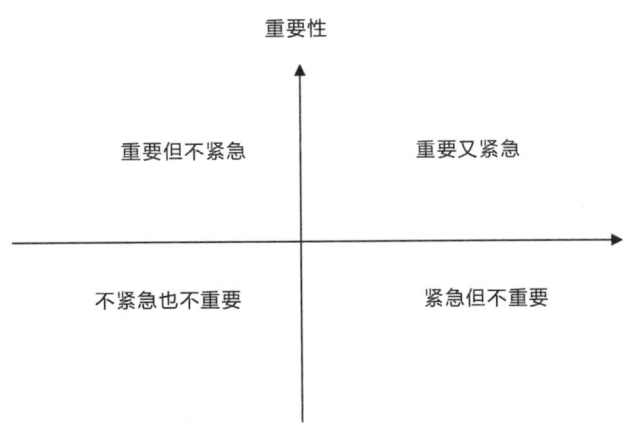

图 5-1 时间管理四象限图

扩大,使我们陷入更大的压力,在危机中疲于应付。反之,多投入一些时间在这个领域有利于提高实践能力,缩小第一象限的范围。做好事先的规划、准备与预防措施,很多急事将无从产生。这个领域的事情不会对我们造成催促力量,所以必须主动去做。

第三象限属于不紧急也不重要的事。简而言之就是浪费生命,所以根本不值得花半点时间在这个象限。但我们往往在一、三象限来回奔走,忙得焦头烂额,不得不到第三象限去疗养一番再出发。这部分范围倒不见得都是休闲活动,因为真正有创造意义的休闲活动是很有价值的。然而像阅读令人上瘾的无聊小说、毫无内容的电视节目、办公室聊天等。这样的休息不但不是为了走更长的路,反而是对身心的毁损,刚开始时也许有滋有味,到后来你就会发现其实是很空虚的。

第四象限是紧急但不重要的事。表面看似第一象限,因为迫切的呼声会让我们产生"这件事很重要"的错觉——实际上就算重要也是对别人而言。电话、会议、突来访客都属于这一类。我们花很多时间在这个里面打转,自以为是在第一象限,其实不过是在满足别人的期望与标准。

现在你不妨回顾一下上周的生活与工作,你在哪个象限花的时间最多?请注意,在划分第一和第四象限时要特别小心,急迫的事很容易被误认为重要的事。其实二者的区别就在于这件事是否有助于完成某种重要的目标,如果答案是否定的,便应归入第四象限。

请思考下面的问题:

你是否"知道"在哪一方面如果持续有优异的表现,对个人生活或工作会有积极的意义?

这个问题问过数千人,发现绝大多数答案可归类如下:

(1) 改善人际关系。
(2) 改善事先准备工作。
(3) 更周详地规划与组织。
(4) 善待自己。
(5) 抓住机会。
(6) 充实自我。

(7) 增进能力。

这些都属于第二象限，因此也都是重要的事。如果你的答案也属于这七项，为什么不身体力行呢？

（四）合理地安排时间

首先我们来看看穆尔的故事：

穆尔于1939年大学毕业后，在哥利登油漆公司找到业务员的工作。当时的月薪是160美元，但满怀雄心壮志的他仍拟定了一个月薪1000美元的目标。当穆尔逐渐对工作感到得心应手后，他立即拿出客户资料以及销售图表，以确认大部分的业绩来自哪些客户。他发现，80%的业绩都来自于20%的客户中，同时，不管客户的购买量大小，他花在每个客户身上的时间都是一样的。于是，穆尔的下一步就是将其中购买量最小的36个客户退回公司，然后全力服务其余20%的客户。结果如何？第一年，他就实现了月薪1000美元的目标，第二年便轻易地超越了这个目标，而成为美国西海岸数一数二的油漆制造商。最后还当了凯利穆尔油漆公司（Kelly-Moore Paint Company）的董事长。

这个故事除了告诉我们树立正确的目标的重要性，还体现了帕累托法则（也称80/20原理）：总结果的80%是由总消耗时间中的20%所形成的，举例说明：

80%的销售额是源自20%的顾客；

80%的电话是来自20%的朋友；

80%的总产量来自20%的产品；

80%的财富集中在20%的人手中；

……

80/20原理对我们的一个重要启示便是：避免将时间花在琐碎的多数问题上，因为就算你花了80%的时间，你也只能取得20%的成效。所以，你应该将时间花于重要的少数问题上，因为掌握了这些重要的少数问题，你只需花20%的时间，即可取得80%的成效。

掌握重点可以让你的工作计划不致偏差。一旦一项工作计划成为危机时，犯错的概率就会增加。我们很容易陷在日常琐碎的事情处理中；但是有效进行时间管理的人，总是确保最关键的20%的活动具有最高的优先级。

（五）与别人的时间取得协作

我们作为社会或是团体组织中的一员，毫无疑问地要与其他人发生必然的联系。在这种情况下，我们需要互相尊重对方的时间安排，也就是说要与别人的时间取得协作。

当我们需要到某一部门去参观学习，需要提前与该部门人员进行预约，双方共同达成一个有关时间、地点、人员安排等的约定。否则，突如其来的打扰会令对方措手不及，甚至有可能将你拒之门外。

大家想想，我们是不是也在经常抱怨外部的打扰（电话、来访等）、突发事件。既然如此，我们是不是也应该站在对方的角度考虑问题，严格要求自己，提前做好计划与安排，与他人的时间取得协作，少一份慌乱，多一份从容。

（六）为工作制定完成时限

1958年，英国历史学家、政治学家帕金森通过长期调查研究，出版了《帕金森定律》一书,在书中,作者认为,工作在最终期限到来前是不可能被完成的。这一法则实际上是依赖人与生俱来的惰性和人对最后期限的潜意识发挥的作用。人们会下意识地根据完成时限的远近把工作分为三六九等,完成时限越近,人们对某项工作的关注度越高、投入的精力越大。迫近最后期限的工作,会促进人们挖掘自身的潜能,调动一切资源保证任务按期完成;而那些完成时限较远或可以被无限期推迟的工作往往被束之高阁。

所以,为避免拖拉,克服惰性,应该为工作设置尽可能短的完成时限,通过时间的压力保持工作的动力,使每一项工作都能在第一时间完成,以便争取主动;对于那些对未来起重要作用的长远目标和长远规划,则应该进行合理分解,细化为在每一阶段可完成的小目标,并设定严格的时限,以避免这些重要而不紧急的任务在日常工作中被忽视,出现平时不烧香、临时抱佛脚的被动局面。

(七) 集中处理

集中处理的原则是指在一个合理的时间段内,连续进行有固定模式的重复工作,工作效率会按照一定的比率递增,从而使单位任务量耗时呈现一条向下的曲线。集中处理能提高效率是在以下两种因素的共同作用下产生的:一是熟能生巧,连续进行有固定套路的工作,操作会越来越熟练,完成单位任务量的工作时间会越来越短;二是规模效应。生产10件产品与100件产品所需要的生产准备时间、各生产环节间的转换时间是一样的,因此一次生产的产品越多,分摊到每件产品上的准备时间和转换时间越少,单位生产效率越高。

所以,应尽量集中处理性质相同的事务性工作,如一次处理具有相同性质的所有文件,一次性打完所有的沟通电话,一次购齐所需的生活用品,一次性做完所有家务等。这样既有利于提高工作的熟练程度,又能通过批量作业减少准备工作和中间环节占用的时间,从而达到节约时间、提高效率的目的。

(八) 时间"套种"

时间"套种"的方法与集中的方法相反,是指从事某项创新型的工作超过一定期限以后,单位时间内取得的工作成果会逐渐降低。造成时间报酬递减的原因是多方面的:由于长时间从事单调的工作,人的兴趣会降低,创造力逐渐减退;运用大脑的特定区域的时间过长会导致神经紧张、用脑过度,容易使人疲劳;长时间的脑力劳动,会导致供血不足和大脑缺氧,思维因此而变得迟钝,工作效率快速降低。

报酬递减法则告诉我们,要提高创新型工作的效率,应注意时间的"套种"和工作任务的合理搭配。从事某项工作一段时间,感觉工作效率开始降低时,就应该及时切换到另一项工作,从而使大脑的不同区域被轮流使用,这样既可以保持对工作的兴趣,又能使工作始终保持在时间报酬递增的区间内,从而提高工作效率。另外,每工作一小时就应该放下手中的工作,起来活动10分钟,通过运动促进脑部血液供应,保持精力充沛。时间"套种"的方法还可用于对工作设计的指导。考虑到长期从事单调的工作会导致员工绩效不断降低,应设计具有丰富性的工作或通过工作人员的定期交流、轮岗,以保持员工的工作热情,提高员工的工作效率。

(九) 聚光

只有把阳光聚集到一点，才能产生足够的热量把火炬点燃。"聚光"是指只有把有限的时间聚焦到重要的目标上，才能保证事业上的成功。目标过于分散等于没有目标，把有限的时间分散到众多的目标上，就像将有限的资金用在众多的项目上"撒胡椒面"，最终只能导致每一个项目都虎头蛇尾、半途而废。

"聚光"的方法要求我们在工作中应该养成聚精会神的习惯，避免过多目标的诱惑，一次应只瞄准一个目标。一旦开始某项工作，就应坚持不懈地做下去，直到获得令人满意的结果。

(十) 时间-资源互补

时间-资源互补的方法来源于项目管理领域，是指时间与用于项目实施的其他资源之间存在互为补充、互相替代的关系。在项目实施过程中，当某一任务完成时限紧迫时，可通过调剂其他资源，增加人力、资金、物资、设备等投入的方式来加快任务的进程；当某一任务完成时限较为宽松时，可调剂部分人、财、物用于完成时间更为紧迫的其他任务，从而实现项目资源最优利用。

时间-资源互补的方法告诉我们，应该站在更加宏观的角度看待时间与其他资源的利用问题，根据实际需要对时间和其他资源进行灵活分配、合理调度。只要感到完成某项任务时间紧迫、力不从心时，都应该首先想到是否还能找到其他资源以加快完成的进度。在寻找资源时，想象力越丰富越好，比如寻求专业人士的指导，查找网络资料，购买专业书籍，或者直接向上级、同事或家人、朋友求援等，一切可能获得又有利于缩短工作进程的资源都是可选之项。目前经济领域最流行的外包业务其实就是时间-资源方法的扩展应用。世界上许多知名企业把生产、服务甚至研发等业务外包给在某一领域具有较大优势的其他企业，从而大大缩短了产品投放市场的进程。

第二节　情绪管理

情绪是人们心理状态的晴雨表，它反映着每个人内在的心理状态。无论我们是欣喜若狂，还是悲痛欲绝；是孤独不安，还是热情奔放，我们都在体验着各种各样的情绪。良好的情绪体验与调适是衡量一个人身心健康的重要指标之一，也直接关系到学业的成功、生活的幸福。

一、认识情绪

(一) 情绪的定义

情绪是指人对客体是否符合自己的需要而产生的主观体验以及相应的行为方式。从概念上看来，情绪是通过需要为中介而产生的。客体引起情绪反应，但决定情绪性质和强度的并非客体本身，而是取决于客体与人的需要之间的关系。

【小测试】

认识自我的情绪

请对下列问题作出判断,表示"肯定"记 1 分,表示"否定"记 0 分。

1. 做任何事情都给自己规定出具体可行的目标。
2. 对小事不计较,不感情用事。
3. 把不愉快的事放在一边,去做更重要的事。
4. 喜欢将遇到的麻烦事写在纸上分析。
5. 失败时能思考原因,而不总是情绪低落。
6. 遇到问题时能够倾听他人的意见。
7. 在工作和学习上能够容忍别人比自己强。
8. 很小的进步就能让自己有满足感。
9. 有自己的休闲时间,爱好娱乐。
10. 对于不可能实现的事,能够很快打消念头。

评分标准:

0~2 分:情绪很不稳定,容易患得患失。

3~5 分:情绪不太稳定,时好时坏,难以决定一些重大的事情。

6~8 分:情绪较为稳定,擅长处理问题。

9~10 分,情绪非常稳定,处理事情沉着大胆,不畏惧困难。

(二) 情绪的分类

《礼记》中提到了"七情",包括喜、怒、哀、惧、爱、恶和欲;《白虎通》中提到了"六情",即喜、怒、哀、乐、爱和恶。[①]

从生物进化的角度来说,人的情绪可分为基本情绪和复合情绪。基本情绪是先天的,不需要学习,每一种情绪都有独立的生理机制和外部表现。基本情绪有四种,包含快乐、愤怒、恐惧和悲哀。

快乐是指主体所盼望的目标实现、紧张状态结束后的情绪体验。按照程度可分为满意、愉悦、欢乐、狂喜等。

愤怒是指个体的目标达成失败或是一再受挫而产生的情绪体验。按照程度可分为不满、生气、恼怒、愤慨、狂怒等。

恐惧是指个体在面对无法驾驭的危险情景或是在毫无防备的情况下遭受突如其来的刺激而产生的情绪体验。按照程度可分为惊奇、害怕、惊骇、恐怖等。

悲哀是指个体在所盼望的目标落空或是失去了有价值的东西时所引起的情绪体验。按照程度可分为遗憾、失望、难过、悲伤、悲痛等。

以上是四种基本情绪,而复合情绪则是由基本情绪的不同组合而产生的,不同的成分和程度表示不同的情绪状态。

---

① 彭聃龄.普通心理学[M].北京:北京师范大学出版社,2004:368.

(三) 情绪状态

情绪状态是指在某种事件或情境的影响下，在一定时间内所产生的某种情绪，其中比较典型的情绪状态有心境、激情和应激三种。

1. 心境

心境是指人比较平静而持久的情绪状态。心境对人的工作、学习、生活有很大的影响。积极良好的心境能使人精力充沛，乐观地面对困难和挫折，能够提高工作、学习效率，有益于身心健康；消极不良的心境能使人精神萎靡，意志消沉，不利于工作、学习和身心健康。因此，努力培养积极心境，调节消极心境，对工作、学习和生活有着重要作用。

2. 激情

激情是一种强烈、短暂，具有爆发性的情绪状态，往往由对个体有重大意义的事件发生而引起。消极的激情体验对个体的活动具有抑制作用，使人的自控力下降，例如，绝望带给个体的无力感，甚至失去生活的勇气，或引起冲动性的行为，之后却又满怀愧疚。当然，激情状态并不都是消极的，积极的激情体验常常与坚强意志相联系。例如，在运动员获得成功后的激情体验，会在以后的竞赛中成为他努力的强大动力。

3. 应激

应激是个体在面对出乎意料的紧迫情况后急速产生的高度紧张的情绪状态。在应激状态下，个人的生理系统会发生剧烈变化，肾上腺素等分泌增加，机体活力增强，处于充分准备状态，以便应对危机。但如果长期处于应激状态，会对身心健康造成不利影响。

二、情绪管理的方法

人的情绪控制能力与学识高低并无直接关系，人在愤怒时，常常控制不住"手劲"，一失手可能就是一生无法弥补的遗憾，甚至可能严重影响到一个人的命运，所以我们必须提高对情绪的管理能力。管理情绪是一件非常重要的事情，是要做情绪的主人还是奴隶，完全取决于我们自己。

(一) 正确觉察自己的情绪

当我们产生情绪时，表示生活中有事件刺激而至引发警报。与此同时，若我们能察觉到情绪的产生并认知情绪的种类，可以延缓情绪瞬间的爆发，并有针对性地进行管理，因而我们要时时刻刻提醒自己注意"我现在的情绪是什么"，特别是当我们发现自己的情绪异常时，要特别警觉。

(二) 采取合宜的方式缓解情绪

情绪如同潮水，有潮涨就有潮落。有人认为，在情绪冲动时等待其退潮一定是一件很难的事，一定需要巨大的毅力与意志。其实不然，在情绪的把握上有时甚至只需要短短的几分钟和很简单的几个行为。

1. 转移注意力

注意力转移法就是把注意力从引起不良情绪反应的刺激情境中，转移到其他事物上去或去从事其他活动的自我调节方法。当出现情绪不佳的情况时，要把注意力转移到使自己感兴趣的事上去,如散步、看电影、打球、下棋或找朋友聊天、换换环境等,有助于使情绪平静下来,在活动中寻找到新的快乐。

2. 适度宣泄

过分压抑只会使情绪困扰加重,而适度宣泄则可以把不良情绪释放出来,从而使紧张的情绪得以缓解、轻松。发泄的方法有很多,如大哭、做剧烈的运动(跑步、打球等)、放声大叫或唱歌、向他人倾诉等。

3. 自我安慰

自我安慰即阿Q精神。面对我们无法改变的现实,应学会安慰自己,追求精神胜利。这种方法,对于帮助人们在大的挫折面前接受现实、保护自己、避免精神崩溃是很有益处的。当人们遇到情绪问题时,经常用"胜败乃兵家常事""塞翁失马,焉知非福"等俗语来进行自我安慰,可以摆脱烦恼,消除抑郁,达到自我安慰、自我激励的目的,从而带来情绪上的安宁和稳定。

4. 自我暗示

自我暗示分消极自我暗示与积极自我暗示。积极自我暗示,在不知不觉之中对自己的意志、心理以至生理状态产生影响,令我们保持好的心情、乐观的情绪、自信心等。如不断地对自己默念"我一定能行""不要紧张""不许发怒"等。

5. 冷静三思

把脾气发出来,那叫本能;把脾气压回去,才叫本事。那些不能控制情绪的人,给人的印象就是不成熟,还没长大。因为只有小孩子才会说哭就哭,爱耍脾气。如果这种现象发生在一个成年人身上,人们就会皱起眉头。所以,不管处于什么样的负面情绪中,先暂停、中断目前的情绪,跳出来让自己冷静一下,弄清楚事情的来龙去脉,增加情绪反应的选择性,明白当前所处的状态。"当你气愤时,要数到十再说话!"审慎三思,理智地面对当前的状况。

6. 交往调节

某些不良情绪常常是由人际关系矛盾和人际交往障碍引起的。因此,当我们遇到不顺心、不如意的事,有了烦恼时,能主动地找亲朋好友交往、谈心,比一个人独处胡思乱想、自怨自艾要好得多。因此,在情绪不稳定的时候,找人谈一谈,具有缓和、抚慰、稳定情绪的作用。另一方面,人际交往还有助于交流思想、沟通情感,增强自己战胜不良情绪的信心和勇气,能更理智地去对待不良情绪。

7. 改变思维,调整心态

情绪的发生是无法避免的,有时我们并无法完全了解我们的情绪从何而来,或是我们内在的需要不见得都有办法得到满足。这时候我们必须学习转换信念,反向思考问题。王安石曾有一首诗,与"情绪智慧"有关:"风吹屋檐瓦,瓦坠破我头。我不恨此瓦,此瓦不自由。"这也就是一种思维的调整。只要心态正确,心情就会变好,情绪也会相对稳定。我们的情绪往往不是由事物本身引起的,而是取决于我们看待事物的不同思维方式。在不利的环境中,我们不妨换一种思维方式去思考,在不利之中,找出对自己有利的一面。若总是在不利的圈子里打转,那你就看不到光明,只会忧心忡忡,自寻烦恼。

我们不能决定生命的长度,但我们可以扩展它的宽度;我们不能改变天生的容貌,但我们可以时时展现笑容；我们不能企望控制他人，但我们可以好好掌握自己；我们不能全然预知明天，但我们可以充分利用今天；我们不能要求事事顺利，但我们可以做到事事尽心。改变心情是治标，调整心态才是治本，治标和治本要同时进行，但要提醒自己：只有采用治本的方法才能将情绪问题根本解决。只要改变我们的观念、心态，我们的情绪自然也就会相应改变。

三、大学生情绪的常见偏差与调适

大学生思维活跃，精力充沛，对外界总是充满了好奇与兴趣，渴望更多地体验丰富多彩的大学生活。可繁重的课程、激烈的竞争和不够成熟的自我发展，也使得他们容易产生情绪上的偏差，影响他们的正常生活。情绪的偏差表现在很多方面，其产生原因也有多种。

（一）焦虑

焦虑是对未来的忧虑。人不能没有焦虑，适度的焦虑可以让人清醒并处于警觉状态，能够更好地应对可能发生的不利事件或情境，也可以使个体在应对外界压力时取得更好的效果。从这个角度来说，适度的焦虑有益于个人潜能的开发。但焦虑过弱或者过强都会给人们的生活带来不利影响。焦虑过弱甚至没有焦虑，人们会对生活表现出无所谓的态度，个体的发展陷入停滞，当遇到不利的事件或情境时又无能为力；焦虑过强的人则会不自主地担忧未来，并把未来想象得很可怕，带着悲观的态度看待未来的生活。

可以通过以下方法调适焦虑：第一，改变认知。我们应该意识到，焦虑者所担心的问题，往往不存在或者不太可能发生，能够认识到这一点对于改善焦虑情绪至关重要。第二，重视当下。焦虑者常常处于这样的状态下，把当下的时间浪费在对未来的担忧上，而不去解决当下遇到的问题。第三，积极行动。这一点与上面的重视当下相辅相成。重视当下帮助焦虑者意识到要把注意力放在当下的工作上，而积极行动则会促进现实问题的解决和加强重视当下观念的体验。第四，学会吐露。在面对相似或相同的学业环境、生活环境和人际环境时，外向的同学能把不良情绪及时地释放或表达出来，身心得到宣泄和放松；而内向的同学则常常把不良的情绪压在心里，不怎么跟别人分享，使得消极情绪持续性地给其造成影响，身心变得脆弱。

（二）抑郁

抑郁者多情绪低落，容易伤感，忧愁像乌云一样一直在头顶飘着，心里愁闷不堪。常常觉得自己丧失了生活下去的意义，对未来很悲观，看待事物也常常只看到消极的一面或是容易引发伤感的部分。兴趣缺失，行动力下降，很多原来喜欢做的事情都觉得索然无味，不想做事情，不想说话，懒散疲沓，个人形象全然不顾。抑郁者还伴有自主神经功能紊乱的躯体症状，头晕头疼，胃口不好，浑身乏力，还有睡眠障碍，最典型的是早醒，醒来之后就会胡思乱想，无法再次入睡，心事重重。

抑郁的调适：

（1）养成有规律的生活。充足的睡眠可以避免抑郁情绪所带来的生理紊乱。合理的饮食可以增强身体机能,增强治疗信心。合理的运动不仅能增强自身体质,还有助于较快地提振情绪,缓解抑郁。

(2) 扩大交际。悲观的人周遭大部分都是悲观者,而乐观的人身边亦多乐观者,因此要想改变命运,就必须要向乐观者学习。不要拘泥于自我这个小天地,逼迫自己走出去,多接触外界的朋友,积极参加一些力所能及的社会活动。坚持一段时间后,自信心就会重新建立起来,逐渐感受到生活的光明和美好。

(3) 多看事物的正面,将快乐带进生活。学会掌握看待事物积极面的技巧,看到好的一面,就会有好的心态,就会觉得快乐。无论工作和学习怎么忙,都必须找时间来让自己轻松一下,做一点能使自己高兴的事情。

(4) 培养积极的自我暗示。有意识的积极的自我暗示是克服不良心理状态、提高自身积极状态的有效办法。不盲目尊大,更不妄自菲薄,看清自己的长处,建立自尊,增强自信。常以积极健康的心态鼓励自己,从中体验到更多的成功和快乐。

(5) 学会宣泄。要善于向知心朋友、老师、家人诉说自己不愉快的事。当处于极其悲哀的痛苦中时,要学会哭泣。另外,多参加文体活动、写日记、写不寄出的信等等,都可以帮助消除心理紧张,避免过度抑郁。

(三) 自卑

大学生的自卑主要表现为:自我评价过低,认为自己明显不如别人;非常敏感,对于有关自己的言行容易警觉,尤其是当把自己与他人进行比较时,甚至将别人与自己无关的言行也认为是别人对自己的轻视;习惯性掩盖,对自己认为的缺陷进行掩饰,表示不让别人看到就好;封闭自己,逃避现实,采取自我封闭、回避与人交流的方式来避免他人看到自己认为的缺陷。

自卑的人有时也会表现出与其本质相反的特点——自尊心过强。过分的自卑会通过过分的自尊来表现,尤其是当退让回避的方式不能减轻自卑痛苦的时候,会用争强好胜的态度来应对一些问题。过分自尊的人比任何人都不愿意被别人发现自己的内心想法,为了避免别人的接近,他们通常表现出高傲、难以接近,不愿意跟人接触的行为;他们常常抱怨别人的不是,认为自己是最正确的,始终保持自己的权威。过强的自尊和过强的自卑都会影响到大学生的正常生活。

自卑的调适:

(1) 正确地认识和评价自己。这是调适自卑心理的基础,也是改善自己状态的动力来源。要学会欣赏自己的长处,接纳自己的短处,做最真实的自己,最后要宽容自己的不足,对未来自己的改变要有耐心、有信心,根据自己的实际能力水平,制定切实可行的发展目标,缩短"现实自我"和"理想自我"之间的距离。切不可因自己的某些不如别人之处而看不到自己的如人之处和过人之处。马克思曾说过,伟人之所以高不可攀,是因为你自己跪着。

(2) 正确地表现自己。从简单容易完成的事件入手,多做一些力所能及、把握较大的事情。在收获了成功的快乐之后,再去完成下一个难度的目标。随着自信心的逐步提升,再去完成难度大、意义重要的事件,通过不断完成任务,取得成功来恢复和巩固自信心,循序渐进地克服自卑心理。

（3）正确地补偿自己。人的心理具有补偿能力。为了克服自卑心理，可以采用两种积极的补偿：其一是勤能补拙。知道自己在某些方面缺陷，不背思想包袱，以最大的决心和最顽强的毅力去克服这些缺陷。华罗庚说："勤能补拙是良训，一分辛苦一分才。"其二是扬长避短，"失之东隅，收之桑榆"。

（4）漏走消极信息。人对外界事物的接受能力是有限的，当我们面对大量涌入生活的各种信息，信息的选择显得尤为重要，漏走消极信息就是调适自卑的有效方法。

（5）做一些消除自卑建立自信的自我训练。比如：给自己积极的心理暗示；突出自己，挑前面的位子坐；用微笑面对生活和学习等。

第三节 压力管理

压力是现代人普遍的心理体验，它存在于我们生活的各个方面，比如高考、竞选学生干部、就业面试、失业、财务危机等。在人的一生中要面对各种压力，承受压力是不可避免的，会给我们带来一定程度的不舒服，但更多时候，我们往往会经历没有压力就没有动力的情况。只有当我们真正认清了我们正在感受的压力的真相，对压力进行正确的管理，才能让我们有限的生命发挥最大效力。

一、正确认识压力

（一）压力的定义

压力的概念最早出现在物理学上，是指垂直作用于物体表面的力，或者外力作用下物体发生形态上的变化，这里的压力是指物理压力。而我们现在所讨论的压力主要是指心理压力。

国外的学者们从不同的角度提出了压力概念的内涵和外延。例如，塞利（Selye）把压力定义为任何需要所产生的一种非特殊性的反应，后来借指人类面临的困境与逆境。拉扎鲁斯和福克曼（Lazaras&Folkman）认为压力是当一定的事件和需要承担的责任超过个人应付能力时，由焦虑所引发的一种状态。法恩曼（Fineman）认为压力是个体对威胁或危险的认知及反应，希金斯（Higgins）等认为压力状态是个体的内心产生不平衡的状态。而杰瑞德·科里（Gerald Corey）的解释较易被一般人接受：压力是单一或连续引起身体及心理紧张的事件。

我国学者车文博认为压力是指个体的身心在感受到威胁时所产生的一种紧张状态，压力（Stress）也可称为"应激""紧张"。[①] 张春兴指出，心理学上的压力一词有三种解释：其一，指环境中客观存在的某种具有威胁性的刺激；其二，指由某种具有威胁性的刺激引起的一种反应组型，只要类似的刺激一出现，就会引起同类的反应；其三，指刺激与反应的

---

① 车文博.当代心理学西方新词典[M].长春：吉林人民出版社，2001：447～448.

交互关系,即个体对环境中具有威胁性的刺激经认知其性质后所表现的反应。[①]

由此可见,压力是由一定的刺激事件所引起,个体认为刺激事件已经超出了可控范围时所体验到的一种身心紧张状态,它引起当事人一系列生理上的变化。

(二) 压力的种类

总体上讲,可以把我们遇到的压力分成两类,一类称为"巨石",指生活中的重大事件,比如高考失利、失去至亲、离婚、遭遇突发灾难等,事情越严重,次数越多,持续事件越长,影响也越大。这种压力就像从天而降的巨大的石头,令我们难以招架。另一类压力可称为"细砂",指日常生活和工作中的小麻烦,虽然不会立即产生明显的负面影响,但是日积月累,也会增加我们的心理负担。当这种"细砂"积累到一定程度时,也足以使人崩溃。

(三) 压力的正面作用和负面影响

1. 压力的正面作用

有一个著名的"感觉剥夺实验"是这样的:贝克斯顿(Boxton)在美国麦吉利大学募集了许多大学生志愿者,让这些志愿者每天躺在床上睡觉,并有每天 20 美元的酬劳。他们可以自己决定何时退出实验。这种毫无压力的生活看来应该是惬意的,还有钱可以拿。而实际情况怎么样呢?大多数志愿者在实验开始后 24~36 小时内要求退出,没有人坚持72 小时以上。在试验期间,他们由惬意的睡眠渐渐变为厌倦和不安,而后开始唱歌、吹口哨和自言自语,直至有幻觉出现。可见,压力是普遍存在的。

当学校放暑假或者工作中放长假,人们开始时感觉很舒服,但是时间一长,有点无所事事,反而很不舒服,希望能尽快回到之前忙碌的生活中。这个例子表明,一点压力都没有,并不会让我们有非常幸福的感觉。

没有压力,就没有成长;有了压力才有了驱动力。例如,当你有了欲望或出现紧迫感的时候,压力就随之而来,人生潜能也会得到更大发挥。同时,有压力说明你还没有放弃自己,人生轨迹还朝着你的目标前进。这就是压力的正面作用。

2. 压力的负面影响

压力的结果既可以是正面的,也可以是负面的,这取决于压力的大小和一个人对压力的承受程度。一个处于长期压力之下的人就像一个齿轮转动过高的汽车,引擎会过早报废,我们的身体也同样如此。压力过大的负面影响会依次在人的心理、生理、行为等方面反映出来。

其一,压力过大的心理症状:焦虑、紧张、迷惑、烦躁、敏感、喜怒无常;道德和情感准则削弱;感情压抑,兴趣和热情减少,厌倦工作;意志消沉,自信心不足,出现悲观失望和无助的心理;短期和长期记忆力减退;精神疲劳,错觉和思维混乱增加。

其二,压力过大的生理症状:心率加快,血压升高;身体疲劳,肌肉紧张;汗流量增加,恶心、胸闷、头痛;睡眠不好,精神萎靡,注意力很难集中;皮肤干燥、有斑点和刺痛(皮肤对压力特别敏感);消化系统问题,如胃痛、消化不良或溃疡扩散。

其三,压力过大的行为症状:工作懈怠,能力降低,错误率增加;放纵自己,自暴自弃;

---

① 张春兴.现代心理学——现代人研究自身问题的科学[M].上海:上海人民出版社,1994:551~552.

没胃口,吃得少,体重迅速下降;孤僻、抑郁、自闭、烦躁不安;冒险行为增加,包括不顾后果的驾车和赌博;攻击、侵犯他人,破坏公共财产;与家庭和朋友的关系恶化;自杀或企图自杀。

二、感知压力

【小测试】

现在就检查一下自己的压力状况,看看它在什么程度。

对下列情况做出"是"或"否"的回答。

1. 因为发生了某些没有预料的事,你感到心烦。   （ ）
2. 你感觉到不能控制自己生活中的重要事情。   （ ）
3. 你常常感到紧张和压力。   （ ）
4. 你常常不能成功地应付生活中有威胁性的争吵。   （ ）
5. 你觉得不能成功地应付生活中所发生的重要变化。   （ ）
6. 你对把握自己的个人问题没有信心。   （ ）
7. 你感到事情不是按你的意愿发展。   （ ）
8. 你发现你不能应付你必须去做的所有事情。   （ ）
9. 你不能控制生活中的一切烦恼。   （ ）
10. 你觉得你所有方面都是失败的。   （ ）
11. 因为事情都发生在你能控制的范围之外,因此很烦恼。   （ ）
12. 你发现自己常在考虑自己必须完成的那些事情。   （ ）
13. 你无法控制自己消磨时间。   （ ）
14. 你感觉积累的大量困难不能克服。   （ ）
15. 你经常无缘无故地发脾气。   （ ）
16. 你发现学习效率比平时低了许多。   （ ）
17. 由于某件小事和朋友生气,大家互不相让,结果你会一个人独自生闷气,想忘掉,可就是忘不了。   （ ）
18. 当父母因学习责备你而使你感到压力很大时,你不会和他们争吵,而是一个人压抑情感。   （ ）

评分规则:"是"为1分;"否"为0分。各题得分相加即为总分。

0~6分:你能够应付生活中的许多事情,但有时也会有些烦恼,这是正常的。

7~14分:你有轻度的心理压力,虽然常会体验到不必要的烦恼,但你基本能处理生活中的问题。你应学会调节自己的心情,保持轻松的心态。

15~18分:你已经承受巨大的心理压力,不能处理生活中的许多问题,因此使你紧张不安,影响到你的学习生活身心健康。应尽快改变这种情况。

(一) 大学生的压力源

当代大学生处于社会经济、政治深化变革的时代,社会的高要求和自身的高抱负使当代大学生更易感受到很大的压力。国内外从20世纪就已经开始关注大学生的压力问题。国外的研究发现,大学生压力源主要来自于学习、社会、情绪或个人等几个方面。国内朱逢九的研究指出,当今大学生的心理压力主要是由大学生活、个人成长和社会大环境所造成的[1];张林、车文博、黎兵的研究发现,大学生心理压力主要有两方面:一种是个人压力(家庭、健康、恋爱、自卑、适应、挫折),另一种是社会环境压力(人际、学业、择业、情绪、学校环境)。[2]

综合国内众多心理学工作者对我国大学生压力源的调查分析,当代大学生的压力源可以概括为以下几个方面。

1. 学业压力

顺利完成学业是大学生面临的首要发展任务,因此期末考试、资格考试、学位考试等仍是令大学生感到负担的学业任务。学业压力常表现为考试焦虑、失眠、注意力不集中、记忆力减退等。

2. 适应大学生活的压力

近年来,大学生因不能适应新生活而退学,因专业不理想而重新高考或是干脆放弃上学的例子屡见不鲜。经分析后不难发现,许多新生没有足够的经验和能力来适应全新的学习和生活,在心理方面也缺乏一定的准备。有些人甚至根本不认同自己所选择的专业,无法激发学习热情,再加上突然远离亲人,远离被照顾的环境,一切都需要自己去负责的时候,就不免感受到压力。

3. 人际关系的压力

在大学里,性格迥异的学生们来自不同地区、家庭,大家同住一室,同在一间教室,同在一个社团,难免会有摩擦和冲突,如果这些日常的小问题没被恰当及时地沟通解决,日积月累就成了大问题,就会影响心情和生活。

4. 成长方面的压力

由大学生自身发展而导致的压力是大学生的压力源之一,也叫个人成长压力。

首先是社会成长方面的压力。虽然大学生很重视个人交往能力的锻炼,但由于缺乏一定的技巧,所以常常处理不好人际关系。有人以自我为中心,总认为别人在干扰、侵犯自己;有人以他人为中心,总是想取悦、迎合他人,对别人提出的要求不会说"不",而且也不去争取他人的支持和帮助。这两种极端状况都易给大学生造成一定的心理压力。

其次是来自情感方面的压力。对于性生理发展已经成熟的大学生们,他们一方面感受到来自性的自然冲动,另一方面却有相当一部分人对它持否定、批判和回避的态度,从而产生相应的性心理压力。另外,由于失恋或相关情感问题,如"追求恋爱对象失败""未婚同居"等导致的压力也会严重影响其情绪。

最后是自我成长方面的压力。如今的大学生追求个性化、独特化的精神,这其实是自我意识发展、自我完善、自我塑造的方式。但是人人都想保持美好的形象、独特的个性,希望能够在行为举止、学习成绩、道德品质上优于他人,因此,难免会发生激烈的竞争和攀比

---

[1] 朱逢九.21世纪大学生心理压力探析[J].江苏教育学院学报(社会科学版),2001(6).
[2] 张林,车文博等.大学生心理压力感量表编制理论及其信效度研究[J].心理学探新,2003(4).

行为,这样就导致了压力的产生。

5. 前途方面的压力

急剧变革的社会环境、日益加快的生活节奏、身不由己的名利竞争,给人们带来了空前的压力。由于年轻,没有足够的竞争力,现实与理想之间的差距给大学生造成了压力,这样的压力是弥散性的、渗透性的和潜移默化的。这种压力就直接体现为大学生对未来前途生涯的担忧和焦虑,是一种很现实的压力。

6. 经济方面的压力

在大学,部分学生来自较贫困的地区或家庭,他们是借助学校的勤工助学活动自筹学费和生活费的,但面对富裕学生的高消费和社会上越来越多奢侈品的诱惑,他们想提高生活质量就不得不面对更大的经济压力。有的人在学生时代就不停地做兼职,他们为了赚钱,甚至严重影响了学业和身心健康。

(二)压力产生的表现

心理压力是个体的一种综合性心理状态,主要表现在生理、认知、情绪和行为四个方面。

1. 生理层面

生理压力指当压力出现时,你的身体会发出什么信号。与压力有关的生理现象,主要有肌肉紧张和慢性疾病,比如头痛、心悸、手掌出汗、手掌冰冷、胃痛、腹泻、呕吐等等。这种情况在大学生中很常见,比如考试前的腹泻、失眠、头痛等。

2. 认知层面

大学生的压力很大一部分来源于自我认知。如果一个人能客观地认识自己,合理地评价自己,就可以健康地自我成长;如果一个人不能正确地认识自我,总是否定自己,就会丧失信心,觉得处处不如人;如果一个人总是过高地评价自己,就会盲目乐观、目中无人。

3. 情绪层面

心理压力常伴随着紧张的情绪和情感体验。通常,个体有心理压力时,容易出现消极的情绪,比如害怕、惊慌、忧虑、愤怒等等。尤其大学生群体,年轻气盛、血气方刚,遇到一时解决不了的问题,免不了出现情绪爆发,甚至情绪失控的情况。

4. 行为层面

当个体有心理压力时,会引发一系列的行为反应。当压力出现的时候,每个人的反应方式可能是不同的,有人采取积极的应对方式,努力化解、减轻压力;有人采取逃避、退缩甚至攻击等消极的应对方式,勉强维持正常生活,但日积月累,容易形成身心问题。

三、管理压力

社会发展生活节奏的加快使压力渗透到了校园的各个层面。大学生面对这样的环境,要有效解决压力问题,需要学会对压力进行管理。

(一)改变认知

改变认知是一种积极的压力应对策略,个体通过改变对事件或情境的评价,消除或减少压力。

1. 正确认识压力

要对压力进行有效管理,首先要认识到万事万物都有两面性,看问题不要片面化、绝对化,应当多角度、全方位地看,认为好事绝对好,容易乐极生悲;认为坏事永远坏,则会悲观绝望。其次,要了解自己的压力应对方式,是积极应对还是消极逃避。例如,大学生的人际交往是困扰学生较多的问题,原因在于很多学生进入大学后,依然按照过去的交友观念和方法与同学相处,导致矛盾冲突。此时,对大学生来说,需要因环境的改变而学会调整和改变自己人际交往的观念和方法,改变固有应对压力的经验和方式,这样才能有效解决自身的困惑和压力。

2. 辩证地看待压力

人所能承受的压力也就如同这个南瓜,过多的束缚会使得在成长的过程中感到很不好受。如果接受的压力适中的话,那么这个南瓜一样会生长得很好;而如果给这个南瓜施加的压力过大的话,那么这个南瓜即便是长成也同样没有任何价值了。

适当的压力可以使人思维活跃,积极调动身心潜能去改变环境,迎接挑战。比如,面对考研压力使英语学习成绩提高,伴随着英语学习状况的改变和新的责任,这样的压力是有好处的。当一个人正视压力,压力就会表现出多方面的积极意义。压力能使大学生正视自己、积累人生经验,变得更加成熟;压力可以使人发现自身潜力,在大学期间依据自身的学习发展目标,制订合理的规划,充满自信,不断挑战自我,身体力行逐一实现目标。

(二) 正确认识自己

1. 自我分析

自我分析就是通过有效的自我分析,全面、客观地认识和评价自己。一个人只有正视自己,才能变得成熟、自信,从而避免因过低自我评价所带来的自卑和过高自我评价所产生的失落和抑郁。有些大学生的压力就是源于不会"认识"自己,不敢"认识"自己,不愿"认识"自己。比如,有的学生对自己的特长、兴趣、爱好、缺点和不足缺乏客观的认识,对自己没有一个正确客观的评价,导致在职业选择时,或过于自负,期望值高;或过于自卑、胆怯,期望值低。

2. 自我规划

自我规划是在自我分析的基础上,充分考虑自我和外在因素,对自己的未来做出可行性设计,并制订行动计划。在新生入学时,高校首先要帮助学生认识到大学阶段学习的重要性,明确此阶段所面临的任务,从而利于他们懂得怎样适应大学生活,怎样结合专业学习及今后发展,并思考如何规划大学生活;其次,大学生也要明白大学阶段的学习方式、生活环境、个人角色以及人际关系都发生了变化,这些变化将会对自己产生新的压力。只有当学生认清自己,了解了社会需求,压力来临时才不会手足无措。

(三) 学会正确的压力管理

1. 压力诊断

根据"压力过大的负面影响"的各种症状来诊断自己是否压力过大。同时,还应了解"目前我的压力有哪些""我最大的压力是什么",以便有针对性地缓解压力。确切地说,到底是什么压垮了你?是工作,是家庭生活,还是人际关系。如果认识不到压力的根源所在,就不可能解决问题。

2. 压力缓解

高压锅为什么要有减压阀?这个道理很简单,压力锅也是有压力限制的,压力大了它就会炸锅,而减压阀的作用就是将较高的压力减小到所需要的合适压力。同理,当我们压力大时,首先也要立即启动我们的"减压阀",先释放部分压力,以避免"炸锅"。每个人都有适合自己的减压阀,我们列举几个方法作为参考。

(1) 休息片刻,呼吸一下新鲜空气。

一天中多进行几次短暂的休息,做做深呼吸,呼吸一下新鲜空气,可以使大脑放松,防止压力情绪的形成。千万不要放任压力情绪的发展,不能使这种情绪在一天工作结束时升级成能压倒你的工作压力。

(2) 转移并释放压力。

让自己暂时躲开压力源,去做一下体育运动或者去KTV吼两嗓子,这能很好地将压力转化并发泄出来,之后会感到很轻松,不知不觉间就可以把压力释放出去。或者给自己放假一天,彻底放松一下。

(3) 找信得过的朋友聊一聊。

或许你不喜欢把脆弱的一面展示给别人。但是,把所有的事情埋藏在心底只会令自己郁郁寡欢,有时候把你的烦恼跟信得过的朋友聊一聊,这样效果会很好。一是倾诉本身就会让你的心情感到舒畅;二是与朋友们交换一下近况,你会发现,自己那点事不算什么,可能别人的烦恼比你大多了,从而自己也就觉得没有什么了。

进行初步减压之后,就要正式面对压力源。要勇敢地面对存在的问题,进行深入、具体的分析,并寻找解决方案。"兵来将挡,水来土掩",问题来了莫怕,攻克它就是。要努力争取以最有效的方式处理外界要求,将负面压力转为正面动力。

3. 抗压能力提升

每个人的抗压能力都是不同的。对于企业来讲,更欢迎那种抗压能力强的员工。因此,做好压力管理,除了减压之外,我们还要增强自己的抗压能力。

(1) 做好情绪管理,提升情商。

在压力缓解的方法当中,很重要的一点就是转化对压力问题的情绪应对。因此,拥有良好的情绪管理能力并逐渐提升自己的情商,抗压能力自然会得到提升。例如,当我们遇到批评时,脸皮厚一点(这是情商高的表现),诚恳地接受建设性的意见,不要太有挫折感,那么,压力感就不会很强了,抗压能力也就提升了。

(2) 做好时间管理,让生活井井有条。

有条不紊、井然有序的日程安排可以消除紧张情绪,也可以帮助你完成大量的工作。如果我们无法同时面对千头万绪的事情,可以在一段时间内只做一件事。美国心理辅导专家乔奇博士发现,构成忧思、精神崩溃等疾病的主要原因是患者面对很多亟须处理的事情,精神压力太大而引起精神上的疾病,要减少自己的精神负担,不应同时进行一件以上的事情,以免心力俱疲。

(3) 养成健康的生活习惯,发挥减压阀的作用。

每个人都可以设置自己的减压阀,但很多人往往沉浸在压力中不可自拔。如果能够平衡工作和休息的时间安排,经常锻炼身体,避免精神和体力上的过度疲劳,自然能够提高自己的抗压能力。据相关研究表明,10分钟的散步能带来随后两个小时的充沛精力,并使紧张感和疲劳感减轻。

(4)换个角度考虑事情,实现快乐人生。

任何事情都可以从多个角度去看。或者从这个角度看,你看到的是最不利的情形,这样只能自寻烦恼,和自己过不去;换个角度,也许就是很乐观的一面。角度选取的不同会直接影响到当事人的情绪,并对以后的工作带来或消极或积极两种决然不同的态度。

当遇到这样或是那样的麻烦或难题时,不妨换个角度去考虑其他的方方面面,然后再从中选择积极的一面,你会发现人生是美好的、快乐的。

你不能控制事件本身,却能控制对事件的反应。生气是一种有破坏性的情绪,要想长期有效地控制情绪,必须训练、建立积极的思维方式以及重荷下保持佳境的能力。

一个人的心态是由他的思维方式决定的。凡事都往好的方面想,往好的方面看,就能以乐观积极的心态去对待周围的人和事,就能以欣赏的眼光看待周围的一切,心态就会变得平和。

【讨论与思考】

1. 结合自身情况,分析自己在时间管理中存在的问题。
2. 如何处理好工作时间和闲暇时间的关系?
3. 适当的压力有哪些积极的作用?
4. 你生活中的压力源有哪些?
5. 你是如何缓解压力的?方式正确吗?
6. 分析自己常有的消极情绪,并尝试寻找适当的解决办法。

第六章 职业素质和职业能力

【名人名言】

现实是此岸,理想是彼岸。中间隔着湍急的河流,行动则是架在川上的桥梁。

——克雷洛夫

【学习目标】

1. 重点掌握职业素质和职业能力的基本概念。
2. 重点掌握大学生必备的几种基本职业素质与职业能力。
3. 重点理解大学生培养和提升职业能力与素质的重要性。
4. 理解职业能力与素质对个人职业生涯的影响。
5. 学会在大学期间提高自身能力与素质的方法。

【案例导入】

王强和李青同时被一家公司招录为程序员。王强毕业于国内著名大学的计算机与信息工程学院,他才华横溢,设计的程序简洁明了,而且几乎没有什么漏洞。而李青却没有一个像样的文凭,完全靠自学成才。有传言说,李青之所以被录用,完全是因为上层主管当中有亲戚。

为此,王强总是瞧不起李青,他甚至说:"和这样的傻瓜一起工作,简直是我的耻辱。"平常的工作对王强来说很轻松,他花费了大量的时间在社交上。而李青每天起早贪黑,却只能勉强完成工作任务。

然而,让所有人大跌眼镜的是,半年后,李青被提升为了设计部主管。对此,王强愤愤不平找主管道:"提升完全不考虑个人工作能力,这样做不公平!"

面对王强的不满,主管拿来了一份李青设计的程序,王强大吃一惊,李青的设计简直可以用完美无缺来形容。

原来,在王强得意于自己才能的同时,李青却在不断努力学习。仅仅用不到半年的时间,李青设计出来的程序已经比王强所设计的优秀很多。

两年后,李青成为部门高级主管、高级程序设计师。

从王强和李青的职场经历我们可以看出,目前的职场缺的不是拿着高学历文凭的人才,而是具有一定职业能力与素质的人才。学历不等于能力,用人单位往往会根据能力给予相应的职位,职业发展、提升的空间与平台取决于个人的工作态度和能力。因此,对于大学生而言,不断提高自己的职业能力和素质,增强职场竞争力,才会在未来的职场中展翅飞翔。

第一节 培养职业素质

一、职业素质概述

职业素质(Professional Quality)是指从业者在一定的生理和心理条件的基础上,通过教育培训、职业实践和自我修炼等途径形成和发展起来的,在现实职业活动中起决定作用的、内在的、相对稳定的基本品质,是劳动者对社会职业了解与适应能力的一种综合体现。

现代社会发展日新月异,职业种类繁多,而职业与每个人息息相关,对于从业者的素质要求越来越高。职业素质是一个人职业生涯成败的关键因素,也是就业单位挑选人才的重要标准。职业素质主要表现在职业意识、职业理想、职业道德、职业能力、职业心理、创新素质和创业素质等方面。

美国著名心理学家麦克利兰于1973年提出了一个著名的素质冰山模型(见图6-1)。所谓"冰山模型",就是将人员个体素质的不同表现划分为表面的"冰山以上部分"和深藏的"冰山以下部分"。"冰山以上部分"包括基本知识、基本技能,是外在表现,是容易了解与测量的部分,相对而言也比较容易通过培训来改变和发展。而"冰山以下部分"包括社会角色、自我形象、特质和动机,是人内在的、难以测量的部分,不太容易通过外界的影响而得到改变,但却对人员的行为与表现起着关键性的作用。当前,越来越多的企业和组织在用人理念方面发生了极大变化,重内在素质胜过外在能力,在选人用人上,已从过去对技术和能力的严格要求,逐步向良好个性品质和习惯发展。

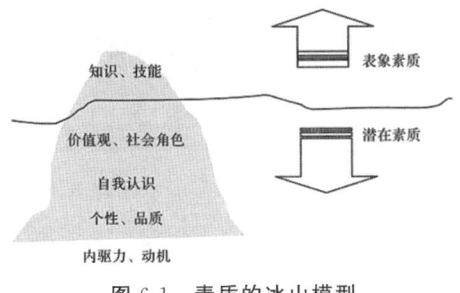

图 6-1　素质的冰山模型

二、职业素质的特征

职业素质具有以下五个主要特征。

(一) 职业性

职业性又称职业特质,是指人与职业行为有关的差异性、内在的个人特点。职业素质是一个人从事职业活动的基础,并且总是同职业联系在一起。公务员、教师、医生、律师、服务人员等，不同的职业都有对应于职业本身对职业素质的要求，职业性体现了职业素质的内在要求。

（二）内在性

内在性是指劳动者在职业活动中所体现出的内在品质。个体在长期的职业活动中，经过持续学习，不断认识和实践体验，有意识地内化、积淀和升华而形成，是一种较为稳定的心理品质。

（三）稳定性

稳定性是指职业素质一经形成，便会在劳动者的个性品质中稳定地表现出来。良好的职业素质的形成需要内外兼修，经过个人的努力学习、外在环境的熏陶、专门的培训，经过个体的感悟、实践的锻炼获得，一旦形成便具有相对稳定性，这种稳定性是个体做好工作的基本条件和保障。

（四）整体性

整体性是指劳动者掌握的知识、具备的能力和具有的其他个性品质在职业活动中的全面表现。现代社会的职业岗位要求具有复杂性的特点，因此对劳动者的职业素质和能力要求是多方面的，胜任本职工作不仅要有好的专业技能方面的素质，还要有好的思想道德素质和心理、生理素质等。

（五）发展性

发展性是指随着社会的发展和科技的进步，不同社会历史发展时期对劳动者的职业素质会提出不同的要求。基于职业素质的发展性，个体也必须不断适应社会发展要求，提高职业素质，不断用发展的观点指导自己的工作和生活，以免被社会所抛弃。

三、职业素质的构成

职业素质在人的职业活动和职业行为中发挥着重要作用，其主要由以下几个方面构成。

（一）思想政治素质

思想政治素质指从业者在政治立场、政治态度、理想信念、价值观等方面的状况和水平。思想政治素质是职业素质的灵魂，良好的思想政治素质可以促使一个人不断地前进和进步，获得更大的快乐和幸福。

（二）职业道德素质

职业道德素质指从业者在职业活动中表现出来的遵守职业道德规范的状况和水平，包括道德认识、道德情感、道德意志、道德行为、道德修养、组织纪律观念等方面的素质。道德素质是职业素质的根本，较高的道德水平可以增强个人在别人心中的良好印象，获得更多人的认可和赞赏。

（三）科学文化素质

科学文化素质指从业者对自然、社会和思维科学知识掌握的状况和水平，包括在科学知识、技术知识、文化知识、文化修养等方面具有的素质。具有丰富的知识积累,是一个人内涵升华的基础。

(四) 专业技能素质

专业技能素质指从业者掌握的专业知识、专业理论、专业技能、必要的组织管理能力等,是个体在职业活动中赖以生存的必备素质。从业者拥有熟练的专业技能,才能有效地拓展个人生存空间,增强竞争实力,实现人生价值。

(五) 身体心理素质

身体心理素质指从业者在职业活动中身体各种机能的状况和水平以及承受挫折、适应环境、调节心理的状况和水平。身体健康和心理健康的状况制约着其他职业素质发挥的程度。

(六) 审美素质

审美素质指从业者所具备的审美经验、审美情趣、审美能力、审美理想等各种因素的总和。审美素质既体现为对美的接收和欣赏的能力,又转化为对审美文化的鉴别能力和审美文化的创造能力。

(七) 社会交往和适应素质

社会交往和适应素质主要是指从业者所具备的语言表达能力、沟通交流能力、社会适应能力等。这种素质不是与生俱来的,而是后天培养的个人能力。它是职业素质的核心之一,从侧面反映了一个人的能力。

(八) 学习和创新创业素质

学习和创新创业素质主要是指从业者具有的学习能力、信息能力、创新意识、创新精神、创新能力、创业意识和创业能力等。学习和创新创业是个人价值的另一种表现形式,能体现个人未来发展潜力以及对企业未来的影响和价值。

四、职业素质的养成

职业素质的养成是培养和提高大学生职业素质的基本途径,大学生只有平时注重职业素质的养成,才能为毕业后的求职就业和职场生涯打下坚实的基础。职业素质的养成是对综合素质的培养,而非只是对专业技能等某一项专业素质的培养,因此,在职业素质培养的过程中,既要做到突出重点,又要做到统筹兼顾,以便全面提高大学生的职业素质。

(一) 思想政治素质的养成

思想政治素质是大学生涵养职业精神的思想基石。青年是祖国的未来、民族的希望,大学生价值观的形成和确立,犹如穿衣服扣扣子——如果第一粒扣子扣错了,剩余的扣子都会扣错。因此,大学生要时刻审视自己,解剖自己,警示自己,以便养成正确的价值观,扣好人生的第一粒扣子。作家柳青说过:"人生之路是漫长的,但紧要处只有几步,尤其当人年轻的时候。"确立正确的世界观、人生观、价值观,才能够正确地把握人生未来的走向和轨迹。

加强马克思主义理论学习,培养科学的世界观、人生观和价值观是养成良好思想政治素质的必要途径。马克思主义、毛泽东思想、邓小平理论、"三个代表"重要思想、科学发展观、习近平新时代中国特色社会主义思想是改造大学生思想、提高思想政治素质的重要武器。青年学生正处于人生成长的关键期,要以培育坚定的理想信念为核心,以厚植爱国主义情怀为重点,不断强化和提高自身的思想政治素质。

(二) 职业道德素质的养成

职业道德是从事一定职业的人们在职业活动中所形成并发展起来的道德规范、道德意识以及道德活动的综合。作为大学生,了解职业道德规范要求,自觉形成和发展良好的职业道德意识,是十分必要的。职业道德既是对本行业从业人员的行为要求,也有从业人员对社会承担的责任和义务,如商人要诚实守信、不欺诈,教师要为人师表,教书育人等。职业道德和一般社会道德相比,具有专业性、历史继承性、灵活多样性和纪律性的特点。

一般来说,职业道德基本规范包括爱岗敬业、诚实守信、办事公道、服务群众和奉献社会。职业道德素质的养成是一个自我教育—自我改造—自我磨炼—自我完善的过程。职业道德修养要从培养自己良好的行为习惯开始,掌握职业道德知识,积极参加职业活动实践,注重理论与实践结合,做到知行合一,这是提高道德素质的根本途径。大学生要多向道德模范学习,经常审视反思自己,找出不足,改正错误,修正自己的道德行为,从而提高职业道德修养。

【案例】

一家中外合资企业要招聘一名技术员,考卷中有这样一个问题:"你所在的企业或曾经就职过的企业经营成功的诀窍是什么?所生产的拳头产品或名牌产品的技术秘密是什么?"在众多写满答案的试卷上有一张赫然写着"无可奉告"。最终这位应聘者被聘用了。

【点评】

这位应聘者以诚实守信的优势而被录用。诚实守信作为优秀的道德品质和职业道德历来被重视,尤其是初入职场的毕业生通往职场的通行证。有能力的人在单位能够鹤立鸡群,但有能力的人如果缺乏良好的道德品质作支撑,就会成为集体中的害群之马。德才兼备是精品,有德无才是次品,无德无才是废品,有才无德是危险品。因此,越来越多的单位在选人用人时会更注重员工的职业道德。

(三) 科学文化专业素质的养成

科学文化和专业素质是求职者胜任某项职业的基本素质。大学生只有具备了扎实的科学文化素质和专业本领,才能在日益激烈的就业形势下立于不败之地。

要提高大学生的科学文化素质,总的方针是以"知、情、意、行"为主线,一是植根教科书,在汲取知识与技能的同时,感知科学人文内涵;二是依托时政实例,从时事事例中感受科学人文精神,感受人类与环境和谐的重要,感受如何使其和谐的方法与对策,培养科学人文品质;三是结合生活实际,通过综合实践活动,在行动中提升科学人文素养,在行动上植入科学人文精神。

专业素质的养成包括专业知识和专业技能的掌握。大学生一进校门就要自觉把自己的专业与以后的就业联系起来,要努力学习专业基础知识,了解本专业的最新动态和前沿知识,尽可能地丰富和扩展自己的专业知识领域,建立合理的知识结构,掌握扎实的专业理论知识,培训科学思维能力、组织协调能力。同时,大学生还要注重培养和提高自己的实践动手能力和创新能力,积极参与科研活动和专业竞赛等实践活动,唯有如此,才能在激烈的竞争中占据有利位置。

(四) 身体心理素质的养成

身体是革命的本钱,没有健康的体魄就难以胜任繁重的工作。同样,在现代社会工作压力普遍较大的形势下,过硬的心理素质显得愈发重要。

健康的体魄是胜任职场工作的基本条件,大学生在努力学习的同时,还要注意养成良好的学习、生活习惯,科学合理地分配学习、娱乐、休息时间,充分利用各种有利条件和体育设施,积极锻炼提高自己的身体素质。

养成良好的心理素质的前提是要学会正确地认识自我,全面了解和正视自己的性格品质、兴趣爱好等个性,克服自卑和自负的心理,敢于改正自身个性上的缺点,切实提高自身的自信心,客观认识竞争,保持积极心态,胜不骄败不馁,从而养成良好的心理素质,为应对激烈的就业竞争做好心理准备。

(五) 审美素质的养成

大学生的审美素质包括审美能力、审美品位、审美取向以及审美表达等基本要素,这四个要素同时也是大学生审美素质培养的四个目标维度。大学生审美素质的养成包括培养学生发现美、把握美、感受美、分享美、创造美五个环节,主要通过以知启人、以情动人、以意导人、以行塑人的方法培养和提高大学生的审美素质。

法国著名雕塑家罗丹曾说:"世界上不是缺乏美,而是缺乏发现美的眼睛。"大学生的审美素质培养要从培育审美心境开始,让自己拥有一双善于发现美的"眼睛"。把握美指审美态度的选择,培养自己善于用非功利性的态度而不是用狭隘的和短视的眼光来看待自己的生活,这样才能更多地用审美的眼光来观照世界以及自己的生活。学会感受美,是审美素质培养的核心环节,大学生可以通过学习美学原理、美学史、艺术史、哲学史等方面的基础知识,多参加画展、音乐会等艺术鉴赏体验活动来逐渐培养把握和体验美的敏感性。分享美有两种方式,一种是分享发现的美,另一种则是创造美。大学生的审美素质培养的最终目的是希望大学生能在参与实践活动的过程中,在生命活动过程中创造美,从而成为一名合格的社会主义建设者。应该说,在行为上塑造自己,这不是在学校期间对大学生的审美素质培养就能完成的,而是要大学生终其一生来践行。

(六) 社会交往和适应素质的养成

不断增强社会交往能力是大学生能够准确地自我认知、更好地全面发展、更好地实现社会化的重要需求。而良好的社会交往能力不是与生俱来的,需要经过教育、学习、实践、内化而得以不断提升。大学生要充分认识到社会交往在职业素质中的重要地位,有意识有计划地在日常学习生活中培养与锻炼自身的社会交往能力。大学生首先要保持积极健康的心态,树立自信心与正确的社会交往理念,及时补充和积累社会交往知识,同时要敢于并乐于与他人主动地接触与交往,广泛参与社会交往实践活动,获取交往技能,通过社会交往逐渐由校园走向社会。

适应素质包括心理、生理和行为上的适应,并具有为了适应而改变的一种能力。社会适应能力包括适应社会的"生活自理能力""基本劳动能力""选择从事职业的能力""社会交往能力"以及"符合社会道德要求的约束力"。首先,大学生要在思想上足够重视适应素质对职业规划的重要性,在学校学习中积极参与社会实践,并通过实践提高自己解决问题的能力。其次,在解决问题的同时提升自己的人际交往能力、沟通能力和团队合作能力,从而更好实现职业规划。

【案例】

个体与团队

某公司在某大学进行人员招聘,需要招收3名职员,有200多名应届毕业生应聘。最后有6位各方面都非常优秀的学生进入考核阶段。考官将这6位学生随机分成2组,每组3人,每组一个市场调研方案,要求每人独立完成一份市场调研报告。第一组里的3人拿到方案后,立刻各自行动,进行市场调研;另外一组的3人拿到方案后,相互之间进行信息沟通,共同制订了具体的调研计划,但都独立完成调研报告。最后第二组的3人收到录用通知。负责此次招聘的主管讲:6名学生从专业能力来讲,都很符合要求,但第一组的3人不善于合作,与现代企业文化不符。

【点评】

团队合作可以使社会、组织、单位更加有效地完成目标任务,并提高绩效。团队合作正在纷繁复杂的社会竞争中发挥着越来越重要的作用。

(七) 学习素质的养成

学习素质要求大学生有更新知识的能力,即持续学习、终身学习的能力。联合国教科文组织曾经做过一项研究,结论是:信息通信技术带来了人类知识更新速度的加速。在18世纪时,知识更新周期为80~90年,19世纪到20世纪初,缩短为30年,20世纪60~70年代,一般学科的知识更新周期为5~10年,而到了20世纪80~90年代,许多学科的知识更新周期缩短为5年,而进入新世纪时,许多学科的知识更新周期已缩短至2~3年。日新月异的互联网新时代,变革快速,我们的思维和知识也需要更新迭代,与时俱进。大学生的终身学习能力,对于就业和未来的发展至关重要。大学生要充分利用优良的校园环境,树立完备的学习意识,掌握行之有效的学习方法,培养良好的学习品格,树立崇高的学习动机,培养兴趣驱动式、自主式和终身式学习的能力,紧跟时代步伐不断提升自己,以适应快速变化的世界。

(八) 创新创业素质的养成

创新创业素质指个体有助于完成创新创业活动所具备的具有稳定性和一致性的各种内在特征,是包括意识、品质、能力、知识、态度等在内的各种要素的综合体。当前,国家对于大学生创新创业高度重视,出台了一系列政策鼓励和引导在校和毕业大学生进行创新创业。大学生可以通过高校各类专业课程和创新创业教育资源学习相关的基本知识和理论方法,可共享学校面向全体学生开放的大学科技园、创业园、创业孵化基地、教育部工程研究中心、各类实验室、教学仪器设备等科技创新资源和实验教学平台,积极参加全国大学生创新创业大赛、全国高职院校技能大赛,和各类科技创新、创意设计、创业计划等专题竞赛,以及高校学生成立的创新创业协会、创业俱乐部等社团,在日常的学习生活中培养自己的创新精神与开拓精神,勇于尝试,大胆实践,提高自己的创新与创业能力。

【案例】

大疆汪滔:技术青年创造无人机神话

汪滔1980年出生在浙江杭州,从小喜欢航模,在读了一本讲述红色直升机探险故事的漫画书之后,他开始对天空充满了想象,并将大部分时间都花在与航模有关的读物上面,相比中等的学习成绩,这种业余爱好给他带来了更多的慰藉。

2003年,他入读香港科技大学电子及计算机工程学系。2005年,汪滔在香港科技大学准备毕业课题。很少有本科生自己决定毕业课题的方向,但他决定研究遥控直升机的飞行控制系统,还找了两位同学说服老师同意他们的研究方向。汪滔要解决的核心问题,正是他儿时对直升机最期待的想象——"可以停在空中不动,想让它停哪里就停哪里"的自动悬停。经过大半年的努力,他们的演示却失败了。

不服气的汪滔继续没日没夜地研究,终于在2006年1月做出第一台样品。之后汪滔继续在香港科技大学攻读研究生课程,通过筹资创办了深圳市大疆创新科技有限公司。经过几年的蛰伏期,大疆开始呈现快速发展的态势。2011到2015年,大疆创新销售额增长近100倍。目前,全球消费级无人机市场中,大疆的产品占据了7成,更令"中国制造"在高科技领域崭露头角。

在一般人眼里,在一些高科技领域,中国企业历来都是扮演"追赶者""跟跑者"的角色,而他和他的公司却在短短十年内在消费级无人机领域充当着"领跑者"的角色。

【点评】

当前,移动互联网、物联网、人工智能、认知计算等众多新技术不断突破,数据驱动的强大算法透过产品界面将真正实现工业、农业、服务业的智能化。在技术的支撑下个人的价值将得到极大释放,"数字原住民"引领时代发展,劳动正从工业经济时代,步入信息经济时代,为创新创业提供了无限可能。

第二节 提升职业能力

一、职业能力概述

职业能力(Occupational Ability)是指一个人完成工作任务、从事与职业相关活动所必备的本领和技能,表现在所从事的各种工作和职业相关活动中,并在其中得到应用和发展。

职业能力主要包括三层含义:第一层是从事某种具体职业,能够胜任某一具体岗位而必须要具备的能力,主要表现为任职资格;第二层是指在步入职场之后表现出来的职业素质,也就是怎样做人、做事的能力,包括道德、态度、意志等内在素质以及在工作方式、职场上应注意的基本规则、常识等;第三层是开始职业生涯之后具备的职业生涯管理能力。[①]

大学生所具备的职业能力是其胜任未来职业的基本条件。无论从哪个角度来讲,拥有过硬的职业能力,都是大学生职业生涯发展的重要支撑。在职场激烈竞争中,大学生职业技能的高低对于用人单位是否录用自己起着至关重要的作用。

二、职业能力的构成

我们通常把职业能力分为一般职业能力、专业职业能力和综合职业能力。

一般职业能力是指劳动者具有的一般的学习能力、文字运用能力、语言表达能力、数字能力、空间判断能力、形体知觉能力、颜色分辨能力、四肢灵活运动能力和手眼的协调能力等。

专业职业能力主要是指从事某一种职业所必需的专业能力和技能。在求职过程中,招聘方最关注的就是求职者是否具备胜任岗位工作所要求的专业能力。

综合职业能力一般是指劳动者具有很多方面的能力,可以胜任多种工作且对专业能力要求较高的岗位。这里主要是指国际上普遍注重培养的"关键能力",主要包括四个方面:

(一) 跨职业的专业能力

一个人的跨职业专业能力可以通过三个方面予以体现,一是运用数学和测量方法的能力,二是计算机应用能力,三是运用外语解决技术问题和进行交流的能力。

(二) 方法能力

一是信息收集和筛选能力,二是掌握制定工作计划、独立决策和实施的能力,三是具备准确的自我评价能力和接受他人评价的承受力,并能够从成败经历中有效地吸取经验教训。

(三) 社会能力

指一个人的团队协作能力、人际交往和善于沟通的能力。在工作中能够协同他人共同完成工作,对他人公正宽容,具有准确裁定事物的判断力和自律能力等,这是岗位胜任和在工作中开拓进取的重要条件。

(四) 个人能力

随着中国经济体制改革的深入、法制的不断健全完善,人的社会责任心和诚信越来越被重视,一个人的职业道德越来越受到全社会的尊重和赞赏,爱岗敬业、工作负责、注重细节的职业人格得到全社会的肯定和推崇。

综上所述,职业能力是从事某种职业必须具备的,并在该职业活动中表现出来的各种能力的总和。职业能力不是单一的一种能力,而是各种能力相辅相成的有机整体。职业能力不仅包括技能,还包括胜任工作所需要的条件,如思想品德、科学文化基础、文化素

---

① 刘静:《基于就业力的大学生职业能力开发研究》,西安:陕西科技大学,2012年。

养、专业能力、身心健康等,单凭某一个孤立的能力要素是难以完成职业活动的。

三、职业能力的培养

大学阶段是大学生学习知识、培养能力、发展智力、丰富阅历、积累经验、准备承担成人责任的过渡期,也是大学生步入社会的准备期,同时也是职业能力开发的重要时期。大学生可以通过以下途径培养和提升职业能力。

(一) 明确职业方向,树立奋斗目标

"未来的世界是,方向比努力重要,能力比知识重要,健康比成绩重要,生活比文凭重要,情商比智商重要。"这是清华大学校长顾秉林留给毕业生的一段话。由此可见,大学生职业能力的培养,首先是确定正确的、适合自己的人生方向和奋斗目标。

自己适合哪些行业哪些职业,有很多东西是先天决定的。大学生职业方向的选择要注意全面了解与择己所能相结合,自我认知中不仅要了解自己的优点,更要正视自己的缺陷和不足,充分发挥优势能力的作用,在自己的能力圈之内竞争,更容易获得职业生涯上的成功。我们不可能准确预测自己的职业发展轨迹,但我们应该在任何时候都能够不偏离自己的奋斗方向。只有在明确的人生志向和职业方向指引下,我们才可能在职业生涯中少走弯路,尽快获得所需的职业能力。

(二) 优化知识结构,强化专业知识

现代社会的职业岗位,所需要的是知识结构合理、能根据当今社会发展和职业的具体要求,将自己所学到的各类知识,科学地组合起来的,适应社会要求的人才。财会人员要求具备熟练的专业知识,又要有较宽的知识面,熟悉与本职工作有关的政策、规章制度、法律,同时还要有一定的经济学、营销学和采购学等方面的知识,要诚实可靠,同时要有较强的公关社交能力。工程技术工作人员的知识标准主要有:牢固掌握专业基础知识,掌握现代专业知识,有解决极其复杂技术的能力,对问题判断能够做到完整的客观性,有系统的思维和抽象概括能力,能够选择最有效的方法和最新的设备和材料来解决问题,有全面、周密的计划和组织能力等。就知识结构而言,一方面对知识结构的多样性,要求越来越多;另一方面,对知识结构的实用性的要求也越来越强。

现代社会知识体系的迅速膨胀,要求大学生将对具体知识的掌握转向对获得知识能力的培养上。专业知识只是知识海洋中的一滴水,我们不能满足于点滴知识的获得,更为重要的是通过一滴水认识整个海洋。我们必须在学习中不断优化自己的知识结构,把握知识脉络,获得规律和理念层面的成果,达到融会贯通,一通百通的效果。

(三) 充实基本技能,提升职场价值

麦肯锡全球研究院(McKinsey Global Institute)发布过一项历时数年的研究发现:"人工智能和机器人带来的社会变革要远远超过历史上农业社会和工业社会时期的变革。根据我们的研究发展将会有7500万至3亿人需要重新找工作。这一数字大约占到全球所有劳动人口的3%~14%。"全球化的深入、技术的快速发展以及全球的能源消费,造成了劳动力市场深刻的变革,要想不被替代,我们需要成为某个领域内的高手和专家。

从现实层面来说,我们大多数人都要从事一个具体的职业和岗位。在新的时代背景下,必须有熟练的专业工作技能,并努力在某一方面具有相对优势,形成自己的核心竞争力。真正掌握一门技术,拥有一技之长的人,也就是职场价值高的人,拥有更多高度依赖个人难以被复制的特征的人,更容易获得稳步的长远的发展。按照对解决问题的熟练程度、能否创新出新的方法和手段从而对行业有所贡献两个维度,将普通人从入门到专家简单划分为五个阶段:探索期—新手期—胜任期—高手期—专家期。成为专家需要五步骤:一是明确个人方向和目标;二是擅长学习;三是有机会实际解决大量问题;四是提升思维能力;五是坚持成习惯。[1]

(四)积极大胆实践,勇于开拓创新

所有的知识、技能与品质都必须在活动中获得和形成,也只有在各种积极的实践和创新活动中,个体所具有的知识、技能和品质才能得以内化、凝练为较为稳定的能力这一心理特征。

按照摩根·麦考尔、罗伯特·艾金格和米迦勒·隆巴多在美国创新领导力中心(The Center for Creative Leadership)提出的职场成年人学习的 70/20/10 原则:10%的学习发生在正式的培训中,20%的学习发生在他人对自己的反馈、观察和同工作中的榜样一起工作,70%的学习发生在真实生活和工作中任务完成或者问题解决的过程中。这一原则告诉我们,职业能力的提升,除了传统学习方式,更大的修炼在于实践。所以,大学生在校期间应积极参与有益的实践活动并逐渐拓展实践领域,最终在积极的实践和创新活动中实现能力的转化和拓展。

【实践活动一】

人际关系中的我

目的:帮助全面认识自己。

方法:完成以下问题后,自己进行总结和分析。查看是否有过于消极的表达,如果有,进行分析。同时发现一些积极的力量,促进学生成长。

父亲眼中的我: 母亲眼中的我:

兄弟姐妹眼中的我: 好朋友(恋人)眼中的我:

同学同事眼中的我: 教师眼中的我:

自己眼中的我: 自己理想中的我:

快乐和喜悦的来源: 压力和烦恼的根源:

【实践活动二】

沟通能力拓展训练

题目:荒岛余生

游戏主题:私人飞机坠落在荒岛上,只有六人存活。这时逃生工具只有一个容纳一人的橡皮气球吊篮,只有水和食物。你必须竭尽全力说服其他人让你登上橡皮气球。

---

[1] 田志刚,《卓越密码:如何成为专家》,北京:电子工业出版社,2018年。

游戏准备:六张面具分别代表不同的角色。

游戏步骤:

1. 随意地挑选六个学生,进行角色的分配。

孕妇:怀胎 8 月,即将孕育出小生命。

发明家:正在进行研究新能源(可再生、无污染)汽车,这种汽车可使人类摆脱能源污染,保护生态的环境。

医学家:经年研究艾滋病的治疗方案,已经取得突破性的进展。

宇航员:即将远征火星,寻找适合人类居住的新星球。

生态学家:负责热带雨林抢救工作。

流浪汉:没有固定的职业。

2. 每个人在有限的时间内(约 3 分钟)来写下自己大致的理由,理清自己的"辩护思路"。

3. 陈述评价过程,具体操作如下:

针对由谁乘坐气球先行离岛的问题,各自陈述理由;复述并评价前一人的理由,再进一步陈述自己的理由;交叉并询问任何一个你认为处于弱势的角色,力图说服他人接受你的理由;最后,由全体成员根据复述别人逃生理由完整与陈述理由充分的原则,投票决定可先行离岛的人。

说明游戏的道理(可以请学生一起谈看法)。

根据学生的表现评价:好的表达/坏的表达,并根据效果评价讨论。

【实践活动三】

职业能力评估单

目的:分析自身能力和目标职位的匹配性。

方法:按照指示语填写完整。如果你还想到一些项目表上没有的能力,可以添加在项目表中看看自己和目标职位之间是否匹配,还存在哪些差距,并思考如何去补充。

为了检视你对职业的认识,以及你所具备的能力与目标职位的差距,请你试着根据目前的职业目标,选定一项工作或职位,然后查阅相关资料,试着回答以下问题。(在工作所需具备的能力及自己已具备的能力两部分中,确定打√,不确定或不知道打△,不需要或自己缺乏此能力打×)

表 6-1 职业能力评估单

工作、职位名称	工作所需具备的能力	自己已具备的能力	整体心得体会
	□1. 文字能力	□1. 文字能力	
	□2. 表达能力	□2. 表达能力	
	□3. 沟通协调能力	□3. 沟通协调能力	
	□4. 领导能力	□4. 领导能力	
	□5. 专业技能	□5. 专业技能	
	□6. 办公软件操作能力	□6. 办公软件操作能力	

续表

工作、职位名称	工作所需具备的能力	自己已具备的能力	整体心得体会
	□7.行销能力	□7.行销能力	
	□8.会计能力	□8.会计能力	
	□9.机械操作能力	□9.机械操作能力	
	□10.法律知识	□10.法律知识	
	□11.判断力	□11.判断力	
	□12.创造力	□12.创造力	
	□13.直觉与敏感度	□13.直觉与敏感度	
	□14.其他重要专业知识	□14.其他重要专业知识	
	□	□	
	□	□	
	□	□	

【实践活动四】

SWOT 分析

目的:对自己的优势和劣势进行全面的分析。

方法:按照对自己的了解进行回答,从而帮助自己做出职业选择,在求职中凸显自己的优势,避开自己的劣势。

表 6-2 SWOT 分析表

优势优点 什么是我最优秀的品质? 我曾经学习了什么? 我曾做过什么? 我做过的最成功的事是什么?	劣势缺点 我的性格中有什么弱点? 我还有哪些缺陷? 我最失败的经历是什么?
发展机会 什么样的环境会是我的机会? 什么样的行业会是我的机会? 什么样的职业会是我的机会? 什么类型的组织会是我的机会?	阻碍威胁 什么样的环境会是我发展中的阻碍和威胁? 什么样的行业会是我发展中的阻碍和威胁? 什么样的职业会是我发展中的阻碍和威胁? 什么类型的组织会是我发展中的阻碍和威胁?
总体分析 对自己做一个整体的评估。	
核心竞争力 分析自己的核心竞争力,这也是在职场需要重点发挥的。	

【讨论与思考】

1. 讨论总结职业能力与职业素质的关系。
2. 总结分析我国大学生在职业能力和职业素质方面存在的问题。
3. 思考在学习、生活、工作中,自己应如何培养职业能力与职业素质。
4. 讨论学好专业知识对于职业能力和职业素质培养的作用。

第二篇 就业指导篇

第七章　就业形势与就业观念

【名人名言】

职场成功的重要因素:做意志真正坚强的人。

——戴尔·卡耐基

【学习目标】

1. 了解当前的就业形势和就业政策。
2. 了解目前大学毕业生的就业状况。
3. 培养树立正确的就业观念。

【案例导入】

就业期望值高是近几年困扰当代大学生就业的一个重要问题,大学生在择业时往往存在"精英就业观"的职业偏执现象,有的人感到"找不到理想单位",但同时有许多基层一线的单位急需人才但又招聘不到,反映出求职者求高薪、求舒适、求名气的心态仍较普遍,诸如"北漂族"、"啃老族"等形容年轻人就业难的词汇屡见不鲜。

在大学生就业这种供需矛盾日益突出的情况下,有些时候并不是真正的找不到工作,而是一些大学生的期望值过高,选择单位不切实际,不愿屈就于普通的职位,对自己没有一个比较清晰的定位,在求职时常常表现为等待、挑剔,甚至不惜主动待业(这种心态不可取),就业愿望过于理想化,不愿去基层单位和第一线,将目标"锁定"在少数热门的单位。有高校辅导员曾经给大四的毕业生开过"职业生涯拍卖会",以拍卖会的形式来引导学生进行择业的自我探索,不少学生都选择了"钱多事少离家近"这个项目来进行竞拍,且纷纷表示这是最理想的工作状态。

在选择职业时,青年应该找到与时代的"最佳结合点",应该遵循的主要指针是人类的幸福和我们自身的完美,这样才能找到真正适合自己并且合时宜的工作。曾经,教师、警察、科学家一度成为青年人的职选热门。疫情之下,勇挑重担的钟南山成为全民偶像,学富五车的张文宏成为超级网红,正印证了马克思在《青年在选择职业时的考虑》一文中写下的:"人们只有为同时代人的完美、为他们的幸福而工作,才能使自己也达到完美。"

第一节 当前就业形势分析

一、大学生就业形势

(一) 当前高校毕业生就业形势

近几年,高校毕业生人数逐年增多。从 2011 年到 2019 年,我国高校毕业生人数由 660 万人增加到 834 万人,增加了 174 万。2018 年大学应届毕业生人数 820 万,2019 年大学生毕业人数在 834 万,而 2020 年大学毕业生预估 874 万,比 2019 年增长了 30 万。就业人数的增加,与就业岗位需求量之间的矛盾,将导致就业难度进一步加大。根据 2020 年的数据,有 170 万人应届生考研,占毕业人数的 20%。而且,还没有计算保研的人数。这从一个侧面反映了就业难度之大,就业竞争激烈程度之高。

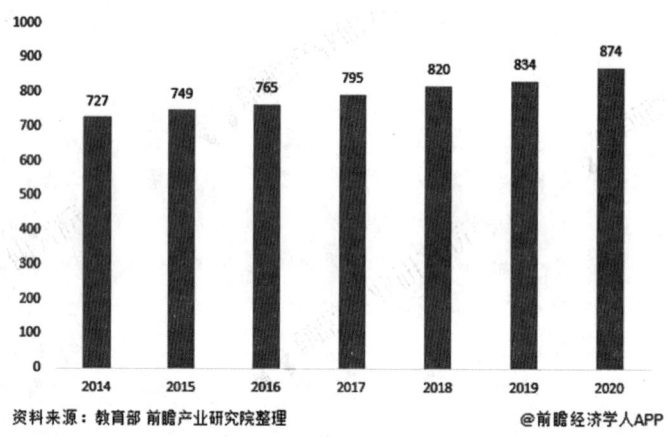

图 7-1 2014~2020 年全国普通高校毕业生人数(单位:万人)

2020 年初,全球遭遇了新冠肺炎疫情。全国停工停产,学校暂停开学,其中受影响比较大的主要是 2020 年应届毕业生。疫情造成了大量企业停工停产,许多企业不得不进行裁员,更不用说招聘了。疫情期间全国采取隔离政策,多数毕业生不能去当地进行面试,只能通过网络线上进行面试,但是面试双方并不能充分地相互了解。

在此情况下,大学毕业生主要面临以下几方面问题。

1. 短期内劳动力市场需求将相应减少

经济发展速度对就业的影响最为直接和显著。2019年年末全国城镇调查失业率为5.2%,城镇就业人员为44 247万人,依此推算城镇劳动力为46 674万人,城镇失业人员为2 427万人。疫情终将过去,但是在短期内疫情会对经济发展和稳定就业产生不利影响。2020年第一季度的经济增速预计将低于6.0%,甚至出现更大幅度的下降,劳动力市场需求将相应地"减少"。

2. 本土和海归高校毕业生规模都在逐年增加

2020年我国高校毕业生约874万人,不仅规模最大,而且相比上一年增加40万人,增幅是2012年以来的最大值。在国内高校毕业生规模大幅度增加的同时,留学回国的毕业生规模也在逐年增加。2015到2018年,学成回国留学人员分别为40.8万、43.2万、48.1万和51.9万。2019年和2020年估计仍然保持增长的趋势,2020年的规模估计在60万人左右。国内高校毕业生与留学回国毕业生之间存在劳动力的替代效应,在就业中彼此竞争。

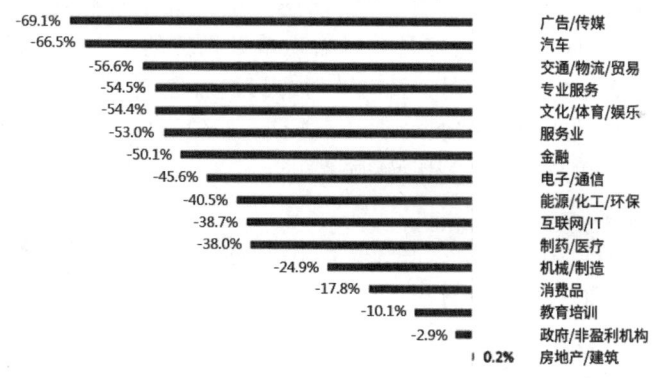

图7-2　2020年春节后十天各行各业应届生岗位需求同比变化(单位:%)

从数据来看,除了房地产外,其余行业大类新增应届生需求皆有较大幅度下降。考虑到今年高校毕业生较2019年同比增加40万人,预计今年上半年高校毕业生将面临严峻的就业形势。

3. 高校毕业生的就业落实率

2019年"全国高校毕业生就业状况抽样调查"的样本包括我国东、中、西部地区17个省(区市)32所高校的16571名毕业生。

调查显示,2019年,已经确定单位、国内升学、出国出境、自由职业、自主创业、其他灵活就业的占比分别为37.4%、25.3%、4.9%、3.7%、2.3%和6.6%。以上6项占比的合计为高校毕业生落实率为80.2%。此外,待就业、不就业拟升学、其他暂不就业、其他的占比分别为12.3%、3.8%、2.3%和1.4%。

与2017年相比,2019年的就业状况相对较差。从已经确定单位的占比看,2019年的占比下降了1.4个百分点;从待就业的占比看,2019年的占比上升了2.2个百分点。此外,2019年出国出境和自主创业的占比分别下降了1.0个百分点和2.4个百分点,说明出国出境和自主创业的难度都相对增加了。

4. 同年度就业率变化情况

2003年是我国1999年高校扩招后入学的本科生进入劳动力市场的第一年,也是发生"非典"疫情的一年。数据显示,这一年,高校毕业生待就业的占比为35.8%,也就是有三分之一以上的毕业生在离校时尚未找到工作。此次疫情与"非典"的开始时间一致,都是上一年的12月,都对上半年的经济产生负面影响,而疫情对高校毕业生就业的影响主要是由于市场需求"减少"造成的,规模效应显著。

数据显示,2005年、2007年、2009年、2011年、2013年、2015年、2017年、2019年高校毕业生待就业的占比分别为22.4%、22.6%、26.4%、21.9%、23.4%、12.8%、10.1%、12.3%。需要提醒的是,样本调查的时间为当年的6月,数据显示的只是离校时的状况。从历年的就业状况统计看,年底的就业率比离校时的就业率有显著的提高。

以2003年为例,许多应届毕业生在上半年由于被封闭在校园内耽误了求职,在疫情结束后的下半年纷纷找到了工作。因此,就业难的问题是短期现象。

(二) 近期高校毕业生就业政策

受经济下行压力和疫情叠加影响,2020届毕业生的就业面临较大的压力和挑战,但就业关乎民生和稳定,保障就业稳定是我国宏观政策调控的重要"底线"。2018年以来,中央政治局会议首次提出"六稳"时,"稳就业"被列为"六稳"之首;2019年3月,政府工作报告更是明确"就业优先"政策导向。2月中旬以来,伴随国内疫情逐步平复,政策重心从疫情防控逐步向就业和经济问题等切换,国家出台了多措并举的就业利好规定。

1. 国务院发布实施意见

2020年3月20日,国务院办公厅发布了《国务院办公厅关于应对新冠肺炎疫情影响强化稳就业举措的实施意见》(国办发〔2020〕6号),《意见》指出,要深入贯彻习近平总书记关于统筹推进疫情防控和经济社会发展工作的重要指示精神,加快恢复和稳定就业。涉及高校毕业生的政策措施主要有:

一是更好实施就业优先政策。推动企业复工复产,取消限制复工复产的不合理审批。加大减负稳岗力度,加快实施阶段性、有针对性的减税降费政策,提高中小微企业失业保险稳岗返还标准。提升投资和产业带动就业能力,优先投资就业带动能力强的产业。优化自主创业环境,深化"证照分离"改革,扩大创业担保贷款覆盖范围,对创业投资企业予以政策支持。支持多渠道灵活就业,合理设定无固定经营场所摊贩管理模式,支持劳动者依托平台就业,取消灵活就业人员参加企业职工基本养老保险的省内城乡户籍限制。

二是拓宽高校毕业生就业渠道。鼓励中小微企业吸纳就业,对符合条件的给予一次性吸纳就业补贴。扩大国有企业、事业单位、基层服务项目、应征入伍等招聘招募和硕士研究生、专升本招生规模。扩大就业见习规模,对见习期未满签订劳动合同的给予剩余期限见习补贴。出台改革措施,允许部分专业毕业生免试取得相关职业资格证书。加大对湖北等疫情严重地区就业支持,对湖北高校及湖北籍2020届毕业生给予一次性求职创业补贴,湖北省各级事业单位可开展专项招聘,基层服务项目向湖北倾斜。

2. 人力资源社会保障部等五部门发布通知

2019年7月12日,人力资源社会保障部、教育部、公安部、财政部、中国人民银行联合印发《关于做好当前形势下高校毕业生就业创业工作的通知》(以下简称《通知》),要求各地落实就业优先政策,把高校毕业生就业作为重中之重,深入实施高校毕业生就业创业促进计划和基层成长计划,确保就业水平总体稳定、就业局势基本平稳。《通知》提出了四个方面政策措施。

一是积极拓宽就业领域。支持多渠道就业,对艰苦边远地区县以下基层单位服务期满并考核合格的基层服务项目人员,可通过直接考察的方式择优聘用到服务地乡镇事业单位;对小微企业吸纳离校2年内未就业高校毕业生就业和离校2年内未就业高校毕业生灵活就业的,按规定给予社会保险补贴。鼓励创业带动就业,加强创新创业教育,将创业培训向校园延伸,放宽创业担保贷款申请条件,支持高校毕业生返乡入乡创业创新。

二是大力加强就业服务。将组织毕业生参观公共就业创业服务机构、企业和创业园区纳入就业指导课程实践,建立职业指导师联系毕业班制度。组织分层次、分类别、分行业的校园招聘活动,向毕业生普遍推送政策清单、服务清单、服务机构联络清单。将留学归国人员、港澳台青年全面纳入公共就业人才服务体系,同等提供就业创业服务。支持人力资源服务机构为高校毕业生提供公共就业创业服务。将有培训需求的高校毕业生纳入职业技能提升行动,鼓励职业院校和应用型本科高校学生在获得学历证书的同时,取得多个职业技能等级证书。

三是强化就业权益保护。省会及以下城市全面放开对高校毕业生、职业院校毕业生、留学归国人员的落户限制,精简落户凭证,简化办理手续。加强招聘领域监管,严肃查处"黑中介"、虚假招聘、违规检测乙肝项目等违法行为,严厉打击以求职、就业、创业为名的信贷陷阱和传销、诈骗等违法犯罪活动。规范就业签约。

四是全力做好兜底保障。扩大就业见习规模,及时摸排锁定有见习需求的高校毕业生和失业青年,帮助他们获得岗位实践机会。将求职创业补贴对象范围扩大到中等职业学校(含技工院校)符合条件的困难毕业生,补贴发放调整为毕业学年10月底前完成。对就业困难毕业生和长期失业青年实施"一对一"援助,在深度贫困地区开展送岗位上门活动。

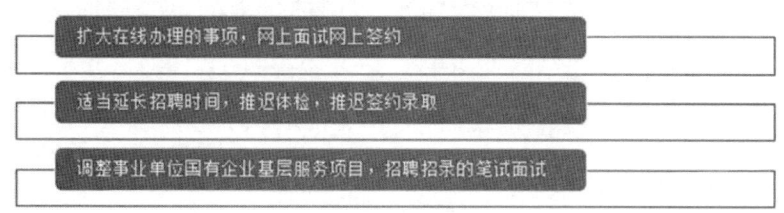

图7-3 人社部提出对高校毕业生优化服务对策

3. 教育部介绍措施

2020年2月12日,国务院应对新型冠状病毒肺炎疫情联防联控机制举行新闻发布会,介绍教育系统疫情防控工作情况。

目前全国所有高校都推迟了开学时间,并且严格限制学生返校。每年春季都是高校毕业生就业季,一些高校应届毕业生关心如何求职就业,对此,教育部高校学生司司长王辉在新闻发布会上介绍了教育部门目前正在推行的有关应对措施。教育部已经针对防控疫情做好毕业生就业工作进行了安排部署,重点要做好以下四个方面的工作。

一是加强网上就业服务。在疫情没有得到有效缓解之前,为了防止大规模的人员聚集,暂停教育系统举办的各类高校毕业生现场招聘活动。在此情况下,教育部将大力推进网上就业服务。教育部就业平台将紧密联系省级就业平台,高校就业网和社会招聘网站,组建就业大市场,共享岗位信息,共同开展网上就业服务。同时,对网上的用人单位和招聘信息进行严格审核,确保信息真实、有效,推动各地各高校开展网上面试,网上签约以及网上办理就业手续。

二是大力开拓就业渠道。进一步组织实施好教师计划、大学生村官,三支一扶,大学生志愿服务西部计划等基层项目,鼓励大学生参军入伍,进一步落实好基层就业、学费资助等优惠政策,鼓励毕业生到基层就业创业。建立校企合作的对接平台,在重点区域、重大工程、重大项目、重要领域中加强人才供需的对接,深入挖掘互联网、大数据、人工智能和实体经济,深度融合创造的就业机会,支持毕业生实现多渠道就业。

三是着力强化重点帮扶。指导高校对建档立卡贫困家庭学生,身体残疾等学生群体提供一对一的帮扶,有针对性地开展就业岗位推送工作,开发一批线上就业指导课程,开通就业咨询热线,做好毕业生的心理辅导工作。

四是适当延长择业时间。对离校时未落实工作单位的高校毕业生可按规定将户口、档案在学校保留两年,落实工作单位后,再及时办理就业手续。

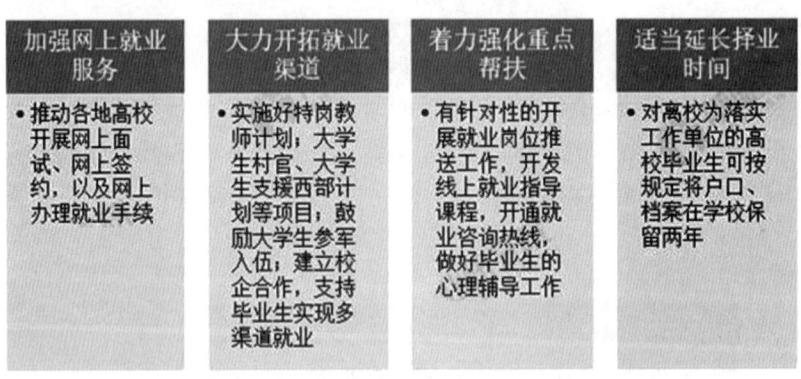

图 7-4　教育部促进毕业生就业举措

以上政策措施为高校毕业生稳就业提供了有力的保障。

(三) 高校毕业生的发展渠道

1. 考研

2020 年国家扩大了硕士研究生的招生规模,同比比 2019 年可能会增加 18.9 万,同时扩大普通高校专升本的规模,同比争取增加 32.2 万人。其中硕士扩招部分,主要向国家战略和民生领域急需的临床医学、公共卫生与预防医学、集成电路、软件、新材料、先进制造、人工智能等相关学科和专业学位类别倾斜,向中西部和东北地区倾斜。就河南省来说,将扩大招生和入伍的规模。其中,全日制研究生招生计划扩大 20% 以上,专升本招生计划占应届普通专科毕业生人数比例扩大到15％以上。

2. 深入基层

河南省将提高各级事业单位空缺岗位专项招聘高校毕业生比例，2020～2021年事业单位空缺岗位主要用于专项招聘高校毕业生。开发城乡社区等基层公共管理和社会服务岗位，扩大基层服务项目2020年招募规模，其中"选调生计划"1000人、"农村义务教育阶段学校教师特设岗位计划"16000人、"三支一扶"计划2600人、"医学院校毕业生特招计划"1000人、"大学生志愿服务西部计划"500人、"大学生志愿服务贫困县计划"200人。

3. 积极参军入伍

高校毕业生参军入伍不仅能够锻炼身体、保家卫国，还会为个人将来的事业和前途，带来实实在在的利好。

首先，参军入伍的大学生，在退役之后三年之内考研，初试能够加10分。对于退役大学生考研，国家不仅给予了加分的优惠，还设立了专项计划，专门从退役大学生中定向招录研究生。如果大学生士兵在服役期间荣立二等功，还能够被免试推荐读研。

其次，参军入伍的大学生，可以考军校。作为一名大学生士兵，考军校的难度要小于高考时考上军校的难度，考上后毕业包分配。这种福利待遇，是那些高中毕业想考而没有考上军校、只考上普通大学的大学生很难享受到。

再次，在大众创业、万众创新的时代，国家对于退役大学生自主创业，也会给予税费减免的优惠。与此同时，大学生参军，还能享受到减免学费，享受优抚优待的待遇，也就是说，一边服役，一边还能领补贴。

最后，大学生参军入伍，还有可能享受到考公务员或考事业单位加分的待遇，尤其是公务员加分意义重大。当然这种待遇，并不是普惠性的。因此，如果大学生所在的省份，对于退役大学生考公务员或考事业单位有优惠，作为大学生千万不要错过这种机会。

总之,高校毕业生要理性面对当前压力,及时了解并掌握各级各类促就业的政策措施,在激烈的市场竞争中寻找机遇,预估5年甚至10年后的职业发展,主动适应新行业、新业态、新职业、新岗位。

(四)今后就业发展形势

当前和今后一个时期,我国就业领域固有矛盾依然存在,新的影响因素还在增多,工作推进中仍有不少短板弱项,我国的就业形势更加复杂严峻,就业任务更加艰巨繁重。

从总量看,就业压力依然存在。我国16～59岁劳动年龄人口从2012年开始有所减少,这一趋势还将持续,到2020年后减幅将加快。但必须看到,这种减少是供给高位上的放缓,而且由于受教育等因素影响,劳动年龄人口进入劳动力市场的时间相对滞后。2018年末我国劳动年龄人口仍接近9亿人,预计到2035年劳动年龄人口仍将保持在8亿人左右。近几年每年需要在城镇就业的新成长劳动力约有1500多万人,加上近千万的城镇登记失业人员,需在城镇就业的劳动力年均约2500万人。不仅如此,推进城镇化进程中,农村劳动力转移就业仍有增量。

从结构看,就业矛盾更加凸显。在经济结构调整、产业转型升级过程中,结构性就业矛盾进一步凸显,突出表现为"招工难"与"就业难"并存。一方面,企业反映招工难,技能人才的求人倍率一直在1.5以上,一线普通工人也面临短缺。另一方面,部分高校毕业生等新成长青年群体存在就业难题,去产能等结构调整中产生的大龄失业人员再就业则更加困难。这种"两难"并存的局面,其根源在于劳动力需求和供给的不匹配,是经济发展不平衡不充分的结构性问题在就业领域的集中体现。从需求端看,我国目前仍处于工业化中期和产业链的中低端,市场中增加的岗位大部分是制造业、服务业一线普通工人和服务员;从供给端看,每年新成长劳动力中高校毕业生超过一半,农民工群体中80、90后新生代已占据主体,新一代求职者更加注重职业发展、工作条件和自我价值实现,供需对接存在错位。另外也要看到,相对于产业和技术的快速变化,人的变化是一种慢变量,实现职业转换需要一定的教育培训,转变就业观念更需要较长的时间。

从重点群体看,青年就业任务艰巨。青年就业是世界性难题,我国也不例外,以高校毕业生为主的青年就业压力将依然突出。"十三五"时期我国高校毕业生规模年均超过800万人,再加上500万左右的中职生,青年就业规模将继续扩大。与此同时,高校毕业生供给持续高升与有效岗位不足的矛盾凸显。目前我国仍处在由产业链中低端向中高端转型发展阶段,市场上适合高校毕业生的岗位还不充足。部分毕业生专业技能水平、创新创业能力与市场和企业的用工需求存在较大差距,存在"就业难"与"招工难"并存的现象。

从外部环境看,新的影响因素增多。当前,国内外风险挑战明显增多,国内经济下行压力有所加大,不可避免对企业用工和劳动力市场带来影响。从监测调研情况看,就业形势保持总体稳定,但部分地区、部分行业企业稳岗压力有所加大。同时,"机器换人"的影响也要密切关注。近年来,随着人工智能技术快速发展,加之劳动力市场普通工人难招,一些企业加快推进"机器换人",被替代岗位多为重复性、流程性工作,主要是流水线操作工、一线客服等对受教育程度、技能要求相对较低的岗位。未来,我国产业加速向中高端迈进,"机器换人"的步伐进一步加快,影响的就业岗位数量会持续增加、进程会提速,岗位结构发生深刻变化,部分劳动者不可避免要面临下岗失业的阵痛。

一些地方和部门对就业重要性的认识还有待提高,就业优先的目标导向尚需进一步增强。各地工作进展不平衡,政策落实有待加强,公共就业服务基层基础还需夯实,就业服务信息化程度有待提升。随着新动能蓬勃发展、新就业形态不断涌现,就业服务管理、用工制度和社保政策等需要改革完善。我国产业仍处在中低端,二元结构下就业不平衡、流动不顺畅矛盾依然存在,创造充分高质量就业机会还需付出艰苦努力。

同时,此次疫情只会在短期内对我国经济发展产生不利影响,我国经济发展长期向好的大趋势不会改变。疫情过后,一些行业将会迎来更大的发展机遇,新产业、新业态、新技术、新职业还会不断出现。

表 7-1 经济社会发展统计图表:2019 年 1～11 月国民经济主要指标

指标	单位	11月 绝对量	11月 同比增长(%)	1-11月 绝对量	1-11月 同比增长(%)
一、国内生产总值(1-9月)	亿元	—	—	697798	6.2
二、规模以上工业					
增加值	亿元	—	6.2	—	5.6
出口交货值	亿元	11248	-3.4	112311	1.5
利润总额	亿元	—	—	56101	-2.1
其中:国有控股企业	亿元	—	—	16037	-11.2
其中:私营企业	亿元	—	—	15893	6.5
发电量	亿千瓦小时	5890	4.0	64796	3.4
工业用电量	亿千瓦小时	4181	3.5	43325	2.9
三、服务业生产指数	%	—	6.8	—	6.9
四、固定资产投资(不含农户)	亿元	—	—	533718	5.2
其中:民间投资	亿元	—	—	303786	4.5
其中:房地产开发投资	亿元	—	—	121265	10.2
五、社会消费品零售总额	亿元	38094	8.0	372872	8.0
其中:实物商品网上零售额	亿元	—	—	76032	19.7
六、居民消费价格	%	—	4.5	—	2.8
商品零售价格	%	—	3.0	—	1.9
工业生产者出厂价格	%	—	-1.4	—	-0.3
七、城镇调查失业率	%	5.1	—	—	—
其中:31个大城市城镇调查失业率	%	5.1	—	—	—
八、全国居民人均可支配收入(1-9月)	元	—	—	22882	6.1
全国居民人均消费支出(1-9月)	元	—	—	15464	5.7
九、全国一般公共预算收入	亿元	—	—	178967	3.8
全国一般公共预算支出	亿元	—	—	206463	7.7
十、广义货币余额(月末)	万亿元	196.1	8.2	—	—
社会融资规模存量(月末)	万亿元	221.3	10.7	—	—
十一、制造业采购经理指数(PMI)*	%	50.2	0.9	—	—
非制造业商务活动指数*	%	54.4	1.6	—	—

注：全国居民人均可支配收入增速和人均消费支出增速均为实际增速。31个大城市是指4个直辖市和27个省会和首府城市。城镇调查失业率、31个大城市城镇调查失业率、制造业采购经理指数、非制造业商务活动指数均为当月数。带*指标同比增长为比上月增减百分点。

（国家统计局提供）

表 7-2　经济社会发展统计图表：2019年主要指标数据与"十三五"以来发展情况

指　标	单　位	2019年	比上年增长（%）	2016-2019年平均增速[累计]
经济发展				
国内生产总值	万亿元	99.1	6.1	6.7
全员劳动生产率	万元/人	11.5	6.2	6.6
常住人口城镇化率	%	60.60	1.02(百分点)	[4.5]
户籍人口城镇化率	%	44.38	1.01(百分点)	[4.5]
服务业增加值比重	%	53.9	0.6(百分点)	[3.1]
创新驱动				
研究与试验发展经费投入强度	%	2.19	0.05(百分点)	[0.13]
每万人口发明专利拥有量	件	13.3	1.8(件)	[7.0]
科技进步贡献率	%	58.7①	0.9(百分点)	[3.4]②
固定宽带家庭用户占比③	%	86.5	-0.3(百分点)	[2.8]
民生福祉				
居民人均可支配收入	元	30733	5.8	6.5
劳动年龄人口平均受教育年限	年	10.63①	0.1(年)	[0.4]②
城镇新增就业人数	万人	1352	-9(万人)	[5378]
农村贫困人口	万人	551	-1109(万人)	[-5024]
年末参加基本养老保险人数	万人	96748	2455(万人)	[10915]
各类棚户区改造开工	万套	316	—	—
人均预期寿命	岁	77①	0.3(岁)	[0.66]②
资源环境				
耕地保有量	亿亩	20.2④	—	—
国有建设用地供应总量	万公顷	62.4	-3.6	—
万元国内生产总值用水量下降	%	6.1⑤	6.8①	[24.2]
万元国内生产总值能耗降低率	%	2.6⑤	3.0①	[13.2]
非化石能源消费占能源消费总量比重	%	15.3⑤	1.0(百分点)	[3.2]
万元国内生产总值二氧化碳排放降低	%	4.1⑤	4.0①	—
森林覆盖率	%	22.96⑥	—	—
森林蓄积量	亿立方米	175.6⑥	—	—
地级及以上城市空气质量优良天数比率	%	82.0⑦	79.3⑧	—
细颗粒物（PM$_{2.5}$）未达标地级及以上城市浓度下降	%	2.4	10.4①	[23.1]
地表水达到或好于Ⅲ类水体比例	%	74.9	3.9(百分点)	[8.9]
地表水劣Ⅴ类水体比例	%	3.4	-3.3(百分点)	[-6.3]
主要污染物排放总量减少				
化学需氧量	%	3.2	3.1①	[11.5]
氨氮	%	3.3	2.7①	[11.9]
二氧化硫	%	4.4	6.7①	[22.5]
氮氧化物	%	3.5	4.9①	[16.2]

注：①为2018年数。②为2018年比2015年增加数。③固定宽带家庭用户占比计算方法：(固定)互联网宽带接入用户中家庭宽带接入用户占比。④来自自然资源部耕地普查，2018年、2019年耕地保有量数据尚未公布，表中数据为2017年情况。⑤为初步数。⑥来自第九次全国森林资源清查（2014-2018）资料。⑦为实况数据。⑧为标况数据。表中[]内为四年累计变化情况。

（国家统计局提供）

表 7-3　经济社会发展统计图表：市场主体大幅增加（第四次全国经济普查结果）

指　标	单　位	2013年绝对值	2018年绝对值	2018年比2013年增长(%)	2013-2018年平均增速(%)
单位数量					
产业活动单位数	万个	1303.5	2455.0	88.3	13.5
全部法人单位数①	万个	1085.7	2178.9	100.7	14.9
第二产业法人单位	万个	274.5	462.7	68.6	11.0
制造业	万个	225.3	327.0	45.1	7.7
建筑业	万个	34.8	121.8	250.0	28.5
第三产业法人单位	万个	811.0	1716.1	111.6	16.2
批发和零售业	万个	281.1	649.9	131.2	18.2
交通运输、仓储和邮政业	万个	26.2	57.7	120.2	17.1
住宿和餐饮业	万个	20.0	43.1	115.5	16.6
信息传输、软件和信息技术服务业	万个	22.6	92.0	307.1	32.4
金融业②	万个	3.0	13.8	360.0	35.7
房地产业	万个	34.4	74.5	116.6	16.7
租赁和商务服务业	万个	91.7	255.1	178.2	22.7
科学研究和技术服务业	万个	45.6	127.6	179.8	22.9
居民服务、修理和其他服务业	万个	19.1	49.7	160.2	21.1
教育	万个	41.4	66.6	60.9	10.0
文化、体育和娱乐业	万个	23.0	56.7	146.5	19.8
个体经营户数量③	万个	3279.1	6295.9	—	—
法人单位类型					
企业法人	万个	820.8	1857.0	126.2	17.7
其中：国有企业	万个	11.3	7.2	-36.3	-8.6
私营企业	万个	560.4	1561.4	178.6	22.7
有限责任公司	万个	149.4	233.4	56.2	9.3
股份有限公司	万个	12.3	19.7	60.2	9.9
港澳台投资企业	万个	9.7	11.9	22.7	4.2
外商投资企业	万个	10.6	10.3	-2.8	-0.6
小微商贸企业法人单位	万个	293.4	684.4	133.3	18.5
当年新成立企业	万个	118.8	336.0	182.8	23.1
企业出生率④	%	15.6	19.9	4.3（百分点）	—
机关、事业法人	万个	103.7	107.5	3.7	0.7
社会团体和其他法人	万个	161.1	214.4	33.1	5.9
法人单位分布情况					
东部地区	万个	601.9	1220.1	102.7	15.2
中部地区	万个	214.1	448.5	109.5	15.9
西部地区	万个	197.4	405.8	105.6	15.5
东北地区	万个	72.2	104.4	44.6	7.7

注：2018年数据为第四次全国经济普查结果，2013年数据为第三次全国经济普查结果。增速根据表中数据（精确到千位）直接计算，可能与之前发布数据有细微差异。表中部分指标存在合计不等于分项之和的情况，系小数取舍而产生的误差，未作机械调整。①全部法人单位中包含兼营二、三产业活动的第一产业法人单位。②2013年金融业数据不含人民银行、银保监会、证监会监管范围外的单位。③2013年数据为有证照的个体经营户；2018年数据为全部个体经营户。④指当年新成立企业与全年平均企业数之比。

(国家统计局提供)

从以上表格中可以看出，我国经济发展形势几年来是稳步向好的，这也促进了就业形式的趋好，只是2020年初的新冠疫情按了经济发展的暂停键，四月份随着疫情的逐步稳定和控制，五月份全国复工复产率接近100%，经济逐步恢复，发展后劲充足，势必为高校毕业生提供发挥才能的广阔天地。高校毕业生既是今天的求职者,也将是未来的生产者、创业者和工作提供者。高校毕业生应该对未来充满信心,关注企业的招聘信息和政府颁布的就业政策,保持与学校及院系就业指导老师的联系和沟通,积极应对当前就业的不利局面,相信终究会战胜困难、找到工作。

挑战是客观存在的,但同时我们必须认识到,确保就业形势稳定仍有很多积极因素。以习近平同志为核心的党中央的坚强领导,习近平新时代中国特色社会主义思想的科学指引,中国特色社会主义的制度优势和体制优势,将为应对就业挑战提供根本保证。党中央、国务院审时度势,实施就业优先政策,强化就业工作组织领导,推动减税降费、援企稳岗等重大举措落地,加强就业服务和职业培训,不断充实完善政策工具箱和资金准备,将为稳定就业形势提供有力支撑。我国经济稳中向好、长期向好的基本趋势没有变,韧性好、潜力足、回旋余地大的特征明显,新动能方兴未艾,服务业迅速发展,乡村振兴大有可为,将拓展更多新的就业空间。企业缺工现象依然存在,劳动力市场有一定回旋余地。只要充分发挥好这些积极因素,坚定不移办好自己的事情,就能在应对风险挑战中开创就业工作新局面。

二、国家相关就业政策和法规

(一)《劳动合同法》

《中华人民共和国劳动合同法》是在 2007 年 6 月 29 日第十届全国人民代表大会常务委员会第二十八次会议通过并由中华人民共和国主席令发布的关于劳动合同的法律条文。《中华人民共和国劳动合同法》自 2008 年 1 月 1 日起施行。修改方案于 2012 年 12 月 28 日通过,自 2013 年 7 月 1 日起施行。劳动合同法共分 8 章 98 条,包括:总则、劳动合同的订立、劳动合同的履行和变更、劳动合同的解除和终止、特别规定、监督检查、法律责任和附则。劳动合同在明确劳动合同双方当事人的权利和义务的前提下,重在对劳动者合法权益的保护,被誉为劳动者的"保护伞",为构建与发展和谐稳定的劳动关系提供法律保障。作为我国劳动保障法制建设进程中的一个重要里程碑,劳动合同法的颁布实施有着深远的意义。这部重要法律在制定过程中经过广泛听取、认真吸收社会各方面的意见,合理地规范了劳动关系,是民主立法、科学立法的又一典范,为构建与发展和谐稳定的劳动关系提供了法律保障,必将对我国经济社会生活产生深远影响。

该部法律的出台实施对于大学毕业生来说可谓意义重大,如与毕业生密切相关的"试用期"的规定,该部法律明确规定:

第十九条 劳动合同期限三个月以上不满一年的,试用期不得超过一个月;劳动合同期限一年以上不满三年的,试用期不得超过二个月;三年以上固定期限和无固定期限的劳动合同,试用期不得超过六个月。

同一用人单位与同一劳动者只能约定一次试用期。

以完成一定工作任务为期限的劳动合同或者劳动合同期限不满三个月的,不得约定试用期。

试用期包含在劳动合同期限内。劳动合同仅约定试用期的,试用期不成立,该期限为劳动合同期限。

第二十条　劳动者在试用期的工资不得低于本单位相同岗位最低档工资或者劳动合同约定工资的百分之八十,并不得低于用人单位所在地的最低工资标准。

第二十一条　在试用期中,除劳动者有本法第三十九条和第四十条第一项、第二项规定的情形外,用人单位不得解除劳动合同。用人单位在试用期解除劳动合同的,应当向劳动者说明理由。

《劳动合同法》以法律条文的形式对"试用期"做出明确说明,切实保障了劳动者的权益。对毕业生而言,以往普遍存在的用人单位将"试用期"排除在劳动合同期限之外的行为被视为违法行为,毕业生可以用该部法律维护自己的合法权益。

(二)《就业促进法》

《就业促进法》即《中华人民共和国就业促进法》。2007年8月30日第十届全国人民代表大会常务委员会第二十九次会议通过"中华人民共和国主席令第七十号",自2008年1月1日起施行。作为一部与民众利益密切相关的法律,就业促进法在起草之初就受到社会各界的广泛关注,人们期待这部法律的制定和实施能为扩大就业、发展和谐劳动关系带来福音。历经三次审议,反复修改,《就业促进法》正式出台。禁止就业歧视、扶助困难群体、规范就业服务和管理……诸多人们关心的就业问题在这部法律中都有体现。该部法律与广大大学毕业生息息相关,其中的诸多条款切实保障了毕业生的权益,如该部法律明确规定"各级人民政府创造公平就业的环境,消除就业歧视,制定政策并采取措施对就业困难人员给予扶持和援助。"我们已经看到该部法律在社会上和就业市场招聘过程中产生的影响,一些带有歧视性的招聘信息逐步消失。2013年6月,人力资源与社会保障部、教育部、财政部联合下发《人力资源社会保障部教育部财政部关于做好高校毕业生求职补贴发放工作的通知》(人社部发〔2013〕43号),由此开始,政府将为城乡享受最低生活保障家庭的当年毕业生发放一次性就业补贴,对家庭经济困难毕业生给予资金帮扶。

(三)《劳动争议调解仲裁法》

《中华人民共和国劳动争议调解仲裁法》由中华人民共和国第十届全国人民代表大会常务委员会第三十一次会议于2007年12月29日通过,自2008年5月1日起施行。该部法律是劳动保障领域继《劳动合同法》《就业促进法》之后的又一部重要法律,是我国劳动保障法律体系的重要组成部分。《劳动争议调解仲裁法》作为一部关于劳动争议处理的程序法,它的颁布施行,对于公正及时地解决劳动争议、保护劳动争议当事人特别是劳动者的合法权益、促进劳动关系和谐稳定、构建社会主义和谐社会,都具有十分重要的意义。《劳动争议调解仲裁法》通过完善劳动争议处理方式和程序,为公正及时地处理劳动关系方面的矛盾、维护劳动者和用人单位的合法权益提供了保障,有利于构建和发展和谐劳动关系,必将进一步促进社会公平正义的实现,完全符合深入贯彻落实科学发展观、推动和谐社会建设的本质要求。

总之,2007年以来,我国先后颁布了《劳动合同法》《就业促进法》和《劳动争议调解仲裁法》等三部法律,并在实际应用中不断完善,这是我国劳动保障立法的重大成果,对于加快中国特色的劳动保障法律体系建设,推动劳动保障事业全面协调持续发展必将产生深远的影响。

三、大学生就业方向及特点

当前,中国正处于社会急剧变迁的特殊时期,面对复杂的社会环境和激烈的社会竞争,社会各界、用人单位对大学生的要求越来越高,这就给大学毕业生的就业增加了更多的挑战和难题,当代大学生在就业方面的形势就显得更加严峻。当前大学生的就业特点大致有以下几方面。

(一) 自主择业、自主创业受到欢迎

随着社会经济的不断发展,工业化、信息化、市场化、社会化在自然与人为作用中不断嵌入社会生活的方方面面。在国家政策和社会各界的宣传与引导下,越来越多的大学生开始选择自主择业、自主创业。自主择业能让大学生根据自身的优势和兴趣爱好,自主的选择工作单位和职业;自主创业会激发大学生的潜能和素质,热爱自由职业的人大多会选择自主创业,自己当老板,不受别人的管制和其他的人身拘束。

(二) 学历的层次性和专业不对口使大学生在就业中处于劣势

由于大学的扩招,导致大学生的人数每年剧增,使得大学毕业生年年剧增。近三年来,每年毕业的大学生都将近六七百万。在近七百万的大学生中,大家的学历一样,加上专业不对口或偏冷门使得大学生在就业中处于劣势地位,没有竞争优势。

(三) 就业选择从单一性走向多元化

随着社会就业制度和就业压力的增大,当今大学生已经学会主动适应社会,体现了很强的主动意识、自我意识、竞争意识和适应能力,以更加多元化的选择主动适应新的就业形势,主要表现在以下几个方面。

在就业类型上,大学生的就业去向范围增加,从以往的无风险的国有性质的单位走向风险性单位,如:民营大中型企业、私营企业等各行各业。如今的大学生遍地开花,每个行业都有大学生的足迹可循。

从就业的地理位置上看,以往的很多大学生在就业时,考虑到距离与发展环境、前途时,都倾向于家乡、大城市或自己熟悉的地方。现如今,在新的就业环境形势下,很多大学生更多的选择有广阔的发展空间、就业机会的地理位置,更有甚者哪里需要我们就到哪里,如大城市、沿海城市、城镇、西部边远贫困山区等。

在就业途径上,以往的就业岗位单一,选择面窄,而现在的就业途径多样化,如自主就业、自主创业、自由职业者、继续深造、出国留学等等。

(四) 就业时更加注重和追求物质福利程度

在当今社会,受不正之风—拜金主义、金钱至上等歪风邪气的不良影响,很多大学生在就业时都会更加注重职业的含金量,就业选择的福利化趋势非常突出。大学生在实际选择职业时首先考虑的因素则是薪酬和待遇,而对于实现自我价值和迎合自我优势与兴趣爱好没有过多的要求,甚至专业是否对口也没有考虑。由于历史和观念的原因,大学生在就业选择过程中还是偏爱工作稳定、福利好、压力不大的体制内单位。

(五) 期望从事低风险的工作

面对当前的就业高压和激烈的社会竞争,加上很多大学生在校期间专业知识和相关知识能力不足,又缺乏一定的社会工作实践经验等自身原因,大学生对就业压力的承受力不够,心理素质方面、创业和职业竞争的激情比较欠缺,所以就导致了很多大学生在就业时倾向于选择低风险型的工作岗位和职业走向。出现这种特点的原因是用人单位吸纳毕业生的能力减弱与毕业生数量急剧增加,导致毕业生不同程度地出现就业恐慌症,进而使大学生产生对高风险职业的过分排斥。

(六) 用人单位对大学生的要求越来越高

由于就业竞争日益激烈,社会、用人单位对毕业生要求的标准越来越高,他们不仅注重大学生的综合能力,而且挑选其学校和学历层次;不仅注重学生的自荐、面试和笔试,而且也非常重视学生在校期间的学习和表现;不仅要求毕业生学习成绩要好,政治和思想道德素质要高,而且身心要健康。三好学生、学生党员和学生干部,以及诚实可信、踏实肯干,具有强烈事业心、责任感和团队精神的毕业生普遍受到欢迎;复合型、外向型、开拓型及具有创新意识的学生日益受到用人单位的青睐。用人单位接受大学毕业生已从"数量型"转为"质量型",从"饥不择食"转为"挑肥拣瘦",他们选择人才更加注重的是素质、能力和品德。此外,用人单位对工作经验的要求也增加了大学毕业生的求职难度。为了节省人力培训成本,缩短人才培训周期,选择成熟、有一定技能和经验的求职者必然成为用人单位的第一选择。

(七) 文科类大学毕业生的就业竞争激烈

与具有专业技术能力的理工科大学毕业生相比,文科生的就业相对严峻,在将近七百万的大学毕业生中,作为文科生如果没有过硬的本领是很难找工作的。因为文科生大都一样,社会实践经验少,没有技术能力,动手能力不强,专业和综合知识不牢固等,这些劣势将会成为他们找工作路上的拦路虎、绊脚石。

(八) 就业行为缺乏诚信,就业隐患多

在日趋严峻的就业形势下,大学毕业生面对着巨大的就业压力。为了能够找到工作,有的大学生挖空心思去包装或伪装自己。当我们问及"大学生是否会因就业而造假"时,78.6%的大学生选择"会"。我们发现当前大学生求职简历普遍存在"注水"这一现象,少数大学毕业生的自荐材料内容失真,言过其实,甚至造假,如涂改学习成绩,把别人的等级证书、奖学金证书、优秀学生干部奖状以及发表过的文章,利用复印机改头换面为己所用。此外,近几年毕业生择业过程中违约率逐年上升,其中大部分违约都是毕业生自己提出的。在问及"求职过程中,您会签约后跳槽吗?"有63.8%的大学生选择"会"。毕业生求职心切,常常因担心找不到合适自己的岗位,缺乏慎重考虑,遇到愿意接收的单位就马上签订雇佣合约,草率签约后,却又不安于现状,随时做好违约的准备。

(九) 就业岗位与毕业生数量的供需不平衡

随着扩招大学生数量的增多,社会上的大学毕业生越来越多,而新增的工作岗位极其有限,加上经济危机带来的影响,造成了就业岗位和大学毕业生之间的供需失衡,矛盾

突出。

(十) 存在性别歧视现象

某些用人单位在招聘会中会明文规定只要男性,或者在选择员工时倾向于选择男性,存在一定的性别歧视。这是因为部分用人单位认为女大学生今后的生育和哺乳以及家庭拖累会降低了女大学生的职业发展后劲,也加大了使用女大学生的劳动力成本,从而使女大学生就业处于困境和不利地位。

第二节　树立正确的就业观念

一、高校毕业生就业观的基本内涵

理解就业观有两种视角,一是就业者的就业观,比如毕业生的就业观;二是非就业者的就业观,比如政府的就业观。后者主要指有关就业工作的理念,怎么促进就业,用什么样的理论、方针、政策和举措来帮助就业者找到自己满意的工作。这里着重探讨作为就业者的毕业生对就业问题的总看法、总态度、总目标。

就业观的内涵主要有三个方面:

一是对就业我能够知道什么。这是就业认知,是认识论层面的问题。认知是以感觉、知觉、记忆、想象、思维和语言等为基础的最基本的心理过程,是人脑接受外界输入的信息、进行加工处理和转换、进而支配人的行为的过程。就业认知是对就业及在这一过程当中对自身定位、现实条件、就业形势等进行认知的心理活动过程,就业认知状况直接影响个体的就业行为。就业认知既是高校毕业生就业观形成的基础,也是其就业观的重要内容。

二是对就业我可以期望什么。这是价值论层面的问题。高校毕业生就业观蕴涵就业价值与目的取向。就业是人的实现活动,实现人的实践生命的目的,目的的实现程度预期着就业的最终完善状况。这种状况既有理性人的共性,更有不同主体特有的个性。各种目的林林总总并立而存,有些处于主导位置,有些则是具体的;有些把就业本身当目的,有些则把由就业产生的某一结果当目的,有些兼而有之。这些目的既是终点,也是始点,它为价值判断提供标准,符合目的就是有价值的、满意的、高质量的,反之则是没有价值的、不满意的、低质量的。就业之目的不可能自然达成,须借助一定的手段,实则就业本身也可能只是手段,有人为了借此谋求钱财、荣誉、权势,有人把就业当作追求好的生活或幸福的手段。就业观也蕴涵了主体对就业到底是目的还是手段的看法。不同的高校毕业生必然有不同的认识,由此也会形成不同的就业观。

三是对就业我应该做什么。这是道德与实践论层面的问题。高校毕业生就业观蕴涵就业德性伦理。就业当中必然面临各类道德问题,如何应对就业道德问题亦即就业德性伦理必然也是就业观问题中的应有之意。德性是一种既不太多也不太少的选择适度的品质,这种适度既有相对于对象的,也有相对于我们自身的。就就业的外在客体对象(如用人单位面试官、就业指导老师等)而言,高校毕业生应适度作为,行为得体合度;就就业的内在主体(如毕业生自己的兴趣爱好、价值追求等)而言,就业者也应适度把握,尽力确保人职匹配、心安理得,让就业成为一种出于意愿的、因其自身之故的、确定的选择行为。具有这种德性的就业观就是值得称赞的好的就业观,否则就是应该予以批判的坏的就业观。

二、高校毕业生科学就业观应坚持的指导思想

(一) 适应国家发展需求,促进社会人人幸福

高校毕业生在追求自身实现价值的同时,也要关心他人的福祉,积极帮助处于困途和困境中的他人,哪怕只是赋予积极的同情心,这是毕业生走出校门踏入社会应具备的基本心理状态。这并不是高高在上的道德标准,而是切实可行并在实际就业行为中能为自己获得双赢的必要条件。在现实中确实也有很多在校生已经将其付诸行动,并赢得了社会普遍的赞扬。

自身幸福的原则不可能成为一条普遍法则,只有把自身幸福扩展到别人幸福,责任的概念才可能产生出来。人人互助,这是理想的人类社会,是值得我们努力追求的人类理想。把他人乃至全人类的幸福纳入高校毕业生科学就业观的指导思想,既是对高校毕业生作为青年当中的优秀分子的肯定,也是高校毕业生自身就业乃至人生发展的必然要求。

就业是一种社会性活动,离开就业的对象客体及与之相关的社会关系,高校毕业生及时顺利就业只会是无源之水、无本之木,把包括对象的目的在内的所有他人的目的同时放进自己目的的考虑范围,毕业生的就业就有了坚实的基础。现实生活中,反面的案例并不少见,部分高校毕业生对求职的目标单位知之甚少,只关心就业单位能为自己提供多好的条件、多大的晋升空间和多高的福利待遇,而对自己能为单位创造多少财富价值、解决哪些具体问题、带去什么社会资源与人才资源并无深入思考,在求职面试过程中不能较好地换位思考和回答考官问题,更多的只是自说自话、一厢情愿。如果你只把单位作为谋职发展的手段来利用,而不同时把单位当作目的来服务,单位及其面试官也会同样对待你;唯有你同时考虑和追求自己与单位的目的,单位才会把你的目的和单位的目的结合起来,把你的发展和单位的发展联系起来,人职匹配才可能顺利而科学地进行。

促进正义的他人的幸福就是促进人类的幸福,这一指导思想还能警示我们,高校毕业生就业应坚守正道。促进人类幸福并不是遥不可及,就业过程中尽职尽责,促进工作对象幸福就是促进人类幸福,在这样的工作当中我们自己也会感到幸福,因为我实现了自己,创造了自己。

(二) 养正气,走正道

《周易》认为:"天行健,君子以自强不息。"天道刚健,我们应发奋图强,自强不息。《论语》主张要"行不由径",不能为图方便快捷而走捷径,朱嘉解"不由径"为"动必正,而无见小欲速之意可知"。《孟子》提倡要养"浩然之气"。高校毕业生求职期望值居高不下,已成业界共识。毕业生为完成大学学业投入了大量财力、人力和精力,期望有较好的回报这也是人之常情。但我们不能因此而只往上往远处看,更应看看眼前和现实,预期应实事求

是、适时调整,否则就会变成失望。

较多毕业生在求职时对社会资本比较看重,寄希望通过关系找到好工作,乐于剑走偏锋,往往忽略自我就业能力的提高以及充分的就业准备,结果常常事与愿违。在求职及职业发展中,总希望一步到位,眼光总盯着大机关大公司大城市,不愿下基层去一线,无意中成了孟子所批判的揠苗助长的宋人。平时注意学习积累,从基层做起,公道正派,如此一来,养成浩然正气的高校毕业生必能就业、成业、立业,实现自己的人生价值。

(三) 热爱并能发挥自己的才能

自我完善是人的自然禀赋,不管是出于消极的保存,还是出于积极的促进,我们都应该发挥自己的这一禀赋。康德认为,发挥才能应该是一条可以当作普遍法则的行动准则,每一个人都应遵守执行。高校毕业生经过十余年寒窗苦读,不仅仅有良好的自然禀赋,而且通过后天个人努力与良好教育已经积累了大量的人力资本,无论是知识储备还是学习能力,都应高于其他同龄人。发挥自己的才能是高校毕业生就业的自然出发点,高校毕业生科学就业观应坚持这一首要的指导思想。具体而言,每个人的自然禀赋不同,后天所学所长也不同,高等教育还有学科专业的区别,在当今社会大变革大转型的时代背景下,高校毕业生应客观、全面认识自己的先天禀赋和后天所学,多维理解岗位平台的功能,通过科学决策而做出正确选择,找一个适合并能够发挥所学所长的工作舞台,从而实现学以致用,并能统筹处理好多用少用、现在用将来用、无用大用等辩证关系。

(四) 诚实守信,宽以待人

人无信不立,业无信不兴,国无信不宁。不说谎,诚信就业,这是对高校毕业生就业伦理的基本要求,也是毕业生成功就业和人生发展的重要保障,诚信理所当然应成为高校毕业生科学就业观的指导思想。康德把诚信区分为两种,一是出自义务而诚信,诚信是对所有人都有效的普遍法则;二是出自对不利后果的担忧而诚信,说谎可能给我带来更大的麻烦,以至于失去信誉,为避免这些祸害而不说谎。就后者而言,如果没有不利后果,人们就可能说谎。无论如何,即便我自己能够说谎,但决不愿意别人说谎,更不希望说谎成为一个普遍法则。骗子希望被骗的人都是真诚的,骗子最大的敌人是骗子。承诺是以诚信为前提的,撇开诚信,承诺只是一句空话,说谎一旦成为法则,就会自相矛盾、自我瓦解、自我毁灭。

面对就业难的现实压力,部分毕业生不择手段地增加自己的求职砝码,用人单位看重什么就给自己添加什么,也不管自己是否真实拥有。学生干部和党员受青睐,不是干部和党员的,自己写成干部和党员,自己给自己加官晋爵,甚至出现一个班几十个班长到同一个单位求职面试的闹剧。部分毕业生为了给自己更多的选择机会,随意与用人单位签约,签约当时就没有打算去这个单位工作,仅仅是为了给自己留条后路或当作保底单位。结果是可想而知的,毕业生蓄意抬高身价,虚假签约,用人单位自然会以同样的方式回敬毕业生,双方的诚信博弈就这样开始了。博弈发展下去,大家都会埋怨受伤的总是我,实质则是两败俱伤。唯有把诚信当作对毕业生和用人单位都有效的普遍法则,求职招聘才可能利益最大化;唯有把诚信变成全社会的共同规则,人们才可能放心生活、幸福生活,社会才可能步入良性循环。

就业是一个双向的活动,就毕业生而言是求职就业,就用人单位而言是招聘用工,诚信是这一活动得以顺利进行的基石和纽带。用人单位不能只是作为解决毕业生就业难问题的手段和工具,而应同时作为目的而得到毕业生的诚信和尊重;毕业生也不能只作为单位发展、老板谋利的手段和工具,而应同时作为单位用人和发展的目的而得到单位的诚信和尊重。诚信是高校毕业生就业观中最具决定性意义的内容。

当代中国尚处于社会转型期,市场诚信制度正在建立健全,部分毕业生把不诚信当作权宜之计,在求职就业时偶尔能得到一些实惠,但从长远看,他可能因此付出更大的代价,因为规范的社会主义市场经济及其毕业生就业市场一定是诚信的,这是人类共同的愿景,诚信的普遍法则必将发挥越来越普遍的效力,毕业生把诚信作为自己就业观的指导思想必将赢得更精彩的未来。

三、高校毕业生科学就业观应坚持的基本原则

如何正确处理好个人与社会、近期与长远的矛盾是高校毕业生树立科学就业观需要面对的重大现实问题。高校毕业生应将自身与理想、与社会等结合起来,相互促进,相互依存。在职业舞台上安身立命、充分扩展自我、实现自我,这是科学就业观的前提和基础。高校毕业生树立科学就业观应坚持以下几个方面的基本原则。

(一) 个人利益与集体利益相结合

就业概念的核心内涵是通过合法劳动获得收入,与利益息息相关。关键是着眼个人利益还是集体利益。个人主义认为个人的利益高于集体利益,集体主义认为集体利益、国家利益高于个人利益。因此在就业观念上应自觉地把个人利益与集体利益统筹起来,缓解两者之间的矛盾冲突,在促进集体利益的同时实现个人利益,在追求个人利益的同时绝不忘记集体利益,把个人利益集体化、集体利益个人化,从集体需要的宏观层面思考和选择个人的职业,真正实现个人与集体、不同集体之间的双赢、多赢。

(二) 个人愿景与社会期待相结合

孔子曾说:"夫其行己不过乎物,谓之成身。不过乎物,合天道也。"凡事要有所成就,就应符合事物、事情本身所固有的规律,顺应天道,不逾越规律,只有这样才能成就自身。就业有就业的规律,毕业生自身的条件与愿景是一个方面,更为重要的是,社会对我们有什么样的期待,我们能够回应和实现哪些期待。在求职就业过程中,高校毕业生既不能把社会期待等同于个人愿景,毕业生应设法找到真实的自我,避免把想象中的虚拟的自我,或别人眼中的我,或我现在所是的状态等同于真实的自我,避免把外在的价值与期许看作自己的价值与期许,避免自我期待被性别期待、家族期待、文化期待等所替代;也不能把个人愿景等同于社会期待、把个人目标等同于集体目标,避免把个人追求膨胀为社会发展对自我的需求,只见自我,不见他人、个人至上,避免陷入极端个人主义、利己主义。

(三) 职业选择与生涯发展相结合

不论工作如何重要,它也不是生命的全部,人生是诸多角色的综合体,毕业生应从生涯设计的全局和长远来谋划就业问题,并尽力把当下的职业选择、工作角色融入生命角色

的星座图中。毕业生应主动测量和了解自己的职业价值观，明白工作对自己生活的意义所在，统筹协调好工作与家庭、休闲、学习、朋友等不同角色，把职业选择扩展到生涯设计，把生涯设计具体到职业选择，把二者辩证地结合起来，避免角色冲突，兼顾近期利益与长远生涯发展，既注意选择与自己相匹配的职业，理性决定一个未来的生涯方向，更注重创造和构建属于自己的生涯，追寻自己安身立命的处所及生活方式，共同致力于实现生命的价值、追求人生的幸福。

四、正确就业观念的养成

观念的形成受到家庭、社会、教育等多方面的影响，也会受到个人性格的影响，俗话说："江山易改，本性难移。"习惯的养成，观念的培养，都需要一个长期的过程，这个过程也是一个克制的过程，正确的就业观念对个人的职业发展和个人成长十分重要，要培养正确的就业观念，就需要把功课做足。

（一）要有正确的就业理想，积极响应国家的号召

这几年，国家都在提倡大学生"先就业后择业，能创业就创业"。我们必须清醒地认识到就业的严峻形势，应充分地了解就业制度和政策。为解决大学生的就业问题，国家还相应地出台了各种措施，鼓励毕业生到祖国最需要的地方、到中小企业、到基层去锻炼自我，实现自我价值，我们需要树立正确的理念，用好现有的政策和制度，促进自己在就业的道路上更加顺利。实践证明，中小城市、乡镇基层单位、非国有企业已经成为接收毕业生的重要渠道。我们应克服那些互相攀比的心理，摒弃一些传统的观念，努力适应新背景下的就业形势，积极与社会结合，树立新的就业观念，树立竞争意识，积极主动地走入就业市场，通过自己的优势和能力去竞聘自己想要的岗位。

（二）要客观地评价自己，正确地定位自己

大学教育转向大众教育后，大学生已经不是稀缺资源，每年毕业的大学生都会有几百万，素质也是高低不同，大多数大学生刚毕业时会缺乏工作经验，因此，需要正确地定位自己，在选择就业岗位的时候，要考虑到自身的实力是否能够胜任，考虑收入、工作地点、工作前途等因素固然重要，但我们首先需要的是一个机会，一个磨炼和锻炼自己的岗位，想一步到位或者非国企或政府部门不去的观念都是不正确的。大学生刚刚步入社会，总有许多要学习的东西，经验是在做事中慢慢沉淀的。因此，我们需要适当地调整就业期望值，客观的评价自己，正确的把自己定位好，才会找到合适的岗位，日后才会有所进步与升迁。

（三）要注重能力的培养，积极参加社会实践

社会实践是大学生获得社会经验最直接、最有效的方式，动手能力、交际能力、协调能力等也会在社会实践中得到锻炼。大学生要认清就业形势，把握个人追求，结合社会需求，注重能力培养，勇敢地接受社会的检验。实践证明，综合素质强的大学生都是非常受欢迎的，这些大学生是用人单位所期待的。

（四）要有坚韧不拔的品质，做好自己的推销员

并不是所有的用人单位都会固守原有的招聘惯例或要求，只要我们善于推销自己，把自己优秀的一面很好地展现给用人单位，做到有始有终、持之以恒，就很容易感动招聘者，从而突破以往惯例，适时调整用人条例的。

（五）要做好吃苦的准备，随时准备到基层就业

当前，广大基层特别是西部地区、艰苦边远地区和艰苦行业及广大农村，还存在人才匮乏的状况。一些县市能提供和大中城市一样好的工作和待遇，有的岗位的待遇甚至比城市还要好，但很多大学生还是不愿意去，他们认为基层条件艰苦，不愿承受太多的苦与难，有的则是认为去基层委屈了自己，从近年看，中央和教育部门对鼓励大学生到基层就业十分关心和重视，出台了一系列鼓励措施。大学生应该将就业姿态放低，积极参与"西部志愿者""三支一扶""大学生村官""农村特岗"等基层就业项目，到基层去锻炼自己，从而实现自己的人生价值。

（六）要培育竞争和创业意识，主动实现就业

做任何事总缺少不了竞争，竞争力决定了一个人最终的成与败。高竞争力才会有高质量的就业机会。因此要注意培养竞争意识，并注重在日常学习与生活中能力的培养和良好习惯的养成。创业是最好的就业方式，大学生中不乏富有创新意识和能力的人才，能力强的人才，应当注重培养自身的创业意识，主动就业。创业教育是众多高校就业教育中的重要一部分，教育部多年来都在鼓励高校出台相应的措施，鼓励大学生踊跃创业，在挑战中升华自己。

【讨论与思考】

1. 你对我国大学生的就业现状是如何理解的？
2. 传统的就业观念有哪些？哪些需要被摒弃？
3. 如何培养自己树立正确的就业观念？正确的就业观念有哪些？

第八章 搜集处理就业信息

【名人名言】

人生的道路虽然漫长,但紧要处往往只有几步,特别是在人年轻的时候。

——柳青

【学习目标】

1. 重点掌握招聘信息的获取途径和甄别方法。
2. 了解并掌握搜集就业信息的原则、方法。
3. 了解就业信息处理的原则、方法。

【案例导入】

王强是一名大三的学生,进校以来,成绩和表现都较优秀,对未来就业充满了信心,但平时不太关注外面的世界。最近,他在参加了师兄师姐们的毕业聚会之后,心事重重。他了解到尽管现在获取就业信息的途径很多,但有效信息并不多,且真假难辨,纷乱复杂。下学期就进入大四了,他还不知道从哪里着手去获取就业信息,更不知道怎样去处理所获取的信息。

张三是行政管理专业的大二学生,从进校的第一天起,他就在规划自己的大学生活,曾想过考研、考公务员,还希望参加"西部计划""特岗计划"锻炼自己,但现在都过去一年多了,他还没有明确的选择,因此很烦恼。究其原因,他不明确各种选择是否需要考试,如果需要,又要考些什么?

在就业机制市场化、就业渠道多样化的今天,大学生求职择业不仅需要扎实的知识能力和良好的综合素质,还需要掌握并灵活运用一定的搜集就业信息的方法,为求职做好准备,实现顺利就业。

第一节 就业信息的搜集

一、就业信息的含义与特征

(一)就业信息的含义

就业信息是指求职者利用各种渠道获悉在一定的时空和条件限制下招聘单位的人才

需求信息以及与此相关的情况，是经求职者理解、加工处理后用以作为择业参考的消息、知识、资料与情报。它主要包括就业政策与形势、就业法规、就业途径、行业信息、用人信息等。

就业信息作为求职的重要依据，是求职者就业、择业的基础和起点，关系到求职择业目标能否最终实现。所谓"知己知彼，百战不殆"，在求职过程中，谁搜集的信息越及时、越全面、质量越高，谁的视野就越开阔，求职的主动性、把握性就越强。因此，毕业生在开始求职时，首要环节就是关注就业信息，并且逐步培养就业信息的搜集、整理加工、储存以及运用的能力，为成功求职做好充分的准备。

（二）就业信息的特征

时效性：就业信息的效用具有一定的期限。
传递性：就业信息总处于流动和传递状态。
两面性：就业信息既有真假之别，又有积极与消极之分。
共享性：就业信息一经公开发布即为人共享。

二、搜集就业信息的渠道

（一）学校就业主管部门

学校就业主管部门包括两类。一是学校的就业指导机构，为了组织协调毕业生的就业指导工作，会通过各类信息载体，如校内就业网站、职业网络教育系统、就业指导刊物等，及时发布国家、省、市有关就业法规政策、行业信息、用人信息、招聘活动信息、就业讲座等一系列最新动态。到校园招聘的企业也通常会把用人信息发布在校内的就业网或BBS上，这类企业发布的招聘信息针对性比较强。因此，随时浏览校内的招聘信息是首要的选择。建议求职者列出一份高校就业指导网的清单，筛选出与自己有同类专业的院校，及时跟踪。二是校内各院系（专业）学生工作办公室，常常通过本系校友等各种社会关系资源，积极主动地向本系（专业）毕业生提供对口的就业信息，以提高就业率。

用人单位到学校选录毕业生所依赖的主要就是以上所介绍的这两个窗口。通过学校主管部门搜集就业信息，特点是及时、准确、可靠、针对性强，是毕业生搜集就业信息的主渠道。不足之处是僧多粥少，竞争比较激烈。

（二）各类人才信息网

据不完全统计，目前全国各类人才信息网将近2500个，许多大中城市已基本实现网上求职、网上招聘。除了学校自建的就业指导网站提供的大量高质量的信息外，利用网络搜集就业信息主要有四种方法。一是从专业的求职网站上查找信息，如南方人才网、求职无忧网、中华英才网等，毕业生注册登录后，即可根据自己的需求，使用职位搜索引擎或订阅免费招聘信息，填写个人资料后就可以直接外发简历。二是从各大搜索引擎上查找就业信息。大家不妨使用百度、谷歌、雅虎等搜索引擎。三是门户网站招聘专区或用人单位网页招聘通告。例如，搜狐、21世纪、新浪网的招聘频道，阿里巴巴网也常提供招聘信息。许多世界500强企业或国有大企业，如IBM、通用、微软、松下、宝洁、移动、联通等公司，也是直接在公司网站发布招聘信息,要求求职者必须登录注册填写中英文简历。通过这种方式,求职者也可以进一步了解企业的文化和内部管理。四是各类求职 QQ 群、MSN、泡泡等聊天软件和论坛。这些一般都是求职者群体建立起来的,其目的在于信息资源共享。求职者可以适当挑选加入,不仅可以获得大量就业信息,而且也可以获得成功就业人士传授的就业经验、面试经验、考试经验等信息。这种方式的最大优点在于就业信息资源的共享。网络是当前大学生搜集就业信息的首选渠道,网上求职正以其开放、全面、快捷、节约的特点逐具规模。不足之处是网上常夹杂着虚假或过时的垃圾信息。

(三) 人才招聘会

除了有学校自己组织的专场招聘会,毕业生面对的更多的是校外大大小小、形式各异的人才招聘会,这些招聘会具有时间集中、地点相对固定、信息量大、双方面对面接触的特点,是毕业生获取大量就业信息并且进入直接面试状态的难得机会。求职者通过招聘会搜集信息时,应注意主办单位、招聘会类型、规模、服务、费用等。例如,河南省人才市场、中国南方人才市场每周末都举行大型招聘会,经常是人山人海,求职者要排队才有机会接近招聘单位,无法一一直接面试。因此,求职者要准备本子,记录用人单位的岗位需求和联系方式,以便于进一步跟踪。求职者通过这类招聘会不仅可以直接搜集许多不同类别的就业信息,而且能和用人单位直接洽谈并签订协议,比较简捷有效;不足之处在于需要花费较多的时间和金钱。

(四) 社会关系

利用各种社会关系获得就业信息也是一个非常有效的渠道。每个人都可以通过自己身边的家庭成员、亲友、师长、校友等社会关系,建立一个广泛的就业信息的关系网络。毕业生手中的资源有限,社会经验也较缺乏,家长或长辈的社会阅历比较丰富,社会交往广泛,拥有较多的社会资源,获取信息的渠道也很多,容易提供适合毕业生要求的信息,并且在帮助了解就业信息或推荐就业时积极主动、不遗余力,因此毕业生要学会灵活运用。多数教师都拥有良好的社会背景和人脉资源,不少还与校外的研究机构、企业、公司等合作开发科研项目,他们提供的就业信息价值较高,也比较对口,可以说这是一条获取就业信息的捷径。校友会也是获取就业信息的重要渠道之一。许多高校会定期邀请校友举办交流会、讲座等,这些校友多数是比较有成就的人士,毕业生可以向他们咨询就业的相关信息,自我推荐,他们通常都会提供用人单位信息,另外也可以通过组织策划活动,邀请校友参加,一方面加强联系,另一方面可以让他们进一步认识你,了解你的才干。当然,这些都需要靠平时人际关系的不断积累,大学期间要学会做人与处事,处理好与师长、同学、校友之间的关系,真诚相待,善于表现自己,让更多人了解你的才华、性格、特长、爱好等,他们都会看在眼里,一旦有适合你的工作,都会主动推荐。通过社会关系搜集到的就业信息一般都比较可靠、及时、针对性强,价值相对也比较高。

(五) 社会实践和毕业实习

大学生到用人单位参加社会实践和实习活动,不仅有利于开阔视野、学以致用,有利于了解企事业单位的企业文化、工作环境和工作要求,而且还可以获取单位的人才需求,这种信息具有全面性、准确性的特点。例如,苏宁电器、腾讯公司、百胜(中国)、IBM 等大公司都会招大二、大三的实习生,这是大学生推销自我、赢得用人单位好感与信任的最佳场所。表现出色的学生,用人单位都会优先考虑录用。因此,大学生应充分利用寒暑假、业余时间开展社会实践或实习活动,适当做兼职、到各单位挂职锻炼,体现出你的才华、能力、忠诚度与敬业精神,同时要了解就业形势、行业情况、职业发展机会、用人单位需求信息以及内部管理等,为日后的择业竞争奠定良好的基础。

对大学毕业生而言,除了上述五种方式之外,还可以通过报纸、广播、电视、杂志等大众媒体和人才中介服务机构等途径搜集就业信息。获取就业信息的多种途径相互之间起到很好的补充作用,而不同的渠道有不同的特点,毕业生要了解这些特点,做到灵活运用。另外,在搜集信息的过程中,要注意资源投入和产出的关系,不同类型和不同层次的求职者,应当尽量选择适合自己的搜集求职信息的渠道,降低求职成本。

三、搜集就业信息的原则和方法

(一)搜集就业信息的原则

1. 目标性原则

目标性原则要求求职者首先必须对自己的职业生涯有一个初步的规划,在此基础上再去搜集有关的就业信息,避免打游击战,集中力量向制定的目标前进。

2. 计划性原则

收集就业信息必须制订相应的计划,确定收集范围,分区域、分门类进行收集,广撒网又要兼顾重点,讲究策略,要根据就业信息的反馈渠道及时调整计划。

3. 连续性、系统性原则

求职者要获得最终对自己有价值的信息,就得做个有心人,综合灵活运用各种信息渠道,完整地、连续地搜集大量零散的资料,并注意把握整体与部分、部分与部分间互相依存、互为因果的密切联系。

4. 价值性原则

价值性原则要求求职者要根据信息的时间(When)维度(时效性)、信息的内容(What)维度(真实性与准确性)、信息的形式(How)维度(完整性和呈现性)来衡量就业信息的价值。

5. 二八定律

一方面从信息的传递角度看,毕业生搜集的就业信息大约80%来自学校渠道或官方渠道;另一方面从信息的传播范围来看,所搜集的信息80%是来自公开信息渠道。求职者要综合考虑人力、物力、财力和信息可得性等要素。

(二)搜集就业信息的方法

1. 定向搜集法

根据自己选定的职业方向和求职的行业范围来搜集相关的信息。这种方法以个人的专业方向、能力倾向和兴趣特长为依据,便于找到更适合自己特点、更能发挥优势的职业和单位。需要注意的是,当选定的职业方向和求职范围过于狭窄时,有可能大大缩小你的选择余地,特别是所选定的职业范围是竞争激烈的岗位时,很可能给你下一步的择业带来较大的困难。

2. 全方位搜集法

把与专业有关联的就业信息搜集起来,再按一定的标准进行整理和筛选,以备使用。在搜集信息时不要仅局限于专业对口单位,对非对口单位的需求信息也要注意搜集。但是在广泛搜集的基础上,要确保重点,要全面了解专业对口单位的需求,因为这样的单位对相应人才的需求量大。

3. 文件研究法

文件研究法是指从政府主管部门颁布的各类文件中寻找所需就业信息的方法。这类文件包括国务院、教育部以及各省(自治区、直辖市)、市政府部门颁布的各种关于毕业生就业形势与政策方面的文件。一般在官方就业网站上都有就业政策的相关内容。

4. 媒体搜集法

通过报刊、广播电视、网络等途径搜集就业信息也是主要途径之一。特别是毕业生就业主管部门和劳动人事部门创办的就业指导报、人才报等报刊刊登的就业信息,针对性更强,内容更集中,对毕业生也更实用。广播电视作为现代化的传播工具,具有传播速度快、覆盖面广、信息量大等优势。毕业生通过收听、收视有关节目,也可以获得大量的就业信息。毕业生不仅可以通过网络了解就业需求信息,还可以在网上直接与用人单位联系沟通等。

5. 定区域搜集法

根据个人对某个或某几个地区的偏好来搜集信息,而对职业方向和行业范围较少关注和选择,这是一种重地区、轻职业方向的信息搜集法,按这种方法搜集信息和选择职业,可能由于所面向地区的狭小和"地区过热"而造成择业困难。

就业信息的搜集方法有很多,每一位毕业生的基本情况和个人条件不同,毕业生在搜集就业信息时应找到一种适合自己的最佳方法,并以此为主,以其他信息搜集方法为辅,搜集各种就业信息。

第二节 就业信息的处理

一、就业信息处理的原则与方法

就业信息的处理就是对搜集到的就业信息进行加工、分析、综合、归类、过滤,从中筛选出适合自身需求的有用信息,作为求职的重要依据和基本前提,更好地为自己求职择业决策服务。就业信息的整理,是就业信息全部工作的核心。它是对搜集到的原始信息在数量上加以浓缩,在质量上加以提高,在形式上加以变化,使之真正有利于自己,符合自己的职业目标和需求。

（一）就业信息真伪辨析

利用各种渠道获悉大量的就业信息后，不要急于联系发简历或打电话，由于就业信息的来源、传播渠道比较复杂，搜集到的就业信息有的带有一定的模糊性、多余性、滞后性，有的甚至是虚假信息或骗人的广告。建议求职者首先要判断这些信息的真伪，避免走弯路，对难以把握的就业信息进行认真分析，可通过网络搜索或追电查询，甚至现场调查等办法来确认它的真实性和准确性。例如，当你觉得用人信息可疑时，利用百度搜索引擎输入用人单位名称或地址，通常有不少提示。虚假或骗人的就业信息一般有以下特征，毕业生要严加防范。

（1）公共汽车站、马路边、公共广场等一些公共场合胡乱粘贴的招聘小广告。这些工作岗位宣传的月薪大都过万，其实大多是骗局，大家千万别上当受骗。

（2）入职门槛设置很低，但薪酬却开得很高。设置责任底薪，但必须完成较高的业务额，当设定目标未实现时，公司不但不发奖金，甚至连基本薪酬都无法兑现，还白白浪费了时间和金钱。这类公司目前不少，而且在入职前也不易辨别。

（3）很容易就能获得的就业机会。这种情况多见于一些骗子公司或传销公司在网络上搜集毕业生资料，主动约会面试，并以此行骗或拉入传销公司。特别是异地求职的毕业生更应该多加提防。

（4）有些公司在毕业生入职前，会让交工作保证金。其实，这种做法严重违反《劳动法》的有关规定。目前，不少公司或企业都有这种做法，而毕业生往往担心失去工作机会放弃维权。

（5）招聘信息中没有透露公司名称，或以"某公司""某单位"等字眼涵盖过去。毕业生对这类招聘信息要警觉。

（6）目前广告上较多的是招营销和保险人员。这些工作一般没有底薪和劳动福利，按销售提成，工作辛苦且有一定风险，选择时宜慎重。

（7）有的单位招聘广告打出的工资高得惊人，如年薪十万、百万，这些单位大多对学历、经验、能力、社会关系要求较高，一般不适合刚毕业的学生，而且许多广告是为了制造轰动效应，起促销的作用，因此，大学毕业生要理智看待高薪广告。

许多招聘广告都注明年龄、学历、职称等要求，这是硬条件，活动余地较小，不容突破。在招聘信息对上述三项条件出现"一般情况下……"、"特殊情况可适当放宽"等注释时，或注明"……条件优先"等字样时，求职者可以抓住机会，针对自己的特长大胆应聘，集中推销自己的长处，争取获得成功。

（8）有的单位在招聘中将普通的岗位"包装"以华丽时髦的名称，毕业生上岗后才发现，原来所谓的"销售经理"不过是拉广告、跑直销，甚至是陪客户喝酒等。因此，求职者在正式签约前应想方设法加强对企业和应聘岗位的了解，不要被职位的冠冕堂皇的名称迷惑。

此外，毕业生在求职过程中，一定要加强自我保护意识，防止个人资料泄密。毕业生个人资料泄密的情况时有发生，如有时会接到莫名其妙的电话，有的人手机上也会出现一些非法的短信息，电子邮箱里则是塞满了垃圾邮件。更有甚者，有的女同学的照片被人"李代桃僵"地放到了某些色情网站上。这些都提醒广大毕业生在求职时要注意保护自己,以免出现不必要的麻烦。

(二) 就业信息筛选

在经过真伪辨析后,毕业生还要根据自己的实际情况、专业和特长等设置一套标准,对信息进行进一步筛选,真正把力量用在刀刃上,记住适合自己的才是最好的。因此,首先要对自己进行分析,可以通过以下问题:

(1) 我的核心竞争力是什么?

(2) 我具备哪些专业理论知识和技术能力?

(3) 我的兴趣爱好是什么?

(4) 我的性格特征适合从事哪些职业?

(5) 这份职业是否可以挖掘和提升我的能力?

(6) 什么是别人做不到而我做得到的?

其次,比较后排列出质量较高、较完整的就业信息。一般就业信息应该包括以下六个要素。

(1) 用人单位的名称及所有制。用人单位的名称往往包含着所属的行业、业务范围、所在地区、企业级别、所有制形式等,如"德邦物流""富士康科技集团"等。

(2) 用人单位的主管部门及其发展趋势。随着改革的发展,某些事业编制单位也可能改制为企业,其主管部门也会相应变化。一般来说,主管部门不同,劳动人事管理办法大都存在区别,进而在工资、福利、医疗、养老、住房等方面的待遇也有区别。一个单位的发展前景还与固定资产投入、流动资金额和资金链状况、产品科技含量和人才层次结构等因素密切相关。

(3) 意向中的职业岗位在用人单位中的地位和作用。例如,物流公司有业务员、财会人员、行政人员、保安、司机等多种岗位,它们都有特定的地位和作用。

(4) 用人单位及意向岗位的工作环境和福利待遇。工作环境包括人际关系、工作时间(有无夜班等)、户外还是室内、编制还是合同、流动还是固定以及工作场所的温度、湿度、噪音等。福利待遇包括工资、奖金、保险、带薪休假、退休等,有无入职培训、进修机会和晋升、休闲也应包括在内。另外,单位所处位置,这关系着今后工作地点离家的距离,影响到一名员工对工作日的时间安排;地理位置还与单位今后的发展前景有着密切的关系,交通便利,位置优越,将来的发展前景相对较好,反之则会影响单位的发展。

(5) 对毕业生的具体要求。例如,对学历、专业、性别、身高、相貌、健康状况、户口以及职业资格、技术等级方面的要求。心理素质、能否经常出差等方面也是用人单位经常会提的要求。

(6) 岗位设置和数量、招聘流程。用人单位本次招聘设置哪些岗位,每个岗位招聘的数量,招聘流程(报名时间、笔试安排、面试安排、签约等)和所需材料(如身份证、户口本、学历证书、职业资格证书、简历、成绩单、推荐表、协议书等)等信息都应包含在所统计的就业信息中。

求职者可按照这六个基本要素对搜集到的大量就业信息进行甄别,经过初步分析和研究,淘汰过时、用处不大、不符合自身实际情况的信息。

(三) 加工分类与编制储存

加工分类与编制储存是就业信息处理的最后阶段,其意义在于理清事实,便于记忆,便于实践。如果没有有效的分类方法,大量的就业信息就会陷入杂乱无章的境地,这项工作可以说既简单又相对烦琐。建议求职者准备一本专用笔记本,根据本人实际情况与择业理想有针对性地分类整理,然后保存下来,以便于查询。网络上的就业信息则可以用Word、Excel等文档保存起来,便于随后通过Office办公软件的自带功能迅速进行分类和储存。

(1) 就业政策信息整理。就业政策信息整理可以分成国家就业政策信息与各地方政府就业政策信息两类。国家就业政策信息较为稳定,对其主要内容要了解掌握,并注意最新的动态。地方政府就业政策是各不相同的,发达地区、欠发达地区、沿海地区或者西部地区所实施的就业政策通常也是因地制宜。因此,求职者一旦确定求职地域后,应关心一下当地的人事政策,如就业优惠政策、晋升待遇、户口迁移、养老保险、社会保障、公积金、应届大中专毕业生准入条件等相关内容。

(2) 单位分布区域整理。单位分布区域整理方便求职者查阅,省时省力。求职者可以按就近原则和可行性适当安排自己的行程。

(3) 企业品牌知名度分类整理。在调查研究的基础上,对企业的所有制、知名度、资产规模、产品的市场占有率、发展潜力等进行综合排序,适度归类整理。例如,世界500强企业、国内500强企业;行业分类,如国内房地产前50强、河南化工行业前10强等。

(4) 职位信息分类整理。职位大概可分为以下大类,分别为市场营销类、技工类、文教法律类、餐饮娱乐类、医学类、地矿冶金类、园林类、服装纺织与皮革制作类、物流类、计算机类、金融保险类、机械与设备维修类、广告与设计类、交通运输类、理科类、测绘技术类、农林渔牧类、旅游类、汽车类、电子信息技术类、财务类、动力电气类、行政与人事类、化学工程类、能源水利类、金属材料类、客户服务类、公关与媒介类、经营管理类、工厂类、外语类、房地产建筑类、轻工类、生物工程类、环境保护类、贸易类、零售类和其他类。求职者不需要每个类别都涉及,找准自己的职位类别就可以了。

就业信息分类和储存后要根据信息变动性和时效性的特点,及时进行更新,否则信息变成"档案"还蒙在鼓里。

(四) 分析信息与自身的适合程度

毕业生不能为了就业而就业,求职的时候还要仔细分析用人单位的招聘信息对自己的长远发展是否有利。对于自己感兴趣的用人单位,毕业生要仔细研究其招聘信息,认真分析信息中传递出来的内在含义或潜台词。例如,招聘信息中要求"能吃苦耐劳",就可能意味着工作之后也许会经常加班或出差;如要求"较强的语言文字功底",这可能意味着要招聘一个从事文书工作的人才。分析了招聘信息的真实含义之后,要进一步分析自身的条件与用人单位要求的符合度。好的招聘信息并不一定是对自己最有用的信息,只有用人单位招聘的职位和要求与自己的条件相符或相近时,应聘求职才会有较大的希望。也就是说,适合自己的才是最好的。

二、处理就业信息时应注意的问题

一是从众行为。即缺乏主见,别人说哪里好就往哪里跑,别人往哪里,就往哪里去。

二是轻信行为。即一味盲从,认为亲友告诉的信息就一定可靠,报刊、网站上的信息就一定准确,未做筛选就做选择。

三是举棋不定。即陷入大量信息的漩涡中不能自拔,在眼花缭乱的信息面前,左思右想,犹豫不决,拿不定主意。

四是急于求成。即急于得到。有的毕业生到了人才市场,就心慌意乱,怕找不到单位,一旦抓住信息,不经深思熟虑就匆忙做决定;有的不慎重,在没有广泛、深入了解时就做决定,而当获取新的信息后,便又草率推翻已做出的决定。

三、就业信息的运用

就业信息的运用是指对经过求职者理解并加工处理后的信息的一个转换过程,即依据信息进行择业的过程。毕业生要学会合理、充分地利用这些有效信息。就业信息的使用必须做到以下几点。

(1)确定职业目标。求职者使用就业信息进行择业时,首先是分析自身条件和实际状况,然后确定职业目标。职业目标的确定是求职者的专长、兴趣、能力、性格、气质、期望值、价值观与社会职业需求之间不断协调的结果。确定职业目标还应把行业目标、收入目标、岗位目标、地区目标等考虑进去。最终确定最合适自己的职业发展目标,然后迅速做出决策,制定最佳实施方案和备选方案,必要时征求专业人士或亲友团的意见。

(2)了解信息背后的启示。招聘信息往往反映了一个用人单位的发展需求和目标,求职者必须要深入分析思考,转换角度,了解招聘信息背后的动机和启示。用人单位最需要的是安全和保障,希望招进来的人能为他们创造业绩,创造利润,节省成本。他们害怕在招聘上犯了错误,用错了人。对他们而言,招聘用人也是一种风险投资。了解信息背后的启示必须站在用人单位的角度上考虑问题,切记不要以自我为中心。

(3)及时准备。就业信息有很强的时效性,又为众多求职者所共有,因此需求信息一旦选定,就要及时主动与用人单位主管人员联系,不要犹豫不决,更不能守株待兔,否则"机不可失,时不再来"。应主动询问面试的方式、时间、地点和要求,并准备好一套自己完整的求职材料,使需求信息尽早变成供需双方深度沟通的重要桥梁。根据筛选出来的需求信息的要求对照检查自己的不足,及时调整自己的期望值以及智能结构。

(4)分享信息资源。有些信息对自己不一定有用,可是对他人十分有用,遇到这种情况,要及时输出对他人有用的信息,千万不要抓住这些信息不放,你能主动输出对他人有用的信息,不仅对他人是个帮助,同时也增加了与他人交流信息的机会,说不定你也会从别人手中获得对自己十分有益的信息,帮别人就等于帮自己。因此和其他的求职者组成一个团体,一起搜集信息也是一种良好的探索。

【小贴士】

获取就业信息时常见的招聘陷阱

大学毕业生在获取就业信息时要加以辨别。判断信息的真实性、可信性,谨防招聘陷阱。以以下招聘陷阱为例。

1. 骗了培训费就"炒"你。一名毕业生经职介所介绍,应聘到一家保健品公司,在与公司签订合同时,公司提出为了提高其工作业绩,公司将对所有新进人员进行为期半个月的培训,公司将邀请某某大学知名教授来讲课,因此这笔培训费由个人承担。当该同学犹豫不决时,对方工作人员劝说:"培训后,你终身受益,这笔钱出得值得。"听这么一说,该同学便交了培训费,结果讲课的并非知名教授。当培训活动结束时,公司通知他:培训不合格,你被辞退了。

2. "无经验也可"引你入"套"。据了解,由于很多用人单位都要求求职者具有工作经验,这样就将一些应届大学生挡在了"门"外。刚毕业的大学生在人才市场,常有"矮人一截"的感觉。因此,当应届大学生在广告上看到"无经验也可"等字眼时,就会眼前一亮,不假思索地争着填写招聘表格,对招聘公司的背景一概不问,最后可能吃亏。一名大学生填了表后,对方要求收取100元的保证金,屡次找工作受挫的他毫不犹豫地交了这笔钱。半个月后他被解雇,他要求退还保证金,却拿不出凭据。

3. 收保证金哄你买东西。有两名毕业生遭遇了这样的求职经历:他们经一家职介所介绍后,到成都市一家化妆品代理公司应聘业务主管一职。经过初试、复试后,公司负责人称要试用3个月,让他们先学会推销公司代理的化妆品,每人交了150元信誉保证金,但没有拿到收据。经过实践,他们发现这些产品根本无法推销;后来他们在一家大型商场了解到,这套化妆品的销售价格是70元到80元不等。原来,这家公司采用这种"招聘"办法,变相地向求职者卖化妆品。

4. 粉饰工种逼你辞职。有多名毕业生有这样的经历:广告上说是招聘"经理",月薪1800元。当他们交了50元的中介费并办完手续后,被安排在离中介所不远处的一家公司工作。结果上班第一天,公司负责人就让他们"先从基层干起",让他们先在一个月内,每人推销出价值1万元的保健品。一个月下来,他们中没有一个完成任务,自然被辞退了,不但连基本工资没拿到,还交了中介费。后来他们通过明察暗访,发现这家所谓的公司就是职介所的员工开设的,专门用来骗人的。

5. "高薪"诱你搞传销。"只要你加入我们的团队,3个月后就能拿到3000元左右的月薪,随着业绩的增加,你的工资将逐月增加。"面对这样的诱惑,你会动心吗?有毕业生称:他们与这家公司洽谈时,公司不看毕业证书,只让填一张表格,随后便通知他们说被录用了,并准备带他们去广西、云南等地。在去广西的途中,他们意识到是传销活动后,便在南下途中下车,逃了回来。

诸如此类的招聘陷阱数不胜数,广大毕业生应增强自我保护和辨别真假招聘信息的意识,通过正规渠道取得用人单位的招聘信息及面试资格,切忌一时求职心切而上当受骗,以免落入形形色色的招聘陷阱中。

【讨论与思考】

1. 如何搜集有用的就业信息?
2. 讨论多种就业信息搜集渠道的实用性和适用性。
3. 思考参加校园专场招聘会的实际意义。
4. 如何处理就业信息?

第九章　熟知求职技巧

【名人名言】

　　人们常觉得准备的阶段是在浪费时间,只有当真正的机会来临,而自己没有能力把握的时候,才能觉悟到自己平时没有准备才是浪费了时间。

——罗曼·罗兰

【学习目标】

1. 掌握求职信的写法和技巧。
2. 重点掌握求职简历的制作原则。
3. 了解笔试类型,掌握笔试技巧。
4. 了解求职礼仪。
5. 掌握面试中的操作流程和技巧。

【案例导入】

一份成功的求职信

尊敬的公司领导:

　　您好!

　　我是一名即将毕业的××大学本科生,所修专业为旅游酒店管理。非常高兴在中华英才网、中国人才指南网和校园网站上看到中国移动广东分公司的招聘信息,尤其是广州和中山分公司都在其中。如果能在自己的家乡加入移动,我会倍感荣幸。(开头语:简洁明确,开门见山。)

　　也许您会有疑虑,因为我这个学旅游酒店管理的人却想应聘市场营销!关于这个问题,我想进行如下说明:(自我介绍:先抑后扬,突出优势。)

　　1. 在学科知识上我并不逊色于市场营销专业毕业生。我们的专业除了学习市场营销的一系列课程外,还专注于消费者心理的研究,正如移动所说"沟通从心开始",把握消费者心理对于营销策划更为重要。另外,我还广泛阅读了从《定位》到《忠诚的价值》等众多营销论著。

　　2. 市场营销中许多具有艺术性、技巧性和因地制宜的东西,都不是可以从书上学到的。大卫·奥格威在成为广告教父之前是一个从牛津退学的郁闷厨子,策划狂人史玉柱也不过是一个整天计算数学方程式的四眼学生。在这点上,我已经证明了我的天赋,我的营销案例分析课程是全院最高分95分,而且从简历中您能够看到,我曾经成功地参与了企业的策划活动。(求职意向:突出岗位胜任力。)

在广西移动的业务当中,我很中意12580移动秘书服务,我觉得这是一个设计得非常好的增值服务,工作人士以及像我们这样正在找工作的大学生就非常需要此项服务。最关键的问题是如何推广给顾客!假如我有幸能够加入移动,我会采取如下的方法进行推广:

1. 在大学校园设立咨询台进行推广。我们可以联系学校的就业辅导中心,强调我们这项服务可以帮助大学生不错过任何一家企业的面试通知,那么很可能学校会免费提供场地让我们做宣传。

2. 免费免操作为顾客提供半个月的12580移动秘书服务,所谓免操作,是指顾客不需要到营业厅办理,不需要自己打1860开通,也不需要设立密码,一切都和短信息一样,是自行开通的!顾客对于任何一项服务都是非常怕麻烦的,所以我们要把服务做到零麻烦!当顾客已经习惯这项服务时,我们就可以要求顾客打电话开通此项业务了!

当然,目前我对于移动的业务完全是门外汉,您可能会对我的幼稚哑然失笑,不过,我只是想让您了解我对通讯业务的热情和喜爱!同时我相信自己能够为广西移动的壮大添砖加瓦,和全球通的新广告词一样,"我能"!

感谢您的阅读,忠心期待您的回复。同时祝您身体健康,一切顺意!(结尾:热情、真诚、礼貌。)

××大学张三三
××年×月×日

这是一篇非常成功的求职信,在开篇第一段既告诉对方自己如何得知招聘信息,同时表达了自己的热诚,简单明了,开门见山。第二段,把自己最大的优点呈现出来,作为一名大学生,以成绩来证明自己的优秀,是再合适不过的了,这能充分地表现出自己的学习能力、接受能力以及自我管理能力。张三三主动地"自暴其短",说明自己的专业不是市场营销,实际上是想以先抑后扬的手法起到"后来居上"的效果,证明他的知识结构和那些专业对口的学生相比毫不逊色,这样则变相地说明了他的学习能力更强。接着在第三段中,以模拟工作的方法来展现自己对该职位的理解,尽管方案未必能够行得通,但是充分地展示了他对移动的关注和热诚。最后,以祝福对方的形式收尾,再次表明自己的真诚。

第一节 准备求职材料

一、求职材料的内容

求职材料是求职过程中的通行证和敲门砖,是求职者的个人广告,内容充实而又富有个性的简历,将会在众多平庸又雷同的求职简历中脱颖而出,从而获得更进一步的求职机会。求职材料的准备应遵循真实、准确、有个性、有针对性、突出重点等基本原则。

求职材料一般包括封面、求职信、个人简历、毕业生就业推荐表、学习成绩单、各种获奖证书及其他材料。

（一）封面

封面是个人求职材料的"脸"，封面设计既要美观、有个性，又要突出主要内容。成功的设计，会给用人单位留下一个良好的第一印象。

1. 封面的主要内容

封面的主要内容包括姓名、毕业学校、所学专业、联系方式等。

2. 封面的制作要点

（1）封面要美观简洁，信息明了。简历封面要尽量地简单明了，可以在封面上列出自己的基本信息，如姓名、专业名称、学历。如果是比较有名的大学，可以选择以学校的某处景观照片为背景做封面，也可放上学校的校徽等。

（2）封面最好能突出专业特色。封面的制作在简洁美观的前提下要尽量突出所学专业的特点。如果说简洁美观能够在形式上吸引用人单位的话，那么具有突出专业特点的要素就能在有限的封面内容上吸引用人单位。突出专业特点不仅反映出你对专业内涵的了解，还能让用人单位感受到你的业务素质和对专业的兴趣。

（3）不要过于花哨。个人简历封面设计不可太个性，有的求职者常常误把另类当作自己的特色，要注意简历封面图片的选择及色彩的搭配，最好通过严谨比对，结合招聘公司企业文化、产品业务来进行设计制作。有些求职者为了使简历封面看起来不那么空，会在下方加上一句名言警句，对此一定要选择一些比较正面且中肯的，如"走自己的路，让别人去说吧"之类的，就不太适合出现在个人简历封面上，因为会误让招聘官认为这位求职者太过于个性，难管理。

（二）毕业生就业推荐表

就业推荐表，顾名思义就是为了就业而制作出的一份推荐表，在求职材料中有着举足轻重的地位，是学校通过正规途径向用人单位推荐学生的书面材料，用人单位对此有着较高的信任度。毕业生就业推荐表涉及面广，用人单位在接受毕业生书面材料时，都会把学校统一制作的推荐表作为考察的主要依据。毕业生在准备求职材料时，原则上可以使用推荐表复印件，当用人单位确定要接收学生，正式签约时才用正式推荐表。

推荐表的权威性、可靠性以及复印后的重复使用性，要求毕业生在填推荐表时，应本着诚实客观、认真负责的态度填写，既不贬低自己，又不过分夸张，字迹要工整、清晰、整洁，最好用碳素墨水或蓝黑墨水书写，以便于复印。

1. 就业推荐表的内容

毕业生就业推荐表是反映毕业生综合情况并附有学校书面意见的推荐表。一般来讲，毕业生推荐表的内容包括毕业生基本信息、毕业鉴定等内容。

（1）毕业生基本信息。包括本人基本情况、学习经历、能力和专长、实践实习经历、联系方式等基本要素。

① 个人基本情况。

② 学习经历。主要是个人从小学阶段至就业前所获最高学历阶段之间的经历，应该前后年月相接。也可列出大学阶段的重点学习课程，但务必要做到实事求是。

③ 本人的实践、实习经历。主要列出大学阶段所从事过的社会工作、担任的职务、在

各种实践实习机会当中担当的工作。对于参加过工作的毕业生,突出自己在原先岗位上的业绩也是非常重要的。

④ 本人的能力、性格评价。这种介绍要恰如其分,尽可能使你的特长、兴趣爱好、个性性格与你所谋求的职业特点、要求相吻合。要重点列出学习期间的获奖情况、外语和计算机能力、专业技能能力。

⑤ 联系方式与备注。同封面所要突出的内容一样,一定要清楚地标明用人单位怎样与你联系,务必注明电话号码、E-mail 地址。

(2) 毕业鉴定。毕业生完成上述材料后,要请所在学院和老师对自己做出全面鉴定,之后再到学院系部和就业管理部门进行审核盖章。推荐意见主要表达的是所在学院和老师对学生本人的关注和评价,是对毕业生在大学四年期间的综合性的操行评定,是对学生本人通过四年大学生活所获得的学习成绩、工作组织能力、创新创意方法、思想品德修养的概括性的评价。

该表以组织负责的形式向用人单位推荐,具有较大的权威性和可靠性,所以大部分用人单位都会把该表作为接收毕业生的主要依据。毕业生就业推荐表正式表格只有一份,必须用正式表签订就业协议。

2. 毕业生就业推荐表的填写及要求

毕业生就业推荐表的内容包括学生基本情况,简要学习经历,自我情况介绍,系领导小组以及学校对毕业生的评价及意见等。

填写时,内容既要全面、翔实,又要简明扼要。还需要贴一张免冠近期标准照,以便用人单位对求职者有全面的认识。

毕业生就业推荐表是由毕业生所在学校制作并组织填写的,所以用人单位对此表格是非常重视的。

(三) 成绩单等附件材料

附件材料是指能证实求职者在求职材料中所列出的各方面情况的原始证明材料。主要包括以下内容:

(1) 学习成绩单。这是毕业生大学几年学习成绩的证明,应由学校教务处填写、盖章;

(2) 各种奖励证书的原件或复印件,各种实物性图片、影像资料等;

(3) 各种等级证书原件或复印件,如外语、计算机、会计等级证书;

(4) 参加社会实践、毕业实习的鉴定材料;

(5) 有关科研成果证明,在杂志或报刊上发表的文章(数量较多的可选有代表性的附上)。

准备附件材料时,最好附有材料目录,这样既方便招聘单位的审核,同时也给对方留下一个"有条不紊,办事周到"的好印象。

二、求职信的撰写

求职信是求职者向用人单位介绍自己、推销自己并申请某具体职业岗位(或职业范围)的书面材料。它是一种自我推荐的信件,通过表达求职意向和对自身的概述,引起对方的重视和兴趣。

(一) 求职信的书写格式

求职信格式与一般书信相同,即有称呼、正文、结尾、落款、署名、日期、附件等方面的内容。

(1) 称呼:尊敬的领导、经理、先生/女士等。

(2) 正文:正文部分要说明求职信息来源、应聘岗位、本人的基本情况、工作成绩等,即具有应聘单位所需要的条件、才能和工作态度等。

(3) 结尾:写明希望对方给予答复,并盼望能有机会参加面试,简短地表示敬意、祝愿。

(4) 署名:×××。

(5) 日期:×年×月×日。

(二) 求职信的内容要点

1. 开头

明确求职意图,表达求职愿望。它包括从何处得悉招聘信息、申请的目的、应聘的原因以及自己希望申请的职位等。

2. 正文

(1) 自我介绍。重点是与所求职业有关的,说明自己为什么适合申请的职位。

(2) 简介优势。阐述为什么自己比别人更适合这个职位。

(3) 强调与申请职位相关的经历,包括培训、实践、技能和成就等,用事实和表现证明自己的优势,增加获得面试的机会。

3. 结尾

提出进一步行动的请求,要明确表示求职者希望获得面谈的机会或某项工作的强烈愿望,同时写清楚自己的详细通信地址以及电话号码,以便对方随时和你联系,同时对阅读者表示感谢。

(三) 求职信的写作技巧

1. 态度真诚,摆正位置

求职信的重点在于告诉应聘单位"我能为单位做些什么",态度诚恳,措辞得当,用语委婉而不隐晦,恭敬而不阿谀,自信而不自大。

2. 整体美观,言简意赅

求职信要简明扼要,有针对性,A4纸一页为宜。格式要规范,言简意赅,切忌面面俱到。

3. 实事求是,以诚感人

诚实是招聘单位对新员工的最基本要求。内容实事求是,言而可信,优点突出,缺点不隐瞒,以诚取信,要态度诚恳。

4. 富于个性,有的放矢

针对性要强,要吸引对方,引起对方兴趣。求职信的核心部分是自己能胜任工作的条件,着眼现实,对应聘单位要了解,以事实与成绩恰如其分、有针对性地介绍和突出自己的特长,力求岗位与能力一一对应。然后针对不同单位选择不同内容。例如,从事营销或管理工作,最好突出在校实践活动,突出组织、协调能力及自信心。应聘技术岗位,若强调生性活泼、爱动爱跳等与职位不相干的特长反而适得其反。

5. 先让身边的人预览

在求职信正式发出前,先给身边的人看一下,目的是发现错误,避免歧义的产生等。

(四)求职信的写作要点

(1)对不同的用人单位和行业,求职信要量体裁衣,切忌千篇一律;
(2)应具有很强的吸引力;
(3)应言简意赅;
(4)确保求职信中绝对不出现拼写、打印和语法错误;
(5)确保在求职信中说的一切都能在面试中得到证实;
(6)求职信中的人称,应多用"您",少用"我";
(7)书写格式要统一;
(8)不宜在求职信中谈论薪金;
(9)切忌逻辑混乱,条理不清。

(五)求职信与简历的区别

一份好的求职信能体现求职者清晰的思路和良好的表达能力,体现求职者的沟通交际能力和性格特征等。

求职信是求职者向用人单位介绍自己、推销自己,并申请某具体职业岗位的书面材料。而简历则是求职者说明个人基本情况、教育背景、工作经历以及成就的书面材料。

【案例】

因官话和套话而失败的求职信

尊敬的美的集团领导:(称呼一般为:经理/人事部门领导)

您好!

我是来自××大学生命科学学院的一名应届毕业生,想应聘贵集团下属日用家电集团的管理类职位。

美的集团创建于1968年,1980年正式进入家电业,经过几十年的奋斗,美的发展成为今天涉足房产、物流等领域的大型综合性现代化企业集团,成为中国最具规模的家电生产基地和出口基地之一。有感于美的的人才理念"以人才成就事业,以事业成就人才",我相信,美的今天的成就与其重才爱才,视人力资源为第一资源的人才观息息相关。美的员工的共同努力开创了美的蒸蒸日上的事业,而美的也致力于为员工创造个人发展机会。这样一种企业文化、企业氛围正是我所追求的,于是我走进美的。(内容过于官方,没有独特分析、思考或建设性见解,不易吸引人。)

今年10月21日下午,阴霾小雨天,却丝毫没有减退我走进美的的期盼心情,我准时到达美的宣讲会。会场的布置给我一种安全、宁静和快乐的感觉。"放飞美的梦想,成就精彩未来",美的的口号让人热血沸腾。细心聆听前辈的介绍和解答,我了解了美的的品牌个性,"以亲和力为基础,好奇的、探索的、进取的、细心的"。我想,这应该也是美的对人才素质的要求。而这些,也正是我大学四年自我塑造所努力的方向。

本科四年我攻读的是生物技术理学学士学位,专业课成绩突出,特别是在我院生化教研室首席教授黄卓烈导师的指导下进行了将近一年的实验研究工作,这培养了我的创新能力和逻辑思维能力,也塑造了我勇于探索、实事求是、一丝不苟的科学精神;同时,我善于自我管理,善于分配和规划时间提高效率,因而在完成专业学习之余,我还适当参加了学生工作和社团活动,在各种组织中担任过一些管理和领导者角色,这些经历赋予我较强的交际能力、管理组织能力、协调能力、抗压能力、适应不同环境的能力以及良好的心理素质。(没有数字和细节支撑,内容罗列,重点不突出。)

我相信诚实正直的品质能为公司发展做正确的事,将为公司和个人带来共同的成功。我有一份勇气和自信面对激烈的竞争与挑战!

诚挚期盼,我的心思能够成为美的心思。愿美的早日成为世界的美的!

张××
××年×月×日

首先,这封求职信的阅信人的称呼有问题,阅读求职信的人往往是人力资源部的经理,不妨称呼对方为"经理/领导"。第二段对美的的介绍,过于官方无味,没有表现出自己对美的公司的热情和独特见解。如果求职者对招聘单位的理解就是从网络上下载的大段信息,那么还不如不写。如果要展示对应聘公司的认同,可以直接描述自己使用美的产品的体会。在介绍大学期间的实践经验时,有两个问题。其一,没有数字和细节支持,让人无法相信求职者的自夸;其二,段落太长,一段中罗列太多优点,让人没有阅读的兴趣。

显然,这是一份失败的求职信,这位求职者在准备求职信前并不了解如何制作一份好的求职信。了解和掌握求职信的内容要点和写作技巧,是写好一份成功的求职信的关键。

三、简历的制作

简历,也叫履历表,也就是求职者个人的简要经历,是一个人学习、工作、生活的经历与成绩的概括和总结。简历是用来支持求职信的,它能提供给阅读者比求职信更多更全面的信息量,它可以证明你适合担任的职位。通常情况下,用人单位通过简历来了解求职者在能力、业绩、性格、经验方面的综合表现后,从而决定求职者能否参加下一轮的面试。因此,在某种意义上,简历决定着求职者的前程。

(一) 简历的基本内容

一般常用的简历有两种格式。一种是按照年月顺序列出自己的学习工作经历,另一种是根据需要有选择地列出自己的学习、工作经历,充分表达自己的技能、品德。对于刚毕业的大学生求职者来说,采用第一种格式较好。简历一般包括以下基本内容:

1. 基本情况

包括姓名、性别、出生年月、民族、政治面貌、籍贯、家庭住址、毕业学校、专业、学历、学位、婚姻状况、联系方式、证件照片等,适合采用表格形式。

2. 求职意向

写明自己想要应聘的部门、岗位。

3. 教育背景

按照时间顺序,一般采用倒叙,从大学写起,内容包含时间段、学校专业、学习内容等。其中包含访学、交流、科研的经历。

4. 工作实践经历

包括兼职、实习、创业、学生会和社团工作经历、参加的各种第二课堂活动经历、社会实践经历等。

5. 学术成就

包括发表论文、专利授权、产品发明等。

6. 所获荣誉

包括获得的各项表彰证书,参加各种活动、竞赛的获奖证书,奖学金证书、三好学生、优秀干部证书等。

第(4)和第(5)也可合并为一项:成绩和荣誉。

7. 职业能力

包括所获得的工作技能,四、六级证书,计算机等级证书、驾驶证、会计证、教师资格证等,可以是有证书的,也可以是没有证书但掌握的工作技能。

8. 自我评价

对自己的性格、兴趣、爱好、特长、优缺点、价值观等有一个全面的定性描述,实事求是,适当扬长避短,忌夸大、完美,忌千篇一律,忌长篇累牍。

(二) 简历制作原则

简历制作看似简单,实则不然,制作过程也是有原则可循的,下面为大家介绍制作简历时应坚持的十项原则,其中前五项是形式上的原则,后五项是内容上的原则。

1. 采用功能型简历模板

求职简历有多种类型,时序型简历较为适合高级管理人才,而功能型简历更适合应届大学毕业生。因此,不要选错了简历模本。

2. 运用计算机程序式版面,避免大段文字式版面

招聘主管喜欢简洁清晰的简历,这样的简历就像计算机的程序一样,每一个内容都很简练,第一眼就能捕捉到有用的信息。相比之下,大段文字式的简历就显得冗余拖沓,重要信息都隐藏在段落之中,既浪费了招聘双方的时间,又让自己的印象分大打折扣。

大段文字式版面:

> 2006年5月至2006年12月,本人担任XX师范学院计算机信息学院的辅导员助理,负责协助营运主管进行日常管理和招生工作。本人发起组建了XX科技网络技术学院中第一个学生团队"雁之队",并担任队长,累计招聘、管理员工75人。本人策划了"E时代的梦想"X省高校系列活动。该活动先后在6所大学成功举办4届,首次活动获得ATG公司2万元赞助资金,本人也被X省卫星广播邀请作为节目嘉宾。

计算机程序式版面:

2006/5～2006/12	XX大学计算机与信息工程学院	辅导员助理

- 协助营运主管进行日常管理和招生工作；
- 发起组建了XX科技网络技术学院中第一个学生团队"雁之队"，并担任队长，累计招聘、管理员工75人；
- 策划了"E时代的梦想"X省高校系列活动。该活动先后在6所大学成功举办4届，首次活动获得ATG公司2万元赞助资金，本人也被X省卫星广播邀请作为节目嘉宾。

3. 关键信息点应该按照逻辑分类

请看这段简历节选：

> 工作经验：
> 　时间：2004年7月～2006年7月
> 　机构名称：XX投资有限公司
> 　职位名称：行政部秘书
> 　主要职责：1.收发、撰写、翻译、整理、归档文件；2.协助组织会议，做好会议记录；3.协调各子公司及控股公司的相关事务；4.传达命令，汇报情况，跟进相关工作；5.接待及联系客户；6.整理上司报销单据；7.安排上司出差时的交通及食宿；8.负责部门行政事务；9.其他交派的任务。

看上去，这份简历虽然很有规律，但阅读起来并不方便，这份简历中最重要的信息——"主要职责"没有按照逻辑分类，而是按照序号堆砌罗列，很难直观地看出申请人到底负责什么。可做如下修改：

2004/07～2006/07	XX投资有限公司	行政部秘书

XX投资有限公司拥有员工六百人，五家分公司，控股方为XX基金管理有限公司。

- 管理文件、翻译文件。平均每日接收数十份公司信函，进行收发、分类归档、回复、移交相关负责人等处理。同时负责翻译公司与XX控股公司之间往来的非业务范围的文件。
- 协助部门经理工作。完成部门经理交代的各项任务，如整理报销单据、传达行政规定、调查规定执行情况等。
- 协助各部门工作。组织会议及宣传活动，商定使用场地、设施、餐饮等事项；联系并接待参与会议的客户以及合作伙伴。
- 安排员工出差的交通与食宿。
- 负责常规行政事务，如采购、分发文具、订饭等。

这份逻辑性强的简历足以让招聘人员重视申请人的逻辑思维能力。

再看另一段简历节选：

> 所得奖项：
> ★2007年获某校优秀团员；
> ★2006年获某校优秀学生干部；
> ★2006年获某校单项奖学金；
> ★2006年代表学院参加学校七十周年校庆合唱比赛获二等奖；
> ★2006年获得人文学院运动会1500米第四名；
> ★2005年代表班级参加人文学院第十届"浪淘沙"活动获二等奖；
> ★2005年获得学校"优秀实习生"称号；
> ★获2004～2005学年度二等奖学金、2005～2006学年度二等奖学金；
> ★2005～2006学年度被评为"校三好学生"。

很明显,时间顺序虽然也是一种分类方法,但是不能帮助招聘主管高效地阅读。可进行如下修改:

> 所得奖项:
> ★获某校优秀团员、优秀团干各一次;
> ★获人文学院二等奖学金两次、某校单项奖学金一次;
> ★获校级"三好学生"一次;
> ★在歌唱比赛中多次获奖;
> ★在校运动会上多次获得长跑奖项;
> ★获校"优秀实习生"称号。

这段简历按"获奖内容"的逻辑进行分类,比时间分类更清晰明了。但这对于获得奖项较多的学生才能更好地发挥作用。

4. 简历前面凸显最重要信息

简历最好采用"倒金字塔"式新闻写法,将最重要的信息放在 A4 纸最前面的 1/3 处。

5. 把职位描述贴在显眼处

职位描述就是对职位的具体要求,简历审核就是按照职位描述进行筛选的过程。要想应聘成功,就要想办法让关键信息凸显出来,起到"鹤立鸡群"的作用。可采用如下方法:一是把符合职位的信息放在显眼位置,二是在重要的信息处留白,三是用黑体、加粗等形式把重要信息标示出来。

请看下面的一段简历:

> 个人特点:
> 　高度自觉自律,在大学期间从未旷过课;
> 　形象较好,在大学曾经参加过模特队;
> 　声音甜美。
> 　……

招聘者对符合职位描述的内容进行了加粗与加下划线,"全勤"与"参加模特队"的两个信息立刻就"跳"了出来,这是其制胜的法宝之一。

6. 好简历＝过程＋结果

应届毕业生没有过多投简历的经验,所以多数都会罗列相当多参加过的社团活动,但这种简单的罗列和堆砌是很低效的,必须要简要陈述以下两方面的内容。

过程:在某个社团活动中,你必须描述出自己"做了什么"。

结果:需要描述所做出的结果,说清楚所做的事情在整个活动当中起到了什么作用。

> 2012~2013 年　XX 教育集团
> 　兼职教管理学、高等数学、电子商务案例分析等课程。
> 　　点评:只写了"你做了什么",没有写出你做得怎么样。
> 2011~2012 年　院学生会副主席
> 　组织学院"XX"歌唱大赛;
> 　组织 XX 地区大学生乒乓球联赛;
> 　策划数学系"DIY 装机大赛活动"。
> 　　点评:既没有写出"做了什么"的过程,也没有写出"做得不错"的结果。

7. 简历要敢于"秀"出自己的亮点（体现特长）

优秀的简历必定是非同一般的，即使应聘者在学校里成绩很一般，社团活动也不是"主力队员"，在应聘时也要注意找出自己与众不同的闪光点，这可以叫作集合自己的相对优势。例如：

大学期间义务献血4次；

连续2年担任学校BBS"求职版"版主；

大二、大三连续两年在学校食堂勤工助学，体会在平凡岗位上工作的甘苦；

除了下雨，每天早晨坚持围绕校园外环道跑步。

这些属于自己的特长可能和应聘的职位并无直接的联系，但这些突出之处往往最能吸引招聘者。同时，这些经历也体现了申请人的随机应变能力。

8. 简历要进行"客户化"（站在招聘单位的角度说话）

应届毕业大学生的简历大多数是"自传体"，就像一本平凡无奇的流水账，不方便招聘方了解。现在流行一种"客户化"简历，即以所应聘的公司和职位为中心，把自己和该职位相匹配的"事实"清晰准确地罗列在简历里。此外，有心者也可以把企业文化、产品或服务特征有意识地嵌进简历中，用以表明你对相关企业的诚心和赞许之意。

9. 细节决定成败

在简历中，尽量不要出现"我"或"本人"等字样。因为在招聘单位看来，用过多的第一人称代词含有自诩之嫌。同时也要尽量避免宣誓性语言。例如，"给我一个支点，我就能撬动地球""您的慧眼，我的真心"等。

另外，尽量不要添加毕业院校的标识，因为这难以制作，而且未必出彩。如果要制造效果，可以附带成熟、稳重又不失职业化的照片。还有一点是招聘大忌，那就是杜绝低级错误。无论是语法、错别字、标点符号或是印刷错误，都要尽量避免甚至杜绝。试想，一个连简历都漏洞百出、错误连篇的应聘者，会被工作单位信任吗？

【案例】

让人啼笑皆非的招聘经历

2017年11月江苏省某事业单位在××市掀起了一场事业单位招考风，刘娟（化名）担任本次招考工作网上报名的资格初审工作。本次招考岗位竞争比例达到1∶1160，但报名信息中的"低级错误"让刘娟为求职者捏了一把汗。排名第一是姓名错误，占比0.39%，虽然不大但没有理由。第二是身份证号码错误，占比0.87%，因其唯一性，一旦错误政审就不会通过。第三是毕业院校和专业填写错误，主要分为校名填错别字，专业填写简称或加字等。第四是免冠证件照不按要求上传，甚至出现自拍照、生活照、身份证照片、毕业照等。细节决定成败，不得不说，在求职这场激烈的竞争中，这些第一关就被拒之门外的求职者实在令人惋惜，但因此暴露出来的粗心、不认真的态度也不可原谅。

10. 多用"冷冷的"数字与细节，少用"火热的"描述与抒情

简历也是另一种文章，这篇文章更应该是一篇议论文，而不是一篇散文。现在，我们对比简历片段的原稿和修改稿，来体会一下"冷冷的"数字的力量。

性格描述：
  原　　稿：开朗淳朴，与人为善，责任感强，组织能力强，踏实刻苦。
  修改稿：性格开朗淳朴，与人为善，在大学期间被推举为"宿舍舍长"并连任两年。
工作经历：
  原　　稿：工作得到领导肯定，受到同事们的好评。
  修改稿：2004 年工作业绩突出，年终评估为 15 名销售中的第 3 名。
社团活动：
  原　　稿：策划了"新生杯"歌唱比赛活动，并负责选手选拔、节目编排、活动宣传。本人的组织与协调工作确保了整场比赛的顺利进行。
  修改稿：作为第一负责人策划"新生杯"歌唱比赛活动，并在两个方面突破了传统的歌唱比赛模式：
  以"残酷一叮"方式，在两个小时之内从 100 名报名选手中选拔出 20 位选手，大大提高了选拔效率。与 20 名参赛选手共同讨论决赛方式，最终设计出精彩的"必唱"和"抢唱"比赛环节，使比赛现场异常热烈。
英语能力：
  原　　稿：通过大学英语六级，口语良好。
  修改稿：英语 6 级，可听懂 90％日常对话与 50％西方电影，曾为外教义务担任生活翻译。
计算机能力：
  原　　稿：熟练使用 Word、Excel、Powerpoint 等软件。
  修改稿：Word：打字速度 80 字/分钟，熟练使用 Word 文件制作中 80％的功能；
  Excel：熟练使用 Excel 中的函数，会利用 Excel 进行各种计算；
  Powerpoint：擅长制作动态与静态的 Powerpoint，曾为老师制作课件。

（三）简历制作技巧

（1）真实、全面。简历内容要注重完整性和全面性，而且必须真实。平实、真挚的记录和描述，能够给阅读者带来可信感。

（2）目标明确。招聘方都想知道你被录用后可以为他们贡献什么，因此，对自己的前途有长期、明确和可行性目标的人，更容易被用人单位赏识和任用。

（3）重点突出。巧妙地突出自己的一些优势，给招聘者留下鲜明而深刻的印象。

（4）评价公正。简历要做到八个字：自信、诚恳、礼貌、谦虚。

（5）语言精简。流畅简练、言简意赅的简历，在哪里都是最受欢迎的。

（6）版面大方美观。条理清晰，标识分明，段落不能过长，字体大小要适中，排版大方美观、疏密得当。

（7）杜绝错误。求职者对简历要反复修改，以杜绝简历中的错误，如语法错误、标点符号和印刷错误等。

（8）粘贴照片。照片应按要求采用近期免冠半身正面照，要精心拍照，以彩照为佳。

（四）简历投递方式

简历投递方式包括邮寄、现场递交和网络投递。网络投递分网上申请和电子邮件两种形式。

通过电子邮件投递简历很普遍，投递时需注意以下几点：

（1）投递简历的邮箱名称尽可能去个性化，不用二次元、奇葩的邮箱名，邮箱地姓名设置最好是姓名全拼。如果是对外企、国企等单位投递简历,不建议用 QQ 邮箱。

(2) 邮件的标题按照对方的明确要求,如对方没有明确要求,最好用"姓名+应聘岗位"来命名。

(3) 邮件格式上要有称呼、正文、落款和联系方式等。其中正文部分相当于一封自荐信,要写清楚要求职目的,工作胜任力等。

(4) 个人简历等证明材料可上传至邮件附件,并在邮件正文中标注"详见附件"等。附件最好以文件标题来命名,也可与标题名相同。附件中简历属性不要太大,最好用 PDF 格式。

【案例】

网上申请简历投递的误区

应届生王宽最近开始发愁了,自己现在才开始网络申请,明显比班级同学慢了半拍。因为早在暑期8月,企业陆续开放网申通道时,大家就纷纷回到学校盯着电脑屏幕开始了求职之路。心急如焚的小王眼看着自己落在了大家后头,这几天看到企业挂出招聘告示,不管对方是什么类型的企业,招什么方向的人,打开页面就闷头网申。几天下来,所有开放网申通道的企业倒也被她申请了个遍,同寝室的室友都调侃她患上了"网申强迫症",而王宽自己则头晕眼花,根本已经记不得申请了哪些企业和职位。

点评:盲目海投不可取。因为怕错失机会而盲目海投简历,往往无法把简历做到尽善尽美,如果没有及时记录下自己的求职目标、时间等细节,在未来面试中很可能失分。

建议:首先设定好清晰的求职方向,有针对性地网络申请;其次清晰记录每次申请的单位名称、岗位类别,申请时间等,随时跟踪后续结果;最后,每次网申前,查阅相关信息,做好充分准备,以确保较高质量的网申。

在进行第一家企业的网申时,小王还有耐心逐字逐句地琢磨,力争最完美地展现自我。但这两天,她陆续申请第二家、第三家企业的职位时,发现状态已经逐渐回落,面对差不多的开放式问题,开始拿出标准答案的模板复制粘贴。在与寝室室友交流求职经验时,小王发现大家都已经对烦琐的网申产生了倦怠心,谈起未来三个月还将陆续上线的企业网申,所有人都觉得很无奈。

点评:机械投递是误区。信息的反复录入和问题的千篇一律,让求职者在网申中陷入机械投递简历的误区。而反复粘贴的答案模板,或是只改了公司名称的求职信,显示出求职者对应聘单位的不重视,与其花费心思,还不如不投。

建议:不同单位招聘人才的标准不尽相同,只有针对岗位要求,有的放矢地投递简历,才能提高成功概率。网申时,求职者要参照应聘不同单位、不同岗位的需求,对求职信做一定程度的修改。同时,面对心仪的单位,网申时要多花心思,精心研究,要充满斗志,不可懈怠应付。

第二节 笔试

笔试是用人单位对求职者的一种常用考核方法,通过对应聘者所掌握的基础知识、专业知识和文化素养等综合素质进行考察和评估,目的是考核应聘者是否具备用人单位所要求的一些基本素质和能力。

一、笔试类型

(一) 专业能力考试

这种考试是用人单位针对应聘岗位精心设计的一系列系统性的题目,用于考察求职者是否具备担任某一岗位时所要求达到的专业知识、专业技能和相关能力。专业知识考试的题目专业性很强,如外资企业、外贸企业要考应聘者外语,银行招聘人员要考经济、金融、财会、计算机等知识,公检法机关录用干部要考法律知识等。

职业资格考试是一种特殊形式的国家考试制度,是一种最常见的专业能力考试。它是指按照国家制定的职业技能标准或任职资格条件,通过政府认定的考核鉴定机构,对劳动者的技能水平或职业资格进行客观公正、科学规范的评价和鉴定,对合格者授予相应的国家职业资格证书。职业资格证书是表明劳动者具有从事某一职业所必备的学识和技能的证明。它是劳动者求职、任职、开业的资格凭证,是用人单位招聘、录用劳动者的主要依据,也是境外就业、对外劳务合作人员办理技能水平公证的有效证件。

2017年9月,人力资源社会保障部印发《关于公布国家职业资格目录的通知》,公布国家职业资格目录,共计139项。常见的职业资格考试都有专门的考试参考用书。

【笔试真题】

一、单项选择题

1. 撰写于我国战国末期,被认为世界上最早专门论述教育问题的文献是( )
A.《学记》　　B.《论语》　　C.《大学》　　D.《中庸》

2. 王健在课堂上玩手机,老师没有直接提出批评,而是表扬了认真听讲的冯军,王健看了看冯军,也开始认真听讲了。该老师使用的课堂管理方法是( )
A. 直接干预　　B. 替代强化　　C. 团体警觉　　D. 处理转换

二、辨析题

1. 教材编写的直接依据是课程计划。
2. 遗传在人的发展中起决定作用。
3. 问题解决不受情绪影响。
4. 心理健康的标准是相对的。

三、简答题

1. 一堂好课的基本标准有哪些?

2. 简述学校美育的基本任务。
3. 简述元认知策略的种类。
4. 简述品德的心理结构。

四、材料分析题

1. 材料：

王晓是我班一名对学习缺乏兴趣的学生，当其他同学在课堂上求知若渴地学习时，他却经常开小差，时而做出古怪的动作，发出干扰的声音，时而在教材上临摹插图，毫不在乎老师的批评。在多次苦口婆心劝说无效后，我决定换个思路。

经过细心观察，我发现他在班上没有一个朋友。谁也不爱理他。课间，他四处溜达无所事事，偶尔趁人不备拍打一个同学的后背后迅速逃离。透过这一幕，我看到了他自暴自弃的背后对友情的渴望。

为了转变他在同学心中的不良形象，我创造时机对他表扬。这种积极的评价果然有效。他的书写从"狂草"变"潦草"，作文从数行到一页，学习有了较明显的进步。过了一段时间，我发现他的一篇作文有些新意，就帮他输入电脑并加以润色，在班级网页上展示，结果被同学们热烈"点赞"；他绘画有基础，我请美术老师私下指点，他的画也上了学校的展板。同学们开始对他另眼相看，他也找回了一些自信。

在此基础上，我策划开展"伸出手、不抛弃"的班级活动，先在班干部中讨论了与王晓交友的行动计划。班干部动起来了，更多的同学参与进来，关注他、帮助他、跟他交流、找他玩的同学渐渐多起来了，被他欺负而打小报告的同学逐渐少了，他为引发他人关注的恶作剧也逐渐没有了，他终于融入了这个班集体，成为班上积极的一员，我们班也因此获得了"包容友善先进班集体"的称号。

问题：

材料中这位老师贯彻了哪些德育原则(8分)？请结合材料加以分析。(10分)

2. 材料：

晓宁平时没有复习的习惯，还有一周就要期末考试了，他开始着急起来，并暗自发誓要考出好成绩。他觉得只要自己努力，反复背诵就一定能取得好成绩。所以，只要有时间他就去背——背外语单词，背课文，背语法，背数学、物理公式和化学方程式等，不会合理安排时间，连课间休息也不放过，从晚上背到深夜，早晨四、五点钟就起床接着背，以致到了头昏脑涨的地步。他从没有哪次考试像这次考试下这么大的功夫，自以为一定能考出好成绩。然而，完全出乎他的意料，各门功课成绩都很不理想。他很失望，百思不得其解，到底什么地方出了问题？

问题：

(1) 简述学生应该如何有效进行复习。(12分)

(2) 请指出晓宁复习中存在的主要问题。(6分)

资料来源：《2019年下半年中学教育知识与能力》考试真题

(二) 性格和心理测试

性格测试主要为一些著名跨国公司所采用，近年来随着岗位细化程度越来越明显，国内知名企业越来越多地选择此类测试来选拔人才。这些企业认为，专业知识和工作技能可以在一定时间内通过系统培训获得,但性格、行为模式是长期稳定且不容易改变的,也最终决定了一个人的职业发展定位和发展潜力。性格测试主要用于测试个人性格特质与企业文化、岗位需求的匹配度。

由于不同企业的业务领域、企业文化、岗位要求不同,选人标准就有所差别,性格测试的重点也大不相同。常见的性格测试有大五人格测验(Big Five),卡特尔十六种人格因素测验 16PF,麦耶斯-布瑞格斯类型指标 MBTI,霍兰德职业兴趣量表等。

心理测试是用事先编制好的用于测试被试心理素质的标准化量表或问卷,要求被试者在一定时间内完成,根据完成的数量和质量来判断其心理水平或个性差异的方法。一些用人单位常常以此来测试求职者的态度、兴趣、动机、智力、个性等心理素质。

(三) 综合能力测试

综合能力测试主要是对求职者阅读理解、发现问题、分析和解决问题的能力、知识等素质的全方位测试,兼有智商测试的要求。比如,应聘者要在规定时间内对一组数据或一组资料进行分析,找出其合理的地方和存在的问题,并设计出解决问题的方案。这是对毕业生阅读理解、发现问题、分析和解决问题的能力、知识等素质的全方位测试。

近年来,公务员考试引起毕业生甚至全社会的关注。《中华人民共和国公务员法》规定录用担任主任科员以下以及其他相当职务层次的非领导职务公务员,采用公开考试、严格考察、平等竞争、择优录取的方法。

现在中央、国家机关的公务员考试的笔试分公共科目和专业科目,以前公共科目笔试按 A、B 类职位分别进行。A 类职位笔试公共科目为《行政职业能力测验》(A)和《申论》;B 类职位笔试公共科目为《行政职业能力测验》(B);专业科目笔试由招考部门自行通知。从 2006 年开始,A、B 类都要考一样的科目,就是《行政职业能力测验》和《申论》,只不过《行政职业能力测验》分别命题。

【笔试真题】

第一部分　常识判断

根据题目要求,在四个选项中选出一个最恰当的答案。

1. 根据我国《宪法》,下列表述错误的是(　　)

A. 我国形成了人民代表大会制度、中国共产党领导的多党合作和政治协商制度以及基层群众自治制度等民主形式

B. 为追查刑事犯罪,公安机关、检察机关、审判机关可依法对公民的通信进行检查

C. 我国在普通地方、民族自治地方和特别行政区建立了相应的地方制度

D. 一切组织和个人都负有实施宪法和保证宪法实施的职责

第二部分　言语理解与表达

本部分包括表达与理解两方面的内容。请根据题目要求,在四个选项中选出一个最恰当的答案。

1. 物理学研究与艺术创作有异曲同工之妙,若是不能_____,就只能千锤百炼,通过成年累月的辛苦工作来解开暗物质的谜团了。

填入画横线部分最恰当的一项是(　　)

A. 妙手偶得   B. 一蹴而就   C. 守株待兔   D. 灵机一动

第三部分 数量关系

在这部分试题中,每道题呈现一段表述数字关系的文字,要求你迅速、准确地计算出答案。

1. 为维护办公环境,某办公室四人在工作日轮流打扫卫生,每周一打扫卫生的人给植物浇水。7月5日周五轮到小玲打扫卫生,下一次小玲给植物浇水是在(   )
A. 7月15日   B. 7月22日   C. 7月29日   D. 8月5日

第四部分 判断推理

本部分包括图形推理、定义判断、类比推理和逻辑判断四种题型。

一、图形推理。请按每道题的答题要求作答。

1. 从所给的四个选项中,选择最合适的一个填入问号处,使之呈现一定的规律性(   )

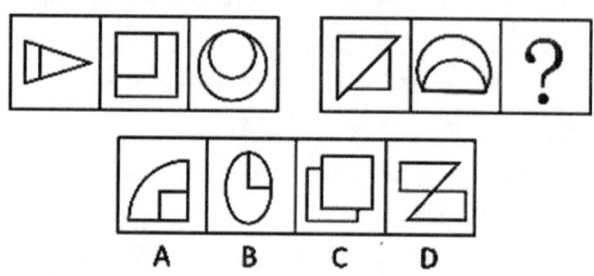

二、定义判断。每道题先给出定义,然后列出四种情况,要求你严格依据定义,从中选出一个最符合或最不符合该定义的答案。注意:假设这个定义是正确的,不容置疑的。

86. 水利工程是用于控制和调配自然界的地表水和地下水,达到除害兴利目的而修建的工程。

根据上述定义,下列不涉及水利工程的是(   )
A. 城市污水处理厂利用微生物分解吸收水中的有机物
B. 水电站利用水力发电技术,将水能转化为电能
C. 农业上建设合理开发利用地下水的灌溉设施,以满足作物生长需要
D. 在水利枢纽中设河岸泄洪道以防止因洪水超过水库容量而漫顶造成溃坝

三、类比推理。每道题先给出一组相关的词,要求你在备选答案中找出一组与之在逻辑关系上最为贴近、相似或匹配的词。

96. 白醋:消毒
A. 热水器:加热   B. 汽油:去渍   C. 白糖:调味   D. 人参:滋补

四、逻辑判断。每道题给出一段陈述,这段陈述被假设是正确的,不容置疑的,要求你根据这段陈述,选择一个答案。注意:正确的答案应与所给的陈述相符合,不需要任何附加说明即可以从陈述中直接推出。

106. 某网购平台发布了一份网购调研报告,分析亚洲女性的网购特点。分析显示,当代亚洲女性在网购服饰、化妆品方面的决定权为88%,在网购家居用品方面的决定权为

85%。研究者由此认为,那些喜爱网购的亚洲女性在家庭中拥有更大的控制权。

以下哪项如果为真,最能反驳上述结论(　　)

A.喜爱网购的亚洲女性的网购支出只占其家庭消费支出的25%

B.亚洲女性中,习惯上网购物的人数只占女性总人数的30%左右

C.亚洲女性在购买贵重商品时往往会与丈夫商量,共同决定

D.一些亚洲女性经济不独立,对家庭收入没有贡献

第五部分　资料分析

所给出的图、表、文字或综合性资料均有若干个问题要你回答,你应根据资料提供的信息进行分析、比较、计算和判断处理。

三、根据以下资料,回答126~130题。

2015年我国钟表全行业实现工业总产值约675亿元,同比增长3.2%,增速比上年同期提高1.7个百分点。

全行业全年生产手表10.7亿只,同比增长3.9%,完成产值约417亿元,同比增长4.3%,增速提高1.9个百分点;生产时钟(含钟心)5.2亿只,同比下降3.7%,完成产值162亿元,同比下降4.7%,降幅扩大1.3个百分点;钟表零配件、定时器及其他计时仪器产值96亿元,同比增长14.3%,增速基本保持上年水平。

2015年我国钟表行业规模以上工业企业主营业务收入365.8亿元,同比增长8.7%;实现利润23.4亿元,与上年相比下降1.5%;而2015年轻工行业主营业务利润率(利润/主营业务收入)的平均水平为7.57%。

2015年我国钟表行业海关进出口总额为92.5亿美元,同比增长4%;完成出口总额为57.7亿美元,同比增长8.3%;进口额34.8亿美元。出口总额中加工贸易额占47%,较上年缩小2个百分点。

126.2015年我国钟表全行业生产时钟(含钟心)的产值与2013年相比约(　　)

A.上升了11%　　B.下降了11%　　C.上升了8%　　D.下降了8%

127.2015年钟表全行业平均每制造一只手表,能实现约多少元的产值(　　)

A.36　　B.39　　C.42　　D.63

128.2015年我国钟表行业规模以上工业企业主营业务利润率比轻工行业平均水平(　　)

A.低3个百分点　B.高3个百分点　C.低1.2个百分点　D.高1.2个百分点

129.2014年我国钟表行业贸易顺差约为多少亿美元(　　)

A.27　　B.25　　C.23　　D.18

130.能够从上述资料中推出的是(　　)

A.2015年钟表零配件、定时器及其他计时仪器产值比2013年增长20%以上

B.2015年钟表行业海关出口总额中加工贸易额占进出口总额的40%以上

C.2014年手表产值同比增速低于钟表全行业工业总产值增速

D.2015年时钟(含钟心)产值达到手表产值的一半以上

资料来源:2019公务员考试《行政职业能力测验》真题

二、笔试准备

(一) 加强积累,勤于锻炼

笔试成绩与平时的积累有很大的关系。大学生除刻苦学习、扎实基础知识外,还应培养广泛的兴趣,注意吸取各种信息。同时,早树立就业意识,提前做好就业方面的准备,有针对性地加强相关的锻炼。

(二) 针对性复习,有的放矢

针对参加不同类型的考试,复习已掌握的知识,加强记忆。复习准备时应考虑到单位、岗位的特点进行一些相应的准备。

(三) 保持良好的心理状态

求职笔试不同于升学考试,不必有过大的压力,应减轻思想负担、保证充足睡眠、调整好心理状态,力争以最佳状态参与应试。

(四) 临场准备

提前熟悉考场环境、了解考场注意事项,有利于消除应试时的紧张心理。同时,应携带必备的证件和考试文具。一般应提前半个小时到场,不要迟到。

三、笔试技巧

(一) 把握基础,注重创新

在复习准备中,切忌把复习重点都放在难题、怪题上,而要夯实基础知识,同时还要注意在实际运用和创新思维上多下功夫。

(二) 要有全局意识,把握主次关系

有些考生见简答题符合自己的口味,就洋洋洒洒写了上千字,而到论述题时却准备不足,随随便便写了几十个字。这样一来,工夫没用到点上,成绩自然不如人意。考生应该在统览全卷的基础上,在重点题目下功夫,认真作答,才能让自己的知识水平得到最大限度的发挥。

(三) 先易后难,科学答题

遇见不会的题先跳过,不要纠结。笔试题量较大,一方面考察应试者知识掌握程度,一方面考察其应试的综合能力。所以考生应当在浏览卷面后,迅速答写较容易的题目,余下的时间再用来认真推敲其他题目。

(四) 了解笔试目的,运用综合能力答题

对应聘者进行笔试,不仅考察其文化、专业知识,更考核心理素质、工作态度、办事效率、修辞水平、思维方法等。所以应聘者参加笔试时,一定要认真审题,将自己的知识水平、认识水平和能力水平通过笔试更好地展示出来。

第三节 面试

一、面试概述

面试是一种经过招聘者精心设计,在特定场景下以考官对考生的面对面交谈与观察为主要手段,由表及里测评考生的知识、能力、经验等有关素质的考试活动。面试是用人单位招聘时最常用的招聘方法,它相对于笔试更加全面、有效、切合实际。通过面试,用人单位可以全面把握求职者的基本能力和素质,并对求职者是否符合单位和岗位需要,是否能够胜任工作作出预测。求职者也可以通过笔试更好的展示自己。因此,掌握面试方法和技巧在求职成功中起着决定性的作用。

(一) 面试的类别

根据面试对象的多少,分为单独面试和集体面试。单独面试是一次只有一个应考者的面试,根据面试考官的人数又分为"一对一"面试和"多对一"面试两种。集体面试是多名应聘者同时面对考官的面试。

根据面试目的不同,分为压力面试和非压力面试。压力面试是面试官有意将应聘者置于一种人为的紧张气氛中,以评估求职者的一种面试形式。非压力面试是在没有压力的情境下考察应聘者有关方面的素质。

根据面试内容设计的重点不同,分为行为性面试、情境性面试和综合性面试。行为性面试是指面试官通过要求应聘者描述其过去某种工作或者生活经历的具体情况来了解应聘者各方面素质特征的方法。情境性面试是指通过给应聘者设置一种假定的情境,考察应聘者在情境中如何考虑问题、解决问题。综合性面试是指面试考官通过多种方式综合考察应聘者多方面才能的一种面试方法,兼有前两种面试的特点。

根据面试的组织过程,分为一次性面试和分阶段面试。一次性面试指用人单位对应聘者的面试集中于一次进行。分阶段面试又分为"依序面试"和"逐步面试"两种类型。依序面试一般分为初试、复试和综合评定三个阶段。逐步面试一般是由用人单位的主管领导、科组人员组成面试小组,按照小组成员的层次、由低到高的顺序,依次对应聘者进行面试。

(二) 面试的内容

一般来说,对于应聘者,用人单位无法通过一次面试而准确、清晰、客观地把握其对工作的适合程度,但却可以通过对他的某些素质的测评进行综合、有效的推导与判断,从而得出一个基本符合事实的结论。那么,进行推论所赖以存在的各项前提就构成了一般面试所考查的基本内容。它主要包括以下几个方面。

1. 仪表风度

仪表风度是指应聘者的体型、外貌、气色、衣着、举止、精神状态等的外在表现。不同的行业需要不同的仪表风度,良好的仪表风度需要的是平常良好习惯的养成。

2. 专业知识

专业知识的掌握程度反映了应聘者的学习能力。从目前的就业情况来看,跨专业选择工作或跨专业招聘人才是相当普遍的现象,这似乎意味着专业知识并非绝对重要,因为实际工作中很可能不需要专业知识。但是,不同专业对于应聘者性格的养成、实践中惯用工作方法的形成、思考分析问题的着眼点等方面有重要影响,对知识进行适度考查正是为了辨别、挖掘应聘者因所学专业而形成的潜在能力。

3. 工作经验

工作经验并不是每个应聘者都可能具有的,对于大多数应届毕业生而言,工作机会少之又少。但随着就业竞争程度的加剧,具有丰富工作经验的应聘者有更大概率获取所需职位。因此,一般单位在招聘过程中都会或多或少地对此提及,以考察应聘者是否拥有实践经验或者所拥有的实践经验是否适应未来的工作岗位。

4. 表达能力

表达能力是指应聘者是否能够将自己的思想、观点、意见或者建议,通过语言准确地表达出来。表达能力在外向型工作职位中非常重要,好的语言表达能力能够使对方轻松明确地把握自己思想观点的核心,避免因词不达意造成理解偏差,甚至产生误会的现象。考察的具体内容主要包括:表达的逻辑性、准确性、感染力、音质、音色、音量、音调等。

5. 分析能力

分析能力是指面试中应聘者是否能对面试考官提出的问题通过分析抓住本质,进而得出一个恰当、合理结论的能力。一般来说,应聘者所受教育程度越高、对事物观察越仔细、对知识掌握越全面、日常思考分析问题越频繁者,其分析能力就越高。考察的具体内容主要包括:分析思考问题的深度、广度、逻辑性、敏捷度,分析过程及结论的合理性、新颖度等。

6. 反应能力

反应能力是指应聘者对面试考官所提问题的理解是否准确贴切,以及回答问题是否迅速准确;对突发情况的处理,是否机智敏捷、回应恰当;对意外事件的处理是否妥当等。

7. 社交能力

社交能力不仅要求与非单位人员良好相处,而且包括与本单位人员和谐共处,它反映着一个人能否从以自我为中心的封闭性圈子步入以他人、社会为中心的开放性圈子。在面试中,对应聘者进行社交能力的测评,正是为了观察其能否从内到外与整个工作环境相适应。

8. 自控能力

这是对应聘者意志力、情绪方面的考查。普遍来讲,现代工作压力较大,这就要求工作者必须具备相应的韧性和耐力。此外,由于各种环境变化所引起的情绪变动也反映着一个人承压能力的强弱。因此,在面试中,通过不同方法对这项能力进行测评,可以预先知道应聘者能否承担较重的工作压力,能否在环境突变时保持心志坚定、情绪平稳。

9. 工作态度

工作态度考察应聘者对以往工作以及所要应聘工作两方面的态度,包含了工作的热情度、信心度、成就的渴望度等诸多方面。工作态度不佳、敷衍了事、马马虎虎,很可能导致整体工作效能低下,影响工作进程。

10. 求职动机

求职动机指应聘者因何来本单位工作、对何种工作抱有兴趣、追求的目标、所应聘职位能否满足其工作要求与期望。求职动机表示应聘者的短期理想,不同的求职动机会造成不同的工作效果及人际关系。因此,对应聘者言,准确恰当地表达求职动机,保证个人利益与单位利益达到平衡,从最大程度上获得用人单位的理解与支持,是十分重要的。

11. 上进心和进取心

上进心和进取心强烈的人,一般都有事业上的奋斗目标,并愿意为之积极努力。表现在努力把现有工作做好,且不安于现状,工作中也敢于创新。上进心和进取心不强的人,一般都是安于现状,无所事事,不求有功,只会敷衍了事,对什么都不热心。

12. 业余兴趣及爱好

业余兴趣及爱好并不是对应聘者能力的考查,而是对一种客观情况的了解,但不同的兴趣与爱好是对应聘者精神境界的一种侧面描述,而且某些兴趣爱好可能对未来的工作安排和工作开展产生额外的影响。因此,具有良好的适应未来工作需求的兴趣爱好也能使应聘者在面试中增加不少成功的概率。

二、面试准备及应对

(一) 面试准备

得到面试机会,是求职者迈向求职成功的第一步。因此应聘者在面试前,需要做到"知己知彼",即了解用人单位及应聘岗位信息,并做好个人准备。

1. 了解用人单位和岗位要求

在当今这个信息时代,你不妨到招聘单位的网站上看看,具体了解的问题包括:企业所在国家的经济政治环境,所处行业的整体状况,企业的产品、客户群、竞争对手、组织结构及文化等。同时要了解所应聘岗位的工作职责、工作内容、工作条件、待遇及对岗位任职者的专业知识、技能及综合素质的要求,并和自己的能力、个性、兴趣、发展目标相对照,看自己是否符合招聘单位的要求。

2. 心理准备

能否在求职面试前保持良好心态,是大学生求职面试成功的重要条件。

(1) 克服自卑的心理。要克服自卑心理,首先要有意识地选择与那些性格开朗、乐观、热情、善良、尊重和关心别人的人进行交往。在交往过程中,注意力会被他人所吸引,会感受到他人的喜怒哀乐,跳出个人心理活动的小圈子,心情也会变得开朗起来;同时在交往中,能多方位地认识他人和自己,通过有意识的比较,正确认识自己,调整自我评价,提高自信心。其次要不断提高对自我的评价,对自己作全面正确的分析,多看看自己的长处,多想成功的经历,并且不断进行自我暗示,自我激励等,经过一段时间锻炼,自卑心理会被逐步克服。最后,要想办法不断增加自己成功的体验,寻找一些力所能及的事情作为试点,努力获取成功。如果第一次行动成功,使自己增加了自信心,然后再照此办理,获取一次次的成功,随着成功体验的积累,自卑心理就会被自信所取代。

(2) 每天都保持甜美的笑容。没有信心的人,经常眼神呆滞,愁眉苦脸,而雄心勃勃的人,眼睛总是闪闪发亮满面春风。人的面部表情与人的内心体验是一致的。笑是快乐的表现。笑能使人产生信心和力量;笑能使人心情舒畅,精神振奋;笑能使人忘记忧愁,摆脱烦恼。学会笑,学会微笑,学会在受挫折时笑得出来,就会提高自信心。

(3) 做人要昂首挺胸,同时也要学会主动与他人交往。遇到挫折而气馁,常常垂头是失败的表现,是没有力量的表现,是丧失信心的表现。成功的人,获得胜利的人总是昂首挺胸,意气风发。昂首挺胸是富有力量的表现,是自信的表现。

(4) 保持积极的自我形象和健康的生活态度。积极的自我形象和健康的生活态度可增强对压力和疾病的免疫力,也是自信心的表现。如果认真思考,就会发现自己生活中积极的方面。

3. 自我介绍准备

不管哪种类型的面试,大多数都会有自我介绍环节,自我介绍是面试中可以提前准备的自我展示环节。自我介绍时间一般为一个 3~5 分钟,主要包括个人基本信息、经历、胜任力及对岗位的认识等。自我介绍准备遵循 3P 原则:自信(Positive)、个性(Personal)、中肯(Pertinent),既能突出自己的优势,又要抓住重点。

【案例】

用别人眼中的你夸夸自己

我是×××,现在是××大学××××专业的大四学生。我想从朋友对我一些评价来简单介绍一下自己:

我身边的朋友一般都会叫我野兽,当然并不是说我像野兽一样桀骜不驯,而是因为我给我身边的朋友一种始终处于高度亢奋的感觉,做什么事情总是投入极大的热情,他们几乎从没有看到过我失落情绪低落的样子,我永远给人一种奋力前行探索的冲劲和闯劲吧。我想这种闯劲和韧劲对于 CBD 部门来总的来说非常重要。此外,我是一个在工作、生活、体育运动等方面精力充沛、活力四射的人。我从小学一年级到大学差不多都是班长,大学期间,我在各个工作岗位上都有出色的表现,体育运动方面就更不用说了,我喜欢追求一种速度的快感,在球场上没有一个人能比我更能跑。连续两年获得学校 1500 米第四名,连续三年拿下经济学院运动会 1500 米冠军,我的其中一个梦想就是连续四年拿满经院运动会 1500 米冠军……

曾经有个朋友和说过,我就像一棵野草,不管放到哪里,都能够很容易的存活下来。我觉得这是我到目前为止最喜欢也是最符合我的一个比喻。我有极其强的对环境的适应能力,能够很容易与环境,环境中的人融合在一起,每到一个新环境的时候,我永远是那种最开始认识所有人,最开始和很多人打成一片的人,这个或许和我开朗幽默风趣,善于与人沟通交往,而且无私热心助人的性格有关。正是这样的性格与适应能力,使我在人生的沿途收获了许多的朋友,友谊……

很多朋友都说我是个天生的销售人才。我在大学期间卖过许多东西,比如珍珠粉,司法考试和考研的教材,二手自行车,羽毛球拍,电脑的配件等。我总是能够抓住商机,其中一个原因就是我有极强的表达能力与和谈判沟通的能力……

3. 面试前的细节准备

明确面试前的三要素：When（时间）、Where（地点）、Who（联系人）。一般情况下，招聘单位会采取电话通知的方式。这时可要仔细听，万一没听清，千万别客气，赶紧问，对于一些大公司，你最好记住联系人。不要以为只有人事部负责招聘，在大公司里有时人事部根本不参与面试，只是到最后才介入，办理录用手续。关于地点，若不熟悉，可以先提前去查看地形，以免面试当天因为不能及时找到单位地址而耽误时间。

（二）常见面试类型的应对技巧

1. 电话面试

多数企业在从简历中筛选出合适的申请人之后，在正式面试之前，通常会采用打电话的方式进行首轮面试。其主要目的是核实应聘者的相关背景、语言表达能力。应对技巧如下：

（1）保持冷静，控制好自己的心理和情绪。

（2）注意语速，音量适当，吐字清晰，表达要尽量简洁、直截了当。

（3）应及时记录下重要信息，如公司名称、面试官的姓名、面试问题的要点以及进一步面试的时间地点等。

（4）及时向面试官提问，以更好地展示自我，给面试官留下深刻印象。

（5）注重必要的电话礼节。

2. 无领导小组面试

一般由5～10个应聘者组成一个小组，通过在一定时间内讨论给定的问题，并达成一致性意见的方式对应聘者进行集体面试。小组不指定谁是负责人，也不指定应聘者应坐的位置，由小组成员自行组织安排，每个小组由2～3个HR负责观察记录，最终HR通过应聘者在讨论过程中的危机应对、问题处理、与他人合作状况来判断应聘者是否符合岗位需要。

无领导小组讨论的题型通常包括：

开放式问题（如，您认为什么样的领导是好领导？）

两难问题（如，你认为一个公司对你而言，是给你良好的发展机会对你有吸引力？还是给你比较可观的薪水更能吸引你？）

排序问题（如，在寒冷的冬天发生海难，直升机一次只能救一个人，请根据游客的具体情况决定营救的先后顺序）

资源争夺问题（如，企业因经费紧张，50万元要完成4件事情，如果你是领导将如何分配？）

案例分析问题（××集团要在××地区推广年货节，请设计推广方案）

无领导小组面试的流程一般包括候场，HR介绍规则，自我介绍，审题，陈述观点，小组讨论，总结展示等。这类面试考查应聘者的语言表达能力、分析能力、人际影响力、创新能力、团队合作能力等。应对技巧如下：

（1）表达清晰，有重点。发言有逻辑，有重点，有效推动小组讨论进行。

（2）充分论证。切忌因别人意见与自己相同而简单回答"我的看法与某某相同"如此会被看成"随声附和",失去个性色彩。

(3) 注重倾听,尊重队友。既能够清楚表达自己的立场,又不令人难堪。

3. 行为面试

行为面试是通过一系列基于过去某些具体行为的问题,来考查应聘者在过去某种特定事件中的具体表现,进而推测应聘者今后在工作中的行为表现。通常使用的问题有"请描述一件你在大学最有成就感的事情""您当时是怎样思考的""为此您采取了什么措施来解决这个问题"等。行为面试法对于简历中夸大或虚构的事情能够有很好的鉴别,因此更加提醒应聘者不要弄虚作假,滥竽充数。应对技巧如下:

(1) 选择一个和未来工作场景最接近的成就故事。

(2) 用"STAR"法则对具体经历进行详细描述,要将重点放在描述你面对怎样的情境,用什么方式解决和最终结果上,注重叙述清晰、有条理。

(3) 尽量多使用数字和定量的东西,以便更好地说明问题。

【案例】

宝洁公司面试的八个核心问题

1. 请你举个具体例子,说明你是如何设定目标然后达到它。

2. 请举例说明你在1项团队活动中如何采取主动性,并且起到领导者的作用,最终获得你所希望的结果。

3. 请你描述1种情形,在这种情形中你必须去寻找相关的信息,发现关键的问题并且自己决定依照一些步骤来获得期望的结果。

4. 请你举1个例子说明你是怎样通过事实来履行你对他人的承诺的。

5. 请你举1个例子,说明在完成1项重要任务时,你是怎样和他人进行有效合作的。

6. 请你举1个例子,说明你的1个有创意的建议曾经对1项计划的成功起到了重要的作用。

7. 请你举1个具体的例子,说明你是怎样对你所处的环境进行1个评估,并且能将注意力集中于最重要的事情上以便获得你所期望的结果。

8. 请你举1个具体的例子,说明你是怎样学习1门技术并且怎样将它用于实际工作中。

4. 案例面试

案例面试是指在面试中用一些较简单的商业案例问题来考查应聘者的应变能力、逻辑分析能力以及考虑问题的全面性的面试类型。在一个案例面试中,面试官会提供一些关于公司的案例信息,同时提出一个公司面临的问题或者所处的两难困境。案例可以仅仅是口头上的表达,当然也可以是书面形式的。面试者需要在短短的时间内,分析大量的信息,找出其中的深层次问题并想出解决方案。案例面试题型一般包括:市场容量、盈利问题、兼并与收购、定价策略等,这种面试一般是一对一的。应对技巧如下:

(1) 在面试官陈述完题目时,要通过提问的方式来获取尽可能明确、详细的案例信息,来帮助自己做出分析和判断。

(2) 迅速找到问题突破口,并从突破口开始逐层分解,把一个复杂问题拆解成多个简单问题,再把简单问题拆分成小单元,利用特定算法组织成解题框架。

(3) 通过严谨的分析,逐层、清晰地向面试官表达自己的分析过程和解题思路。

(4) 注重总结,具有条理性、逻辑性。

5. 压力面试

压力面试是指有意制造紧张气氛,以了解求职者如何面对工作压力的一种面试形式。比如,用人单位通过提出不礼貌、冒犯的问题,或用怀疑、挑衅的语气发问,使应聘者感到不舒服,或针对某一事项做一连串的发问,打破砂锅问到底,直至无法回答。其目的是考查应聘者对压力的承受能力、应变能力和人际关系处理能力等。

常见的压力面试问题举例:

(1) 候选人提前10分钟到场,面试官问:"你这么早就来了啊?"

(2) 我没看出你有什么能力能胜任这个职位啊,你为什么来面试?

(3) 如果我们给你的薪资比你期望值低很多,你会来吗?

(4) 你最大的弱点是什么?

(5) 你的数学成绩不好,为什么?

压力面试应对技巧如下:

(1) 保持镇定。不要被突如其来的质问给吓住,只要认真面对每一个问题,推理符合逻辑,回答能自圆其说,就要对自己的判断和回答有信心,始终保持微笑。

(2) 耐心解释。求职者可以把招聘者看成是难缠的客户,在坚持自己见解的同时,对他的无理挑剔给予心平气和的解释,要显得沉着冷静、耐心有涵养。

(3) 提出反问。除了解释,求职者也可以提出反问。比如"您觉得我有什么需要改进的地方"等。

总之,心态平和、耐心细致、信心十足、临危不乱是在压力面试时需要表现出的性格特征。

三、面试礼仪

在现实生活中,服饰打扮、举止言谈、气质风度、文明礼貌,无一不对我们的形象乃至前途、命运产生影响。如果把专业能力、实习经历等看作是求职硬实力的话,那么,礼仪可以算做求职成功的软实力。面试,在很多情况下是与面试官最直接的"短兵相接",一言一行、一举一动,都让面试官尽收眼底。所以,求职者在面试之前掌握基本的面试礼仪和技巧非常必要。以下是针对常规面试的基本面试礼仪。

(一) 守时

遵守时间是对一个职场新人的基本要求。按照约定的面试时间提前10—15分钟到达面试地点效果最佳,可熟悉一下环境,稳定一下心神。过于提前到达会被视为缺乏时间观念,但在面试时迟到或是匆匆忙忙赶到却是致命的错误。如果你面试迟到,会被视为缺乏自我管理和约束能力,即缺乏职业素养,给面试官留下非常不好的印象。不管什么理由,迟到会影响自身的形象,这是一个对他人、对自己尊重的问题。大公司的面试往往一次要安排很多人,迟到几分钟,就很有可能永远与这家公司失之交臂。

（二）恰当着装

在面试礼仪中，着装是比较重要的问题。适合应聘单位和应聘岗位"气质"的着装，除了容易获取面试官的"第一印象"好感外，还可以体现出个人对应聘企业认真对待的态度，会获得面试加分。一般而言，面试着装应避免过于个性化和奢华夸张，未必要穿名牌。男生看上去要给人以利索、协调的感觉，可以选择西服套装（设计类、创作类、艺术类职位要选择能够彰显自身品位和个性的服装），衬衫领带一定要和西服的颜色搭配协调，再配上一双职业皮鞋就会更显精神，而皱巴巴的衣服、歪斜的领带、邋遢的皮鞋都是面试的大忌；女生看上去要干净、大方、爽利，可以选择职业套装和一双高度适中的皮鞋彰显气质，切记不要打扮的太过时尚，因为企业招工不是找模特或者选美，如果穿着打扮太过招摇，有可能会在一开始就被淘汰。

（三）合理组织语言

语言艺术是一门综合艺术，包含着丰富的内涵。如果说外部形象是面试的第一张名片，那么语言就是第二张名片，它客观反映了一个人的文化素质和内涵修养。谦虚、诚恳、自然、亲和、自信的谈话态度会让求职者在任何场合都受欢迎。面试时要在现有的语言水平上，尽可能地发挥口才。对所提出的问题既要对答如流，恰到好处，又不夸夸其谈，夸大其词。

（四）微笑彰显自信

微笑是自信的表现，也能为求职者消除紧张情绪。面试时要面带微笑、亲切和蔼、谦虚诚恳、有问必答。面带微笑会增进与面试官的沟通，会提高求职者的外部形象，改善与面试官的关系。带着赏心悦目面部表情的人，应聘的成功率远高于那些目不斜视、笑不露齿的人。不要板着面孔，苦着一张脸，否则不能给人以最佳的印象。听对方说话时，要不时点头，表示自己听明白了，或正在注意听。同时也要不时面带微笑，当然也不宜笑得勉强、僵硬，一切都要顺其自然。表情呆板、大大咧咧、扭扭捏捏、矫揉造作，都是一种缺陷，会破坏自然之美。

（五）细节决定成败

细节之处更能体现一个人的本质，面试过程中任何一个小的环节都应该注意把握，尽量不要出现纰漏。例如到了办公区，最好径直走到面试场所，而不要四处张望以免被人怀疑；走进公司之前，口香糖和香烟都收起来，因为大多数的面试官都无法忍受你在公司嚼口香糖或吸烟；手机一定要静音，避免面试时造成尴尬局面，同时也会分散精力。一进入面试单位，若有前台，则开门见山说明来意，经指导到指定区域落座；若无前台，则找工作人员求助。这时要注意用语文明，开始的"你好"和被指导后的"谢谢"是必要的，这代表你的教养；等候期间不要询问单位情况和对单位进行品评，不要驻足观看其他工作人员的工作，或对工作人员所讨论的事情或接听的电话发表意见或评论，以免给人肤浅嘴快的印象；切忌在接待室遇到朋友或熟人时旁若无人地大声说话或笑闹。

四、面试常见问题

(一) 面试前

(1) 信息准备：包括单位基本情况、所应聘职位的信息及细节、面试官的相关信息等。

(2) 着装准备：参加面试的装扮以整洁美观、稳重大方为总原则。

(3) 资料准备：一切面试官可能要核查的材料，如个人简历、学位证、毕业证、培训证书、获奖证书以及其他资料或文件等。

(4) 心理准备：面试前要将自己的心态和精神面貌调整到最佳状态，以最自然、最自信的状态去迎接面试。

(5) 模拟准备：熟悉自己的简历，对面试过程中有可能问到的问题事先做好模拟准备，对于一些基本问题的问答内容打好腹稿。

(二) 面试中

面试过程一定要放松、自然，切忌紧张。只有放松的心态才能淋漓尽致地现场发挥。

(1) 保持愉悦：愉悦的精神状态能充分地反映出人的风貌。

(2) 简洁流畅：面试有着严格的时间限制。因此，语言要有条理性、逻辑性，保证语言的流畅。切忌含含糊糊，吞吞吐吐。

(3) 举止得体：求职者入座以后，尽量不要出现晃腿、玩笔、摸头、伸舌头等小动作，应给面试官自然、大方、干练的印象。

(4) 不卑不亢：求职的过程是一个双向选择的过程。面试官在选择你的同时，你也在选择招聘单位。所以，抱着一种合作、交流、学习的心态，往往最能够充分发挥自身的潜力。

(5) 思路清晰：面试官提出问题后，应试者应稍作思考，理清思路，抓住要点，层次分明地回答。

(6) 争取主动：在面试中过于被动，容易被面试官牵着鼻子走，被问及一些求职者劣势的问题。求职者应不失时机地向主考官提问，争取主动。建议在面试结束前可以问两个问题："您还想了解什么有关我的情况吗？""您对这次面试评价如何？"这两个问题有助于清除误解，了解面试情况。

(7) 做好一分钟的自我介绍：一分钟的自我介绍，犹如商品广告，在短短60秒时间内，针对"客户"的需要，将自己最美好的一面毫无保留地表现出来。一分钟自我介绍要独特、简洁清晰，更要与面试职位相关。

(三) 面试后

1. 与招聘单位保持接触

在面试后的一两日内可写一封感谢信，以感谢对方给予的面试机会，同时还可以补充资料，澄清面试中的误解、消除面试官的疑虑，并再次表明对所期望工作的兴趣和信心。加深印象，大大增加求职成功的概率。

除感谢信外，一般在面试后的一周左右和合适的时间里，也可主动打电话询问面试结果。

2. 回顾反省与总结

经验来自经历,但经历不等于经验,还需要回顾反省、总结思考。应聘者在面试结束后应仔细回忆和分析面试场景,回顾一下问题并找出自己的不足,以便进一步做出有效的努力。

面试表现的自我点评。通常面试都是一个30分钟左右的面对面交流过程,决定自己命运的恰恰就是这半小时里你给面试官留下的印象,所以,自我点评一下整个过程的优缺点,扬长避短,为下次面试吸取经验。

专业问题的记录总结。面试的时候可能会涉及一些基础或者较复杂的专业技能方面的考核。在紧张的面试环境里,如果没有正常发挥或者不知道答案,面试之后应通过各种渠道求助,记录总结,以免下次面试再遇到。

【讨论与思考】

1. 大学生在校期间应如何备战职场,实现高质量求职?
2. 大学生求职中应如何避开"主战场",成功求职?

第十章 就业程序与就业权益

【名人名言】

人人有权,其国必兴;人人无权,其国必废;此量如日月经天,江河行地,古今不易,遐迩无殊。

——何启 胡礼垣

【学习目标】

1. 熟知毕业生就业流程,以及就业协议书的性质和作用。
2. 弄清就业协议书、劳动合同的基本内容,掌握订立原则。
3. 明确毕业生离校报到的基本程序,了解各项手续的办理途径。
4. 了解毕业生就业权益的内容,毕业生权益受到损害的常见类型。
5. 掌握应对就业权益受到损害的方法。

【案例导入】

就业协议何以成了毕业生维权"死角"

毕业于福建省内三所高校的17名应届毕业生,本以为8月1日就能到已签订就业协议的西安汇诚电信股份有限公司福州分公司上班。7月30日,他们却接到了这家公司的解聘通知。该公司声称,解聘的原因是,公司近期在一项数额可观的工程投标中失利,没有能力接收这些大学毕业生。

这17名毕业生毕业前夕分别向前来学校招聘的西安汇诚福州分公司投递了简历,此后通过该公司组织的笔试、面试、心理测试等重重关卡,最终于3月份与该公司签下了教育部门统一印制的《普通高校毕业生就业协议书》。

西安汇诚福州分公司的做法遭到社会各界的广泛质疑。一旦不能顺利取得项目,就把毕业生解聘了之,企业为此付出的仅是按就业协议规定给予每位毕业生2000元赔偿,而遭解聘的毕业生却错过了寻找工作的最佳时期。

(资料来源:新华网)

这起17名应届毕业生遭集体解聘的事件,表面上看是偶然发生的,但透过用人单位随意解聘的举动,我们看到,毕业生与用人单位签订的《普通高校毕业生就业协议书》存在诸多漏洞,不仅没能成为毕业生的"护身符",反倒让毕业生落入了劳动维权的"死角"。

高校发给大学毕业生一式三份的《普通高校毕业生就业协议书》不能等同于劳动合同书。在内容上,就业协议书除了明文规定毕业生与企业在签订该协议书后,违约的一方需支付一定数额的违约金外,其他有关毕业生切身利益的劳动保障几乎空白。

在这种情况下,一些企业对解聘毕业生有恃无恐,甚至为所欲为。一旦企业想要解聘毕业生,只要按照就业协议书上的规定进行赔偿就完事了,像这17位毕业生一样,耽误了找工作的时机,就只能吃哑巴亏。

积极帮助大学生就业是当前维护社会稳定、促进和谐发展的重要手段。就业主管部门和教育行政部门应高度重视建立健全大学生就业权利的保障机制,从法律、政策等多方面,堵上制度的漏洞,消除维权"死角",莫让类似用人单位"随意"解聘毕业生的事件重复上演。

第一节 就业协议书和劳动合同

大学毕业生从离校到就业,有很多手续需要办理,程序也很复杂。如何做好就业流程管理,建立健康的劳动关系,涉及毕业生就业的合法权益,真正意义上完成就业以及个人职业生涯能否顺利发展。在众多就业程序中,就业协议书和劳动合同的签订最为重要,也最复杂。

一、就业协议书的签订

全国普通高等学校毕业生就业协议书(以下简称"就业协议书"),是对毕业生、用人单位、培养院校均有约束力的契约文书。现行的就业协议书由教育部高校学生司统一制表,省毕业生就业工作主管部门统一印制。按《普通高等学校毕业生就业工作暂行规定》和教育部的有关规定,为维护毕业生就业工作的严肃性、公正性和公平性,就业协议书明确规定了毕业生、用人单位和培养院校三方在毕业生就业工作中的权利和义务。凡被用人单位正式录用的毕业生均需要签订就业协议书。

(一)就业协议书的填写要求

1. 用人单位的基本情况(甲方)

①单位名称,要与单位公章完全一致,不要简写、误写或写别名;②信用代码/机构代码,要填写正确,可登录"天眼查"等网站进行查询;③单位性质、单位行业、工作职位类别,用人单位要如实填写,以便于学校编制就业方案的准确性;④单位联系人、邮箱、通信地址及有效联系方式,要如实填写,以便于学校及时与用人单位沟通并掌握毕业生签约流向;⑤档案转寄详细地址,用人单位要准确填写人事档案接收单位的全称和地址,以便学校准确转寄毕业生档案(无人事档案保管权的单位应填写委托保管单位的名称及详细地址)。

2. 毕业生基本情况(乙方)

①姓名、专业名称要与学籍档案信息保持一致,专业名称应为毕业生所学专业的全称,不得简写(专业方向不必填写);②性别、身份证号、政治面貌、学号、学历、学制、学院(院部)、邮箱、通信地址、联系电话等信息要全部如实、正确填写,不能空缺。

3. 协议内容

毕业生和用人单位均应详细阅读本部分内容,就工作岗位、工作地点、报到期限、报到地点、试用期、工资待遇等内容协商一致后如实填写,确保无异议后按协议内容全面履行协议。如毕业生与用人单位有新增违约金等协议内容,可另行约定。

（二）签订就业协议书的要求

1. 使用就业主管部门统一印制的就业协议书

就业协议书一式三份,毕业生、用人单位和学校就业部门各一份。就业协议书经各方签字、盖章后生效,无正当理由不得单方面违约。若有一方提出变更或解除就业协议,须征得另外两方的同意。如果毕业生和用人单位事先约定有违约赔偿责任,则违约方要按约定履行违约赔偿责任。

2. 签订就业协议书必须合法

在毕业生和用人单位双向选择过程中,就业协议书的签订必须在国家就业方针、政策的指导下进行。对不符合国家有关就业政策规定的签约行为,政府就业主管部门将不予认可。

3. 签订就业协议书时的注意事项

①签订就业协议书时要通过正常渠道进行。其主要渠道是以就业洽谈会、招聘会为目标的有形市场和以信息网络为目标的无形市场。②查明用人单位的主体资格。签订就业协议书的当事人必须具备合法的主体资格。一般而言,用人单位必须具有从事各项经营或管理活动的能力,单位应有录用指标和录用自主权。③按规定的程序签订协议。毕业生凭学校发放的就业协议书,在与用人单位签约后用人单位留存一份,毕业生自存一份,另一份交学校就业指导服务部门。④有关条款的内容必须明确。毕业生与用人单位在签约时,尽量采用示范条款。如确有必要进行变更或增加的,亦必须在内容上明确。⑤注意与劳动合同的衔接。由于毕业生就业协议书的签订在先,为避免在日后订立劳动合同时产生纠纷,应尽可能将劳动合同的主要内容体现在就业协议的约定条款中,并明确表示在今后订立劳动合同时应予以确认。⑥对合同的解除条件进行事先约定。毕业生就业协议书一经订立,就对当事人具有约束力,不得随意解除,否则应承担违约责任。

（三）就业协议书的管理

（1）在择业过程中,毕业生与用人单位达成需求意向后,均须签订由学校统一发放的就业协议书。

（2）任何单位和个人不得复印、复制就业协议书。

（3）就业协议书不得挪用和转借,一经发现,所发放的就业协议书作废,并追究当事人的责任。

（4）就业协议书因污损或损坏不能正常使用时,毕业生可填写《就业协议书补办申请表》,由所在院（系）签署意见后,凭原就业协议书和申请到学校就业主管部门更换新的就业协议书。

（5）考取研究生的毕业生,如未签订就业协议,毕业离校时必须将就业协议书一式三份交回学校就业主管部门。如已签订就业协议,办理相关手续时需向学校就业主管部门递交用人单位的退函及就业协议书。

（6）毕业生和用人单位在就业协议书上签署意见并加盖公章后,应及时将就业协议书上交校就业主管部门。若因私自滞留就业协议书引发用人单位和毕业生之间纠纷的,由当事人承担相应责任。

二、劳动合同的签订

在毕业生到用人单位报到后,三方协议即告终止,此时用人单位会与其签订一份正式的劳动合同,其中约定了劳动者在单位的试用期限、服务期限、工资待遇及其他各项福利等事宜,合同签订之后,双方即正式确定了劳动关系。

(一) 劳动合同的基本内容

根据《劳动法》的规定,劳动合同的内容可以分为两个部分:必备条款和补充条款。必备条款也叫法定条款,就是在劳动合同中必须具备的内容,不可缺少;法定条款又分为一般法定条款和特殊法定条款。

1. 一般法定条款

一般法定条款包含 7 个方面的内容。①劳动合同的期限就是合同开始的时间和结束的时间。例如,2013 年 3 月 20 日被录用开始工作,工作时间为 10 个月,那么合同的期限一般规定为:本劳动合同从 2013 年 3 月 20 日生效,到 2014 年 1 月 20 日结束。②工作内容。这条规定的是就业者在该单位做什么工作,如在装修公司做木工,那么合同中应该注明工作的内容是"木工",具体承担木质家具制作、装修工作的一些木工活等。③劳动保护和劳动条件。例如,建筑工人应该发放安全帽,高空作业有哪些保护措施等。④劳动报酬。就是工资给多少,怎么算,什么时候发工资等。⑤劳动纪律。例如,工作时间不得私自外出,如何请假等。⑥劳动合同终止的条件。例如,合同到期终止,或者就业单位出现破产停业等情况要求终止合同,或者就业者出现特殊情况要求终止合同等,以及终止合同时双方应该承担的责任。⑦违反劳动合同的责任。这一条规定了签约双方的任何一方违反了合同中的规定应该怎么办等等。

2. 特殊法定条款

这项条款是由于某些劳动合同的特殊性,法律要求某一种或某几种劳动合同必须具备的条款。例如,中外合资经营企业和私营企业的劳动合同中应该包括工时和休假的条款。如果因为用人单位的原因签订了不完整的劳动合同,之后对就业者的权益造成了侵害,用人单位应当承担法律责任。

3. 补充条款

补充条款也叫商定条款,可有可无,是双方当事人在签订合同时互相商量定下的条款。补充条款是法律赋予双方当事人的自由权利,但是,补充条款的约定不能与国家的法律法规相抵触,不能危害国家、其他组织或个人的权益。

(二) 签订劳动合同的基本原则

劳动合同是劳动者与用人单位确立劳动关系,明确双方权利和义务的协议。《劳动法》第十七条规定,签订劳动合同要遵循平等、自愿、协商一致的原则,不得违反法律和行政法规的规定。劳动合同的依法订立即具有法律效力,当事人必须履行劳动合同规定的义务。

1. 平等原则

平等原则是指订立劳动合同的双方当事人法律地位平等。因此,毕业生应该依据《劳动法》的规定,理直气壮地要求用人单位签订劳动合同,在合同签字前要仔细阅读合同条款,对内容含混的条款要坚持改写清楚,对不合法的内容要据理力争,以维护自己的合法权益。

2. 自愿原则

自愿原则是指劳动者要完全出于自己的意愿签订劳动合同,用人单位不能强迫或欺骗劳动者签订劳动合同。

3. 协商一致原则

协商一致原则是指劳动合同的各项条款是经过平等协商取得一致的意见。

4. 合法原则

合法原则是指签订劳动合同的双方不得违反法律和行政法规的规定,也就是说,订立合同的主体和内容必须合法。

(三) 签订劳动合同的重要作用

劳动合同是劳动者与用人单位确立劳动关系,明确双方权利和义务的协议,是劳动者与用人单位依据《劳动法》建立劳动关系的书面法律凭证。劳动合同也是稳定劳动关系,用人单位强化劳动管理,劳动者保障自身权益,双方处理争议的重要依据。

《劳动法》规定,建立劳动关系都要签订劳动合同。签订劳动合同主要有以下三个方面的重要作用:

(1) 签订劳动合同可以强化用人单位和劳动者双方的守法意识,在劳动过程中,用人单位依据劳动合同管理职工,行使权利和履行义务;劳动者也依据劳动合同保护自身的权益,履行相应的义务。

(2) 签订劳动合同可以有效地维护用人单位与劳动者双方的合法权益。劳动合同都要规定一定的期限,在合同期内,用人单位和劳动者都不能随意解除劳动合同。合同期满后,用人单位和劳动者可以就是否续签合同等重新进行协商,这就维护了用人单位用人和劳动者求职的灵活性。

(3) 签订劳动合同有利于及时处理劳动争议,维护劳动者的合法权益。如果没有劳动合同,劳动者可能会在工资收入、工作时间长短、工作条件等方面与用人单位发生争议时,由于没有有效证据而遭受损失。

(四) 签订劳动合同的注意事项

1. 签订劳动合同前应熟悉相关法律

劳动合同是约束劳动者和用人单位行为以及处理纠纷的重要法律依据。劳动合同的每个环节,都需要劳动者有一定的法律常识,所以劳动者在签订劳动合同之前最好先了解一下都有哪些法律可以保护劳动者的合法权益。据法官介绍,我国有关保护劳动者合法权益的法律、法规很多,其中以《中华人民共和国劳动法》及劳动部《关于贯彻执行〈中华人民共和国劳动法〉若干问题的意见》的规定最为全面,是规定劳动关系的主要法律。此外,有关劳动合同的法规主要有劳动部《关于实行劳动合同制度若干问题的通知》《违反和解除劳动合同的经济补偿办法》《违反〈劳动法〉有关劳动合同规定的赔偿办法》等。

2. 合同形式、内容要合法

一份具有法律效力的劳动合同，首先签订合同的程序应符合法律规定，并且应当用书面的形式予以确认，合同至少一式两份，双方各执一份，劳动者应妥善保管自己的劳动合同。在劳动合同的内容上，劳动者一定要先确认自己签订的劳动合同是否具备产生法律约束力的条件，包括用人单位应是依法成立的劳动组织，能够依法支付工资，缴纳社会保险费，提供劳动保护条件，并能承担相应的民事责任等。

3. 警惕合同陷阱

部分用人单位为了实现自己利益的最大化，千方百计在劳动合同中设立种种陷阱，侵害劳动者的合法权益。这主要有：在合同中设立押金条款；采用格式合同，不与劳动者协商；在合同中规定逃避责任的条款，对于劳动者工作中的伤亡不负责任；准备了至少两份合同，一份是假合同，内容按照有关部门的要求签订，以对外应付有关部门的检查，但真正执行的是另一份合同等。

【案例】

43岁的车女士18年前就到四川泸州市公交总公司从事售票等工作，她对公司也寄予了深厚的感情，可是，刚刚发生的一件事却使她觉得这份感情打了折扣。

2003年11月20日上午，她在25路公交车售票时，因为失误，收了5张票的钱，却给了乘客4张票，被公司以"票务违纪"解除了劳动关系。她不服，就把该公司告上了泸州市劳动争议仲裁委员会，得到的结果是维持被诉人泸州市公共交通有限公司对申诉人车女士解除劳动合同关系的决定。

记者就此事走访了有关人士，他们的观点是劳动合同的附件是不容忽视的。因为，在法律上，带有附件的劳动合同是被认可的，依照我国劳动政策相关规定，这些附件也可以作为劳动争议处理的有效证据。所以，劳动者在签订劳动合同时一定要认真研究这些附件。

在这一事件中，哪些是劳动合同的附件呢？

据记者了解，2002年1月6日，车女士所在的公司改制后，企业经过职工代表会议审议，通过了泸州市公共交通有限公司《运营管理规定》（沪公交〔2002〕97号文）。在其第六章中规定，售票员收钱不撕票或少撕票，收售废票（回笼票）、假票是侵占行为，一经查实，解除劳动关系。

车女士与泸州市公共交通有限公司签订的劳动合同（2003年9月5日至2004年9月4日）中明确规定：凡达到《劳动法》中规定解除劳动合同条款的，可依法提出解除劳动关系；同时，乙方违反甲方制定的规章制度中应解除劳动关系的条款的，甲方有权解除乙方的劳动合同。这里，泸州市公共交通有限公司《运营管理规定》就是车女士与企业签订劳动合同的附件。

可以看出，车女士没有认真研究劳动合同的具体约定，没有吃透劳动合同附件的精神。我国《劳动法》第二十五条明确规定，劳动者有下列情形之一的，用人单位可以解除劳动合同：严重违反劳动纪律或者用人单位规章制度的。

由此看出，劳动合同是劳动者与用人单位确立劳动关系，明确双方权利和义务的协议，一经签订就要履行，谁违约谁就要承担责任。即使是劳动合同的附件，也可以成为双方维权的有效证据。

《安全生产法》规定,生产经营单位与从业人员签订的劳动合同,应当写明有关保障从业人员劳动安全,防止职业病危害,以及依法为从业人员办理工伤社会保险的事项。生产经营单位不得以任何形式与从业人员签订协议,免除或者减轻对从业人员因生产安全事故伤亡依法应承担的责任。违法订立这类协议的,该协议无效,对生产经营单位的主要负责人、个人经营的投资人处 2 万元以上 10 万元以下罚款。

劳动合同的内容除以上必备条款外,劳动者与用人单位还可以在法律、法规允许的范围内,协商约定其他内容作为劳动合同的约定条款,如试用期限、商业秘密的保护以及违约金、培训费的支付和有关赔偿等。

三、人事代理与劳务派遣

(一) 人事代理

人事代理是市场经济发展中所产生的一种新型的人事管理制度。具体是指政府人事部门所属的人才服务机构接收单位或个人的委托,依据法律、法规,运用社会化服务的方式,对人事业务实行代理,解决人事管理方面所遇到的问题。省人才交流服务中心是各省的省级人事代理机构,各市由政府人事部门批准的人才交流服务中心是市级人事代理机构。

1. 人事代理的对象

(1) 辞职或被辞退的机关工作人员、企事业单位专业技术人员和管理人员;

(2) 与用人单位解除劳动合同或聘用合同的专业技术人员和管理人员;

(3) 待业的大中专毕业生;

(4) 自费出国留学人员;

(5) 外商投资企业、乡镇企业、区街企业、民营科技企业、私营企业等非国有企业聘用的专业技术人员和管理人员;

(6) 外国企业常驻代表机构的中方雇员;

(7) 其他流动人员。

2. 人事代理的服务内容

(1) 本人档案的保管、转移,户籍关系的挂靠、迁移,党、团组织关系的挂靠、接转;

(2) 代办养老保险、医疗保险等社会保险项目;

(3) 见习期满后的转正、定级、专业技术职务资格评审;

(4) 出具因公、因私出国、出境等政审证明材料;

(5) 代理期间工龄连续计算,负责档案工资的核定调整;

(6) 为毕业生办理改签手续;

(7) 对毕业时未找到就业单位的毕业生,人才服务中心可以为其办理求职登记并提供就业岗位;

(8) 办理人事代理后,不论流动到何单位,其工龄、身份、职称、社会保险、档案等方面,都由人才交流服务机构提供配套服务。

3. 人事代理的程序

人事代理是一种新型的人事管理模式,人才交流服务机构接受用人单位或个人委托,为用人单位或个人提供人事方面专业化的服务。根据毕业生的不同情况,毕业生人事代理手续办理程序也有所不同,具体程序分别是:

(1) 择业期内联系到接收单位的毕业生,根据高校毕业生毕业去向登记制度有关要求,按照毕业去向和档案转递要求准确填报档案转往单位或流动人员人事档案管理服务机构信息,学校将毕业生档案通过机要交通或高校邮政 EMS 标准快递转至对应的档案转递单位。

(2) 择业期内暂未联系到接收单位或准备复习考研的大专以上毕业生,可选择将档案派遣至生源地的人才服务机构,或将档案暂时留存在学校,待确定档案去向后再行办理转递手续。

(二) 劳务派遣

劳务派遣是指由劳务派遣机构与派遣劳动者订立劳动合同,并支付报酬,把劳动者派向其他用工单位,再由其用工单位向派遣机构支付一笔服务费用的一种用工形式。劳动力给付的事实发生于派遣劳动者与用工单位之间,用工企业向劳务派遣机构支付服务费,劳务派遣机构向劳动者支付劳动报酬。劳务派遣业务是近年我国人才市场一种新的用人方式,可跨地区、跨行业进行。劳务派遣最大的特点是劳动力的"雇佣"和"使用"分离,即派遣单位"招人而不用人",用人单位"用人而不招人",派遣单位与用工单位之间签订劳务派遣协议,用工单位向派遣单位支付管理费、被派遣劳动者的工资、社会保险等费用,派遣单位负责向用工单位派遣劳动者。

劳务派遣以其诸多明显优势,正被越来越多的企业单位使用,企业使用劳务派遣可以降低招聘、社保办理等方面的人力资源管理成本。企业可以根据生产经营的需要,灵活用工,节约劳动成本。由于用人单位和派遣劳动者之间不存在劳动合同关系,因此降低了企业的用工风险。但在实践中,劳动派遣用工方式也暴露出了一些弊端,如劳务派遣单位缺乏必要的规范管理,无相关的行政管理部门对其进行资质认定、审查监督,导致市场上的劳务派遣单位鱼龙混杂等问题。

(三) 人事代理与劳务派遣的区别

1. 劳动者与用人单位的关系不同

在人事代理关系中,劳动者与用人单位之间是《劳动法》中规定的劳务关系,用人单位负有《劳动法》中规定的义务。而在劳务派遣中,劳动者与用人单位之间没有合同关系,并不存在《劳动法》意义上的劳务关系。

2. 劳动者与人事代理中介机构或劳务派遣单位的关系不同

在人事代理关系中,劳动者委托进行人事代理的情况下,二者是委托关系,受《合同法》以及民事法律规范的调整;在单位委托进行人事代理的情况下,劳动者与人事代理中介机构之间并不存在法律关系。而在劳务派遣关系中,劳动者与派遣单位签订劳动合同,派遣单位向劳动者支付报酬,对被派遣的劳动者负有法律上的雇主责任。

3. 用人单位所承担的义务和责任不同

在人事代理关系下,用人单位是劳动关系的主体之一,不仅负有对劳动者的管理使用权,而且负有《劳动法》中规定的义务。而在劳务派遣关系下,《劳动法》中规定的用人单位的义务是由派遣单位来承担的,用人单位所承担的义务是基于其与派遣单位之间的双方合同来确定的,并不承担《劳动法》中的义务。

根据以上的分析可以看出,人事代理与劳务派遣是两种完全不同的制度,涉世未深的大学生一定要擦亮眼睛,明辨人事代理与劳务派遣的区别,以保护自己的合法权利。

第二节 离校就业报到事项

一、离校程序

离校手续的办理是毕业生在离开学校前必须要完成的环节。离校前,毕业生需要做好毕业生鉴定工作,认真填写普通高等学校毕业生登记表等,以便能够顺利离校,走向工作岗位。

(一)普通高等学校毕业生登记表的填写

普通高等学校毕业生登记表包括毕业生基本情况、自我鉴定、教学单位意见、学校意见等内容,是毕业生综合情况的记载,是毕业生身份的一个重要标志,是毕业生学籍档案的主要材料之一。普通高等学校毕业生登记表涵盖了毕业生的基本信息、自我鉴定、毕业实习单位和主要内容、毕业论文题目或毕业设计、第二学位授予情况、有何特长、懂何种外语程度如何、发表论文、著作和科研论文情况、社会实践情况、教学单位意见、学校意见等内容。因此,毕业生要按照每个栏目要求的具体内容实事求是地认真填写。学校要认真核实普通高等学校毕业生登记表中的各项内容,要以对国家负责、对毕业生负责的态度严肃对待。

(二)毕业生离校手续的办理

毕业生办理离校手续的时间一般在毕业生离校前的一周,按照学校通知进行。毕业生必须持学校统一发放的离校单办理相关手续,主要涉及以下几个方面:

(1) 毕业生到所在学院(部)领取离校单,认真填写自己的学院(部)、学号、姓名、专业、政治面貌、宿舍号等;

(2) 团组织关系转出,教学单位团委书记在"智慧团建"中确认学生团组织关系成功转出后在离校单上签字;

(3) 打扫宿舍卫生,学院兼职楼管员检查(卫生和室内财产)合格后签字;

(4) 辅导员审核签字并注销学生证;

(5) 凭离校单到所在教学单位领取毕(结)业证书、学士学位证书等(离校当天);

(6) 离校,毕业生凭出门条离开学校。

(三) 毕业生文明离校

毕业离校是大学生顺利完成学业,奔赴人生新征途的起点,文明离校也是大学生在校期间的最后一个环节。毕业生应以健康文明的方式上好大学生涯的最后一课。毕业生离校期间,要继续严格遵守《高等学校学生行为准则》和学校的各项规章制度。保持学校正常的教学、生活秩序,不得干扰其他年级学生的正常学习和生活。毕业生应勤俭节约,讲究文明,严禁酗酒、打闹等不文明行为。

二、户籍关系、学籍档案的迁转

(一) 户籍关系的迁转

1. 已落实就业单位的毕业生

毕业生在毕业时已落实就业单位,如果毕业生户籍关系已转到学校所在城市,由学校或毕业生本人到学校所在地公安机关办理户籍关系迁出手续;如果毕业生在入学时未迁转户籍关系,由毕业生本人到入学前户籍关系所在公安机关办理户籍迁转手续。户籍关系迁转完毕后,由毕业生携带相关资料到就业单位所在地公安机关办理入户手续。

2. 未落实就业单位的毕业生

未落实就业单位的毕业生可以将户口暂存于学校或生源地继续择业,其间落实就业单位的可随时办理迁转手续。择业期满仍未落实就业单位的,由学校或本人将户籍关系转至生源所在地的人事部门。

凡国家计划内招生的普通高等院校、普通中等专业学校的毕业生,在择业期内有意愿到省辖市就业的,由个人写出申请,学校负责审核后统一报省毕业生就业主管部门,经复核无误后,由省毕业生就业主管部门签发河南省未就业大中专毕业生入户介绍信;公安机关凭介绍信、户口迁移证、学历证书、本人提供的集体户口本或居民户口簿办理落户手续;省外毕业研究生、重点大学毕业本科生,在我省有就业意愿的,可携带学历证书到省毕业生就业主管部门报到,审核、签章后直接凭学历证书、户口迁移证办理落户手续。

(二) 学籍档案的转递

1. 毕业生学籍档案的收集

毕业时学生档案一般应包含个人档案和党团档案。

(1) 个人档案一般应包含以下材料:

① 入学材料:一般应包括前置学历学生档案材料、加盖录取高校公章的考生电子档案信息纸质材料、新生入学登记表、新生入学体检表等;

② 学习材料:各学习阶段主修、选修、辅修的各科类课程和教育教学各环节成绩登记表、学生实习总结等材料;

③ 学籍材料:各学习阶段学籍登记材料,以及保留入学资格、休学复学、转学转专业、退学等学籍异动材料;

④ 鉴定考核材料:各学习阶段学年鉴定表、军训鉴定表、品行鉴定表、学生实习考核结果等材料;

⑤ 毕业材料:毕业生登记表、学位授予证明等材料;

⑥ 奖励材料:在校期间获得各级表彰奖励的材料,包括获得三好学生、优秀学生干

部、优秀团员、优秀团干部、优秀共产党员、优秀毕业生等荣誉称号的登记表,各类奖学金登记表及其他荣誉表彰证明材料;

⑦ 处理、处分材料:在校期间违反校规校纪、触犯国家法律法规等形成的各类处理、处分材料及解除处分材料;

⑧ 服役材料:在校期间应征入伍服兵役的相关材料;

⑨ 其他具有保存价值、应予归档的学生个人材料。

(2) 党团档案一般应包含以下材料:

① 入团材料:入团志愿书、入团申请书、入团积极分子培养考察(团校学习结业)材料以及团组织形成的其他有关材料;

② 入党材料:入党志愿书、入党申请书、群团推优材料、入党积极分子培养考察登记表、发展党员全程记实表、预备党员考察鉴定表、预备党员转正申请书、政审材料、党校培训结业材料、思想汇报以及党组织形成的其他有关材料;

③ 加入民主党派材料:加入民主党派的申请书、登记表等材料。

2. 毕业生学籍档案的转递

(1) 对于毕业前已落实就业单位的毕业生,学籍档案应在毕业生就业手续办理后15日内,由学校负责将毕业生学籍档案寄送至用人单位。

(2) 已考取研究生的毕业生,调档函由学校就业主管部门集中管理保存,其学籍档案由就业主管部门负责寄送。

(3) 毕业前未落实就业单位申请回生源地就业或申请档案调至人才交流中心保管的毕业生,其学籍档案由学校就业主管部门定期集中寄送至上述单位。

(4) 毕业前未落实就业单位、申请将学籍档案保留在学校的毕业生,须由毕业生本人提出申请,经院系审核,学校批准后,档案关系继续保留在学校,学校在择业期内免收档案管理费。

(5) 学籍档案保留在学校,择业期满仍未落实就业单位的毕业生,学校将其档案转到生源地毕业生就业主管部门。如有特殊情况,毕业生本人提出申请,本着自愿的原则,并自觉遵守学校的相关规定,可适当延长学籍档案在校保留的期限。

3. 毕业生学籍档案转递注意事项

档案材料的转递必须通过机要或派专人送取,原则上不准自带;转出毕业生档案时学校要再次审核,必须保证材料完整齐全,不得扣留材料或分批转出;转递毕业生档案必须按"学生档案转递通知单"的项目详细登记,严密包封。

第三节 就业常见问题

一、毕业证书的补办程序

根据《普通高等学校学生管理规定》(中华人民共和国教育部令第41号)第三十八条

规定:"学历证书和学位证书遗失或者损坏,经本人申请,学校核实后应当出具相应的证明书。证明书与原证书具有同等效力。"高校毕业证书遗失或者损坏,可以申请补办毕业证明书,不能补发毕业证书。毕业证明书与毕业证书具有同等效力,补办毕业证明书程序如下:

(1) 原毕业证书因遗失、破损等原因,由学生本人向学校提出申请补办毕业证明书。

(2) 填写《普通、成人高等教育学历证明书补办申请表》,申请表填写清楚姓名、性别、出生日期、入学时间、毕业时间、专业、层次、学制、毕业证书编号等。

(3) 提供近期两寸纸质照片两张及照片电子版(无修图、美颜,非最美证件照)。

(4) 学校认真核实毕业生信息,确保无误,由学校工作人员统一办理。

(5) 毕业证明书信息由学校工作人员在中国高等教育学生信息网(http://www.chsi.com.cn/)进行电子注册,以备核查。

二、学籍档案的补办程序

(1) 本人提交书面申请。

(2) 学校档案室开具证明并复印录取名册。

(3) 到学籍管理部门领取《高等学校毕业生登记表》、学年鉴定表等表格,填写个人信息、个人鉴定并进行教学单位意见、学校意见的填写。

(4) 学校审核合格后盖章。

(5) 盖章材料装入档案袋、粘贴封条,并按规定转递到毕业生所在就业单位。

第四节 就业权益与法律保护

求职择业是大学生职业发展过程中至关重要的环节。在求职择业过程中,大学毕业生往往将注意力主要集中在岗位信息搜集、递交寄发求职材料、准备面试等求职具体事务方面,而对与自身权益保障密切相关的法律法规、就业制度以及办理程序等认识不足,重视不够。大学生就业难是一个不争的事实。目前,大学生面临就业歧视、就业陷阱致使就业权益不能有效得到保障以及劳动权益不能得到保护的现象屡见不鲜。国家出台的保护劳动者合法权益的法律虽然还有待完善,但是也为保护大学生就业合法权益提供了法律依据。

因此,毕业生在选择自己未来职业和走向工作岗位前,全面了解毕业生就业的相关法规及就业过程,把握好各个环节,对避免掉入就业陷阱,保障自身权益,显得非常重要。

一、大学毕业生就业权益内容

大学生就业权益是指高校大学生在劳动就业过程中依法享有的一系列权利和利益的总称。从本质上说,大学生就业权益属于劳动就业权的范畴,即为法律保障下的劳动者获得劳动就业机会并在劳动过程中得到基本保障的权利。由此可见,大学生就业权益是作为劳动者的大学生基于生存的需要而享有的基本权利,因而其也是人权的一项基本内容①。大学生就业权益主要包括从学校获取的权益和从用人单位获取的权益。

(一) 从学校获取的权益

1. 获取信息权

就业信息是毕业生择业成功的前提和关键。获取信息权包括:一是信息公开,即所有用人单位招聘信息向全体毕业生公开,任何单位和个人都不得隐瞒、截留用人单位的需求信息。学校就业指导部门要保证信息渠道畅通,发布的用人单位需求信息要传达到每一位毕业生。二是信息及时,也就是毕业生获取的需求信息必须及时、有效,而不能将过时、无利用价值的信息传递给学生。三是信息全面,毕业生有权获得准确、全面的信息,以便对用人单位全面深入地了解,从而帮助毕业生对自身发展做出正确的选择。

2. 接受就业指导权

毕业生有权得到学校的就业指导。就业指导包括向毕业生宣传国家关于毕业生就业的有关方针、政策;对毕业生择业技巧的指导;帮助毕业生结合国家、社会及自身实际情况,准确定位,合理择业。

3. 被推荐就业权

学校应向用人单位推荐毕业生,这也是毕业生享受的就业权益之一。高校应该做到:一是如实推荐,即在推荐过程中,高校应履行实事求是的原则,根据毕业生的实际情况向用人单位进行介绍、推荐;二是公正推荐,学校对毕业生进行推荐应做到公平、公正,应给每一位毕业生同等的推荐机会。

(二) 从用人单位获取的权益

1. 公平待遇权

毕业生与用人单位达成就业意向,签订就业协议书时,按照相关法律法规,有权要求用人单位根据工作岗位性质,给予公平公正的待遇,不因为性别、户口等因素而有所歧视。

2. 违约求偿权

毕业生、用人单位、学校三方签订协议后,任何一方不得擅自毁约。如用人单位无故要求解约,毕业生有权要求对方严格履行就业协议,否则用人单位应对毕业生承担违约责任,支付违约金;毕业生有权利要求用人单位进行补偿。

另外,大学毕业生还享有职业自主选择权。根据国家有关规定,国家计划招收的高校毕业生,在国家就业方针、政策指导下自主择业。毕业生只要符合国家的就业方针、政策的,就可以自主地选择用人单位,其他单位和个人均不得干涉。

二、大学毕业生就业权益受损原因分析

造成高校毕业生就业权益保障缺失的主要有社会原因、高校原因以及高校毕业生自

---

① 李桂鑫.试论我国大学生就业权益的保护[J].学工视窗,2006(06).

身原因。

(一) 社会原因

1. 相关法律制度不完善,法律救助手段缺乏

虽然我国当前的法律法规如《劳动法》《劳动合同法》《就业促进法》等为大学生就业权益维护和保障提供了法律依据,但还存在一些不足。首先,高校毕业生就业权益的保护无论是在实体法还是在程序法中规定得都还不够具体,这就导致当毕业生就业权益受到侵犯或受损时,很难寻求到及时有效的帮助和救济;其次,我国对劳动者就业权益保护的规定过于原则和笼统,我国法律对就业歧视一直没有做出清晰的规定,对用人单位的监督和制裁也没有明确的措施,《就业促进法》很难兼顾所有的就业歧视行为,也缺乏有效的制裁措施保障高校毕业生就业权益;最后,我国针对大学生就业权益保护的立法还不完善,国内尚没有专门针对大学生就业权益保障的法律法规,大学生就业权益立法不能满足社会需求。国内也没有专门维护大学生就业权益的维权机构或保障部门。

2. 社会经济原因造成的就业岗位减少,致使高校毕业生在就业时处于弱势地位

随着高校扩招和国际金融危机波及国内,高校毕业人数骤增和用人单位人才需求骤减导致就业市场供大于求。大学毕业生就业形势严峻,导致他们急于找到工作而被迫接受各种不平等的劳动条件和劳动待遇。

(二) 高校原因

1. 指导教师人员缺乏,知识结构不合理

就业指导与服务是一项专业性很强的工作,指导教师应具备就业政策、就业指导、职业生涯规划、教育学、心理学和法律等多方面的专业知识。但我国高校就业指导教师多是原来从事思想政治教育或学生工作者,没有就业相关专业背景的支撑。就业指导人员的非专业化,导致队伍的专业化程度不高,很难适应就业形势变化带来的就业工作的新要求[1]。

2. 就业指导内容狭窄

就业指导内容是以就业政策、职业生涯规划、教育学、心理学和法律等多方面的专业知识为基础的综合性指导与服务。当前,大部分高校的就业指导内容仅限于职业生涯规划和求职技巧指导的讲授,教育学、心理学的内容往往还是针对师范类学生的师范教育,对于就业政策和就业市场、学生就业观念的指导、学生职业意识和职业道德教育没有作为重点进行讲授。有关就业法律和政策的内容尤其缺乏。

(三) 毕业生自身原因

1. 法律意识淡薄

学校的法律教育效果不够理想,大学生获取法律知识仅仅依靠自己了解远远不够。在就业困难的情况下,毕业生求职心切,对于用人单位提出的很多不合理的要求都予以接受,对于劳动条件、劳动待遇、劳动时间、试用期限等关键性的内容没有明确约定,防范和维权意识淡薄。

---

[1] 朱敏. 高校毕业生就业权益保障的现状及对策[J]. 武汉工程大学学报,2012(08).

2. 诚信守约意识缺失

诚信是一切道德的基础和根本,是一个人思想道德素质最核心的外在表现。一些高校毕业生在求职简历上"注水",不少大学生为了竞争好的工作岗位,通过夸大或造假履历来充实自己的"实力"。有些毕业生已经和用人单位之间签订协议,以合同形式确定双方相互选择的权利和义务,但是当发现条件较好的招聘单位时,就撕毁已有协议,另择高枝。

3. 就业心态不合理

很多毕业生片面期望"离家近,工作少,工资高"等,这些工作岗位大多是理想化存在,不法分子很容易利用大学毕业生这种心态进行就业诈骗。另外,羞怯、攀比、依赖等,往往也是高校毕业生就业权益受到侵害的自身心理因素。

三、高校毕业生确保就业权益的方法

1. 增强防范意识

预防就业权益遭受损害的首要方法就是增强防范意识,要想提高自己的防范意识,就要多方位搜集用人单位信息,确保招聘信息来源可靠。按照前文讲述的就业信息的搜集和筛选方法,多向有经验的老师、朋友咨询,在充分协商的基础上慎重签订劳动合同和就业协议,避免法律风险的产生。例如,弄清楚招聘单位是否有工商营业执照、税务登记证,是否有固定的办公、生产、经营场所,并注意与招聘单位一定要按照法规签订正式的劳动合同,警惕可能的"合同陷阱"。即便没有正式的书面合同也要注意保留能够证明与用人单位发生劳动关系的凭据,以便在发生纠纷时可以有效地保护自己。

2. 增加维权意识

面对就业市场的激烈竞争,越来越多的大学生就业权益受到侵害,成为弱势的劳动群体。大多数的大学毕业生对就业协议书的了解很肤浅,不知道这份协议与劳动合同究竟存在什么区别,甚至到毕业找工作时都没有一种主动的意识去关注劳动合同,可能根本就没把它列入考虑范围之内。

在增强大学毕业生维权意识方面,高校的就业指导起着十分关键的作用。大学生初入社会,缺乏社会经验,法律常识和维权意识也不强,面对就业歧视和就业陷阱会感到束手无策,更有甚者,有些大学生根本意识不到自己的就业权益遭受损害,待到损失降临悔之晚矣。高校应指导大学毕业生实现从学校到社会的顺利过渡与转型,了解国家关于毕业生就业的有关法律、政策以及熟悉自己在就业过程中的权利和义务,这是毕业生权益自我保护的前提。

3. 运用法律武器

一旦在就业过程中因为所谓的公司规定或部门规定与国家政策法规有抵触,就业权益遭到损害,一定要拿起法律的武器保护自己,维护自己的合法权益。例如,运用宪法、劳动法、妇女儿童权利保障法等法律法规,解决就业时面临的性别歧视、不平等就业问题;运用合同法等法律法规,解决因签订和履行就业协议而引起的纠纷;运用民法和劳动法等法律法规,解决因劳动条件、期限、报酬等方面产生的纠纷。了解作为公民在法律上有哪些权利及如何行使自己的权利,并能清楚地认识到法律与自己切身利益密切相关。

【讨论与思考】

1. 在签订就业协议书时,怎样查明用人单位的主体资格?
2. 劳动合同中的补充条款是否有必要?
3. 在毕业后未落实就业单位的毕业生如何办理报到证?
4. 签过就业协议书后为什么还要签订劳动合同?
5. 如何有效利用就业或劳动法律法规保护求职者的正当权益?

第十一章　职业适应与发展

【名人名言】

　　工作必将成为你生活中的重要组成部分。唯一能使自己得到真正满足的是,做你认为是伟大的工作。做一份伟大工作的唯一方法是,热爱你所做的工作。如果你还未找到你感兴趣的工作,就请继续寻找吧。不要停下来。用心去寻找,就会发现你最热爱什么。

——乔布斯

【学习目标】

　　1. 正确认识学生角色与职业角色的差异,了解从校园人到职业人的角色转换的方法,为自己的职场发展在心理上做好准备。
　　2. 了解职业适应的方法。
　　3. 学习树立职业形象和提升职业素养的方法。

【案例导入】

《功夫熊猫》告诉你两个职场规则

　　主人公阿宝是一只圆滚滚、胖嘟嘟,笨手笨脚,贪吃贪睡,却胸怀功夫梦的熊猫。在一次偶然的机会,他意外地成了神龙大侠。可人人都嘲笑他,浣熊师傅更是不喜欢他,认为它获得乌龟大师授予的"神龙大侠"称号只是徒有虚名。阿宝自己也认为他不行,因为他既没有虎的利爪,又没有蛇的毒液,连螳螂的独门武器也没有,他根本不配做神龙大侠,更没有迎战和打败穷凶极恶雪豹大龙的勇气。但是,乌龟大师眼光独特,他认为阿宝能学好功夫,具备打败大龙的潜在能力,能够成为真正的神龙大侠,主要在于他看到了阿宝的两大优点:对功夫的浓厚兴趣和非凡的毅力。最后,浣熊师傅也慢慢接受了阿宝,并倾囊相授所有功夫。阿宝最终凭借着自己勇往直前的战斗力,打败了武艺超强却凶猛邪恶的雪豹大龙,成为真正的神龙大侠。

　　对于初入职场的毕业生来说,这部电影揭示了两个职场规则,即一定要"努力学习"和"相信自己"。勤奋的学习态度是走向成功的前提。阿宝不顾别人的嘲讽,忍受身体的痛苦与精神的压力,坚持不懈地练武。乌龟大师说:"Yesterday is a history, tomorrow is a mystery, but today is a gift, that is why it is called Present."昨天是历史,明天是未知的,只有今天是天赐的礼物,把握今天最重要。"宝剑锋从磨砺出,梅花香自苦寒来"。每一个人都有自己的梦想,只有努力付出、奋力拼搏,才能梦想成真。拥有自信是走向成功的关键。当阿宝拿到神秘的"神龙秘籍"后,看到里面是空白的,信心遭到巨大打击。当鸭子爸爸说秘方就是什么都没有时,阿宝一下子豁然大悟,"真正的秘诀就是相信自己"。最终阿宝赢了大龙,就在于阿宝参透了秘籍的精髓——做人不能将希望寄托于别人身上,应该自己努力,使自己强大起来。"If he believes in himself, he can do anything."如果你相信他,他就可以做任何事情。没有自信就没有战胜困难的动力,所以初入职场的毕业生一定要拥有信心,迎难而上,世上没有解决不了的难题。

第一节　转换职场角色

每个人都是一样的,进入职场,是人生道路上一个关键性的转折。实践表明,适应职场比较快的人,则容易更早地获得单位的认可,更快地寻找到人生新的起点,更容易享受到事业成功和生活幸福的喜悦,同时也更容易找到自己的"职业锚"。因此,大学生对职场和职业人有一个理性的认识,就会尽快适应新环境,完成角色转换。

一、学生角色与职业角色的对比

学生角色是指在社会教育环境的保证下和家庭经济的资助下,学习知识,培养能力,全面提高自身素质,努力使自己成长为社会的合格人才。而职业角色是指在某一职位上,以特定的身份,依靠自身知识和能力并按照一定的规范具体地开展工作,在行使职权、履行义务为社会做出贡献的同时取得相应的报酬,属创造者、主动者和有责任者。两者的不同在于:一个是受教育,掌握本领,接受经济供给和资助,逐步完善自己;一个是用自己掌握的本领,通过具体的工作为社会付出,以自己的行为承担责任,并取得相应的报酬。

大学毕业生走上工作岗位后,不仅要认识到学生角色与职业角色的差异,而且应该遵守职业角色规范,正确行使职业角色的权利,忠实履行职业角色的义务,使自己的言行与职业角色的内在要求相适应。

二、校园人与职业人的差异

(一) 社会责任不同

学生角色的主要责任,是掌握科学文化知识,使德、智、体、美全面发展,为将来工作做准备。责任履行得如何,主要关系到本人知识掌握的多少和能力培养的程度。而职业角色的责任是以特定的身份去履行自己的责任,依靠自己的本领或技能完成职业角色所要求的任务。责任履行得如何,不仅影响到个人价值的实现,还会影响到单位的声誉。

(二) 活动方式不同

大学生的主要活动是学习,因此,学生角色比较强调对知识的输入、吸收与接纳。而职业角色比较强调对知识的输出、应用与创造性地发挥自己的知识与技能,向外界提供专业服务。大学生就业以后,就要从输入、吸收与接纳知识等被动方式转变为输出、应用与创造性地发挥知识技能等主动方式。如果不能及时有效地转变活动方式,将会感到工作难以适应。

(三) 生活管理方式不同

大学生的学习生活是一种集体生活,若干人同一间宿舍,在集体饭堂用餐。学校实行统一的生活作息制度,提出统一的行为规范,大家按照统一的时间表、同样的要求进行学习和生活,违反了纪律还要受到处罚。而成为从业者以后,单位只在工作时间对员工提出要求,其他时间主要由员工自行支配。在遵守国家法律法规和社会公德的前提下,员工在生活上享有很大的自由度,没有严格统一的管理方式来约束。

(四) 认识社会的内容和途径不同

大学生是受教育者,对社会的认识、了解主要来自书本,来自课堂学习,认识的途径主要是间接的,认识的内容主要是理论性的,对社会的期望值也很高,有完美的理想,充满着浪漫的色彩。从业者则通过亲身实践加深对社会的认识、了解,认识的途径是直接的,认识的内容主要是实践性的、具体的,带有现实主义的。理想与现实总是存在着一定的差距,有的毕业生走上社会后,仍惯用在学校时的思维方式去认识社会,因此,遇到现实矛盾容易产生困惑、迷茫、彷徨,甚至失望,无法适应工作环境,难于转换角色;有的毕业生则能正确认识这一差距,通过艰苦的努力拼搏最终实现理想。

(五) 评价标准不同

学校评价的标准比较集中、单一,且主要是智力;而社会评价的标准是多样化的,最终是看满足社会需要的程度。同时学校评价学生的时候,注重发展,给学生改正错误的机会;而社会很现实,不相信"期货",不会等待你成长,不会给你"补考"的机会。

(六) 人际关系不同

学生的主要任务是掌握科学文化知识,提高自身的素质和能力,这主要取决于学生本身,竞争只是促进学习的手段,并未从根本上影响学生的利益,由此决定学生的人际关系是比较简单的。而成为职业人后,竞争是不可避免的,竞争的胜败直接关系到利益的分配,因此职业人之间的关系是相对复杂的。

三、角色转变的障碍

(一) 思想认识障碍

尚未走出校园的大学生很容易产生一种优越感,这种优越感被带入工作中,就会令其目中无人,自以为是且高高在上,常以文凭、学位或毕业的学校自傲,很难给自己的工作做出一个恰当的定位。表现为:在工作中挑肥拣瘦,只想做高层次的工作,看不起基层工作和基层工作人员,甚至认为一个堂堂的大学毕业生干一些不起眼的事是大材小用,有失身份;对领导的工作安排不是不满意,就是不服从;在处理与同事的关系上,则目空一切,自命不凡,不能虚心地向有经验的同事学习。这种情况的出现,往往会导致其光说不做,大事做不了,小事不愿做,产生与实际工作不符的思想认识障碍。

(二) 心理障碍

一是社会心理障碍。毕业生初涉社会,对如何在社会中立足等问题缺乏必要的心理准备,对某些社会现象不能正确看待,对社会现实感到迷惘、困惑,这种对社会的不满情绪或恐惧心理,如果不加以调适,就会形成社会心理障碍。二是职业心理障碍。由于职业目标定位太高或太不实际,一旦目标难以实现,便会产生失败感和挫折心理,从一开始的踌躇满志,准备大干一番事业,争取有所作为,到认为领导对自己不是很器重,工作不是很满意,对前途忧心忡忡,觉得鸿鹄之志难以实现,进而有的产生了不安、焦虑心理,有的甚至自暴自弃,以致不能正视本职工作,形成职业心理障碍。

(三) 社会障碍

参加社会工作后,毕业生发觉面对的是复杂且有利益冲突的微妙的人际关系,以往老师的谆谆教诲,同学的互相帮助,与现实同事的"各自为政",说话"点到为止"的反差使初涉职场的毕业生感到难以把握,无所适从,以致有的毕业生把自己封闭起来,产生了社会恐惧感,影响了与同事的正常交往。如果毕业生长期处于极不和谐的人际关系之中,必然难以开展工作和学习,社会交际也将受到影响。

(四) 其他障碍

(1) 依恋学生角色。一些毕业生参加工作后,易出现怀旧心态,常常会自觉或不自觉地将自己置于学生角色来要求自己和对待工作,以学生角色的习惯方式观察、分析事物。面对复杂的人际关系和职业责任压力,不禁会留恋相对单纯的学生时代。

(2) 工作消极被动,缺乏自觉性与独立性。工作上全靠领导安排,安排多少干多少,对自己的工作性质、范围、相互关系还没有足够的认识。在履行角色义务、掌握支配角色权利的尺度、遵守角色规范方面存在着一定的差距,不能独立承担职业义务。

(3) 自卑退缩,不思进取。面对新的工作环境和生疏的人际关系,缺乏应有的自信,工作中放不开手脚,看到别人工作经验丰富,驾轻就熟,相比之下觉得自己这也不行,那也不行,胆小、畏缩、不思进取、甘居人后,产生不求有功但求无过的消极心理。

(4) 心态浮躁,缺乏敬业精神。在角色转换的过程中表现出不踏实、不稳定的特征,一段时间想干这项工作,过一段时间又想干那项工作,而对本职工作坚持不下去,缺乏敬业精神,不能深入地了解本职工作的性质、职责范围和工作技巧。

四、角色转变的方法

顺利实现从学生角色到职业角色的转换,是职场成功的关键,刚走出大学校园的大学毕业生要转变好自身角色,应从以下几方面努力。

(一) 客观正视现实,摆正自身位置

(1) 充分了解自我特征。大学生具有很强的进取心和积极向上、争强好胜的心态;具有较强的竞争力且愿意成就一番事业;开始组建家庭,逐步学习培养调适家庭关系的能力,并承担家庭责任。

(2) 努力认清面临的问题。理想与现实的冲突,难以得到信任和重用,组织成员往往会对新雇员存在偏见和嫉妒,组织人际关系太现实,应积极熟悉组织环境,找准自己的位置。

(二) 加强心理调适,适应角色转换

走上工作岗位的毕业生,从大学群体迈向了从业者群体,由受教育者转变成教育者、管理者,由依赖型消费者转变为自给性的生产者,必然导致工作方式和生活方式的自立化、自主化。作为社会的一员,毕业生要尽快从昔日校园无忧无虑的生活中走出来,以求实的生活态度、实惠的消费行为、合理的时间支配、高效的工作作风、积极的精神面貌,勇敢地投身新的生活。要加强心理调适,做到"既来之,则安之",增强对单位的热情和信心,建立起良好的职业心理、劳动心理和道德心理,使之与自己的社会角色相互适应和协调发展,以尽快地缩短角色转换和心理调适期。

(三) 建立良好人际关系,积极适应社会需要

在一个集体中,要想有效地开展工作,就必须在相互之间保持心理和行为上最大的一致性和融洽性,建立起和谐的人际关系。刚刚走上工作岗位的大学毕业生,从相对单纯宁静的校园突然踏入纷繁复杂的社会,难免会产生种种的惶惑和不适应。但人是不能孤立存在的,在工作上,需要他人支持、帮助;行为上,需要他人理解。在这段时期内,毕业生尤其需要建立和谐的人际关系,积极主动地适应社会。要做到平等待人,互相团结,尊重他人,礼貌生活,宽以待人,严于律己,诚实守信,表里如一,努力学习和掌握与人相处的艺术,如对上级服从而不盲从,为人规矩而不拘谨,与人相处态度和谐,面带微笑等。

(四) 做好职业规划,脚踏实地奋斗

毕业生走上工作岗位,开始了人生旅途中的一段新征程。人生事业的前景已经展现在面前。然而,通往成功之路并不平坦,只有确立合适的目标,经过长期的艰苦奋斗,才能取得事业成功。

(1) 目标要合适。确定目标,既要有一定高度,也要有可行性。目标短小,往往会被眼前的利益所左右,迈不开前进的步子;目标过于远大,容易心情浮躁,常常会被轻微的挫折所打击,甚至打败。

(2) 要脚踏实地。踏实的工作作风,对毕业生尤为重要。仔细认真地做好每一步工作,应做到:一是循序渐进,坚持不懈;二是勤奋努力,坚定不移;三是大处着眼,小处着手;四是认真细致,精益求精;五是总结经验,不断提高。

(五) 处理好个人价值观与组织文化的冲突

每个组织都有自己在发展中形成的文化,但大学生作为组织的新成员,其长期形成的价值观不一定与组织的价值观完全相容,出现自身价值观与组织价值观的冲突在所难免。这时最应该做的是理智分析价值观的差距形成的原因,并尽量缩小这一差距,自觉认同组织文化,融入组织之中,这样不仅能创造和谐的工作环境,还有利于自身的身心健康。

任何个人都不可能游离于组织之外,只有依赖组织才能谋求个人发展。因此,大学生从走上工作岗位开始就必须随时关注组织的发展进步,牢固树立"众人拾柴火焰高"的团队意识,积极参与组织的发展建设活动,既不要恃才傲物,又不必缩手缩脚。在成长发展过程中遇到困难和问题时,应加强自我激励,增强克服困难的勇气,只有对单位充满信心,才能激发奋斗的动力。

第二节 适应职场环境

一、把握职场成功要素

在走上工作岗位之前,大学毕业生已经在学校待了十多年,因此,要完成从校园人到职业人的转变,需要一个过程,积极的态度与良好的习惯仅仅是一个开始。这种角色转变越快越彻底,做好工作,谋求发展的机会也就越多。这时候,必须要把握影响职业成功过渡的关键。

(一) 责任感与进取心

责任感强的人,常能审时度势地选择合适的目标,并持久地、自信地追求这个目标,因此,责任感强的人事业容易成功。进取心是使个人具有目标指向性和适度活力的内部能源,具有进取特质,也就具有了事业成功的心理基石。

(二) 自信心

自信能为个人在逆境中开拓、创新提供信心和勇气,没有信心的人会变得平庸、怯懦、顺从。喜欢挑战、战胜失败、突破逆境是自信心强的表现。

(三) 自我认识和自我调节

了解自己的优势和劣势,以及与组织环境的关系,善于调节自己的生涯规划、学习时间,将有助于个人成功。

(四) 情绪稳定性

稳定的个人情绪对技术性工作有预测力,冷静、稳定的情绪状态为工作提供适度的激活水平。相反,焦虑和抑郁会使人无端紧张、烦恼或无力,恐惧和急躁易使工作忙中出乱。

(五) 社会敏感性

个人要对人际交往的性质和发展趋势有一定的洞察力和预见力,善于把握人际交往的技巧和逻辑关系。行动之前,要思考行为的结果,设身处地地想一想他人的处境,与人交往时,也要设身处地地体察他人的感受。

(六) 社会接纳性

在承认人与人有差别的前提下接纳他人,社会接纳性是建立深厚的个人关系的基础。每一个行为,无论是大型的谈判会议还是朋友间的谈话,都可以反映出一个人的综合素质。人的一言一行、一颦一笑,都是其内心的真实写照。虽然"您""请""谢谢"等这些都是容易被人忽视的细节性的语言表达,但就是靠这些细节的不断积累,才使得个人养成使用礼貌用语的习惯,受到他人的尊重和喜爱。

(七) 社会影响力

要有以正直和公正为基础的说服力,有使他人发展和合作的精神,有一致性和耐力,善于沟通和交流,具有自信心、幽默等对情感的感染力,仔细、镇定、沉着等对行为的影响力,忠诚和正直等对道德品质的感染力。

二、适应职场的方法与途径

(一) 培养团队合作意识

当今,团队合作已成为很多单位的基本工作模式。因此,理解团队的重要性并且学会如何在一个团队中工作显得非常重要。培养并增强团队合作意识应从以下几个方面着手。

(1) 集中精力,为共同的工作目标而努力。团队中,每个人都需要认真履行自己的职责,全力以赴完成团队给自己设定的工作任务,这是团队工作的基础。任何找借口逃避个人责任的成员都是不受欢迎的。

(2) 坦率处理冲突并愿意妥协。要从团队的目标和利益出发来考虑问题。在面对冲突时,要学会控制自己的情绪,学习用双赢、建设性的方式来处理,在尊重他人的情况下解决问题。

(3) 积极参与团队建设。团队之所以成为团队,是因为每位成员都对团队的进程、任务、公共事务有高度的认同感和责任感。因此,作为团队中的一员,每个人都要积极主动地参与团队建设,相互关心,相互扶持。

(4) 坦诚积极地沟通。充分、有效的沟通是团队良性发展的保障,每个团队成员都需要以团队目标为前提,充分表达对团队和他人的意见,并对他人的表达予以建设性的倾听。这是团队建设过程中必不可少的内容。

(5) 主动与表现不佳的成员合作。有些团队成员表现不佳,有的是能力问题,有的是态度问题,对他们要进行深入分析,有的放矢地解决问题。属于能力问题的,要在帮助他们完成任务的同时,加强技能培训。属于态度问题的,要加强沟通交流,尽量避免因为沟通不畅、职责分工不清等原因导致任务失败。

(二) 尽快融入组织文化

任何一个有生命力的组织都会有一种核心的文化理念,即组织文化。它是组织的灵魂和精神支柱,是组织在长期的实践活动中所形成的并且为组织成员普遍认可和遵守的做人做事的准则。不同的文化背景,有着不同的规则、标准。因此作为组织的新成员,学习了解组织的规范和要求是非常重要的,只有这样,才能尽快地融入组织文化,在为组织做贡献的同时,个人也获得最大的发展。

(1) 认真接受新员工培训。新员工培训又称岗前培训,是一个单位把新录用的员工从局外人转变为职场人的过程。通过培训,新员工不仅可以了解单位的行为规范、福利待遇、可用资源等状况,更重要的是能够将组织文化灌输到自己的头脑中去。

(2) 工作中多学、多问、多了解。通过与同事多交流、多沟通、多请教、多咨询、多学习,对单位的规章制度、岗位特点、工作流程、工作方法等方方面面进行全面细致的了解。

(3) 谦虚行事。身处一个陌生的文化环境,谦虚行事是必要的。在对单位的组织文化还没有基本了解的情况下,急于表现自己的所知所能,不但不能让别人对你刮目相看,而且还会弄巧成拙,给人锋芒毕露的感觉,让人产生厌恶。

(4) 融入团队。积极参加单位举办的各种活动,这是新员工融入组织的一个有效方法。哪怕共进一次午餐,也可以加深和同事之间的关系。职场是一个讲究团队精神的地方,和同事相处,要一视同仁,切不可拉帮结派,搞小圈子。

(三) 建立和谐的人际关系

良好的人际关系对个体的发展和事业的成功很重要。现代社会是一个讲求合作的社会,每个人职业生涯的发展不仅与个人的努力程度、机遇有关,而且取决于个体的合作能力,良好的人际关系为合作奠定了基础,是职业成功的重要因素。学校里同学之间是一种单维的、不涉及经济利益的关系,而职业环境中的人际关系是一种多维的、竞争与合作共存的关系。身处职业环境,为了加强人际交往,建立和谐的人际关系,大学毕业生应做到以下几点。

(1) 增强自身魅力,培养自身能力。一般来说,个人能力越强,被认可度就越高。对于刚工作的大学毕业生来说,首先应当谦虚谨慎,脚踏实地地钻研业务知识,提高自己的业务能力,以求尽快适应工作环境。认清工作性质,熟悉工作程序,做出工作业绩,这是赢得领导和同事信任的基本条件,也是建立和谐人际关系的基本前提。

(2) 真诚待人,心胸宽阔。大学毕业生在平常的交往中,首先要谦虚随和,平易近人,只有这样,才能获得来自同事、领导的帮助与提醒,才能增长见识,不断提高自身素质。其次要严于律己,以各种道德规范和行为准则严格要求自己;同时也要宽以待人,多一些理解和谅解。

(3) 主动随和,有来有往。初入职场,难免与他人志趣不同。但只要能以积极的姿态来面对,就一定能赢得他人的认可。首先,自己不愿做的事情,不要推给别人。其次,与同事谈话应有分寸,避免低级趣味、伤人自尊的话题。最后,要热情真诚,主动与同事交往。同事遇到困难要热心帮助,不能见利忘义,更不能落井下石。与同事发生分歧,应多为对方着想,主动与对方缓和矛盾。只有真诚、热情、主动的人,才会赢得别人的认可和赞扬。

(4) 尊重上级,服从安排。这是大学毕业生进入职场后的一项基本要求,也是大学生作为职场新人与领导建立和谐关系的必然要求,同时也是大学生大局意识、团队意识的体现。大学生必须尊重领导,自觉服从工作安排,努力完成好领导交办的任务。

(四) 养成良好的工作态度

大学毕业生初入职场难免会遇到各种各样的困难,此时,我们应以一种积极、科学的工作态度去面对问题,解决问题。

(1) 积极主动地对待工作。作为刚刚进入组织的新成员,大学毕业生面对平凡琐碎的工作,需要具有积极主动的精神,虚心学习,大胆实践,积极热情地开展工作,发挥自己的能动性,主动帮助别人承担一些力所能及的工作任务,帮助解决工作中面临的困难。

(2) 面对工作要有很强的责任心。工作无小事,每一点小的失误都可能导致组织的巨大损失。因此,对待每一次工作任务,都应该认真细致,做到尽心尽力。

(3) 对待工作要有全局观。每个刚进入职场的新人,都会经历一段磨合期。这段时间多以熟悉环境、协助工作为主,所承担的多是琐碎的事务性工作,没有太高的技术含量和难度。大学生应充分利用好这段时间,不仅要努力做好自己分内的工作,还要站在全局的角度,细致观察组织在各个环节上的运作以及自己所处的位置和作用,使自己尽快融入组织中去,为今后的工作和发展奠定坚实的基础。

（4）善于发现工作的价值。将工作与个人发展的长期、中期、短期目标结合起来,当个人目标与组织目标相一致时,组织就会成为施展个人才华和实现个人目标的舞台,个体就能从日常的平凡工作中找到成就感和归属感。

（5）乐观的工作态度。大学毕业生在任何情况下都要保持乐观豁达的心境。即便从事的是单调乏味或是较为艰苦的工作,也不要灰心丧气,始终保持乐观向上的工作态度,终究会得到应有的回报。

第三节　实现职业发展

一、树立职业形象

良好的职业形象是开启职业生涯大门的钥匙,对处于职业起步阶段的大学毕业生而言,具有不可低估的重要作用。职业形象是指与自己职业相关的个人形象。良好的职业形象在外在表现上,包括服饰、发型、言语和举止等,这是树立良好的职业形象的先决条件。在内在表现上,和蔼的态度、谦虚的作风、务实的风格和诚实守信的为人,都是树立良好职业形象的主要因素。

大学生初入职场,应格外重视自己的职业形象,在领导和同事心中树立良好的第一印象。它有利于大学生走上工作岗位后在单位站稳脚跟,尽快融入集体,融入社会,有利于工作的良好开始和顺利发展。大学生应当通过长期不懈的努力,以自己良好的内在品质、正直的为人和出色的工作成绩去建立更高层次的、长期稳定的良好印象。

（一）外表仪态

大师戴尔·卡耐基曾说过:"良好的仪表犹如一支美丽的乐曲,不仅能够给自身提供自信,也能给别人带来审美的愉悦;既符合自己的心愿,又能左右别人的感觉,使你办起事来信心十足,一路绿灯。"衣着服饰是一个人文化素养的外在表现,人们通常会根据一个人的衣着外表来判断他的品位,一个职业人穿着打扮应该与其所在单位的文化环境、周围同事保持一致。虽然不同单位的着装要求各异,但对于刚走上工作岗位的大学毕业生来说,衣着应该尽量普通大方、整洁得体。

（二）言谈举止

言谈举止在人们日常待人接物时显得尤为重要,亲切、热情、诚恳、讲道德、重信用、守纪律的行为举止总能给人留下良好而难忘的印象。俗话说:"坐有坐相,站有站姿。"每一个人的举止、动作、表情均与其教养、风度有关。在与他人交往中,应热情坦诚,文明礼貌,还要善于倾听别人的言论,不应随便打断别人的谈话。为人处世要讲道德、重信用,如果确实有难处,一定要通过适当的方式争取得到对方的谅解。

(三) 工作作风

良好的工作作风应该表现为:能服从工作安排,接受领导指示;准时上下班,拥有积极的工作态度;按照规定的操作程序工作,能接受临时指派的工作;当同事需要帮助时能主动协助工作。切忌懒散、浮躁、漫不经心、丢三落四、虎头蛇尾。还应注意上班期间不应长时间接打私人电话,不应随便串岗,更不能随意翻看他人的办公桌、文件及信件。

(四) 尽快熟悉工作,明确岗位职责

初到工作单位,所有的工作都是陌生的,诸多事情都不知如何办理,因此应多向同事求教。要有一种从零做起的心态,放下架子,尊重同事,只有虚心请教,不断学习加上埋头苦干,才能尽快熟悉工作内容。另外,还应充分利用闲暇时间或集体活动的机会,与同事沟通交流,相互了解,这不仅能获得更多的快乐和放松,释放内心的压力,更有助于培养和谐的人际关系。

二、提升职业适应力

职业适应力,即适应职业和适应社会的能力,主要是指个体对工作环境、工作任务、工作活动的适应,以及对自身行为和新的工作需要的适应。提升职业适应力,主要靠大学生的自我培养。同时,学校和社会也是培养大学生职业适应力的重要场所。

(一) 正确认识自我

根据特质因素理论,把自我分析、工作分析通过科学的咨询进行匹配,作为个体进行职业选择决策的基础。第一,大学生应清楚地了解自己的态度、能力、兴趣、智谋、局限和其他特性;第二,应清楚地了解成功的条件及所需知识,在不同工作岗位上所占有的优势、不足、机会和前途;第三,上述两个条件的平衡。大学生应按上述三条原则,自觉主动地听取就业指导专家的分析与建议,理性地利用信息资源选择最佳职业。

(二) 培养职业角色适应力和竞争意识

大学生在毕业之前积极主动地参加社会实践活动,会为今后的就业奠定一定的感性认识基础和实践基础。大学生可以利用多种方式与社会接触,拓宽视野,有计划地与社会接触,培养自己对社会的责任感和亲切感,锻炼自己的技能和胆识。如果大学生具有多学科的知识,形成了博专相融的知识结构,那么需要补充的知识比例就大为减少。这样的大学生职业适应力会比较强,职业竞争力也自然较高。

(三) 树立正确的职业价值观

人的每一项选择几乎都建立在一定的价值取向上,大学生的职业选择更是如此。个体的价值观会随着社会的政治、经济、文化的变迁而变化。如果新旧价值观变化过快,碰撞过猛,会给刚刚就业的大学毕业生带来冲击和不适应,大学生需要对此做出积极的反应。大学毕业生应树立远大的理想观、正确的苦乐观、现实的地位观以及客观的待遇观。

(四) 培养综合能力与综合素质

职业适应最关键的因素就是人的能力结构,包括工作能力、环境适应能力、接受新事物的能力和工作的创新能力等。人的综合能力越强,与职业要求相符的程度就越高,职业的适应就越快。大学毕业生要善于培养自己的综合能力与素质,以保证从校园到社会的顺利过渡。

(五) 提前规划个人的职业生涯

树立职业生涯发展观,是职业生涯规划的基础,职业生涯发展观不仅要合理,而且是可以通过努力实现的。大学毕业生应树立终身的职业生涯发展观,以积极、乐观的心态面对现实,积极准备,把握机遇,不断开拓自己职业发展的新道路。此外,大学毕业生应通过自我分析和职业实践不断调整对自己的认识,理清自我追求的职业价值观和选择未来职业所秉持的动机与需要,确立选择职业的所属领域,根据这些进行关键能力的自我发展,为未来的职业发展及职业适应做好积极的准备。

(六) 积极拓展培训就业技能

一般来说,毕业生初次面对社会,最大的职业适应障碍来自于选择了不适合自己的职业,或根本不能就业。大学毕业生在校期间,应通过学校开设的就业指导课程、就业指导专题报告丰富就业知识,了解求职过程中经常出现的各种技能问题;通过加强各种形式的日常训练,如模拟面试、辩论赛等培养求职能力与技巧;通过参加社会实践活动,如到有关企业进行锻炼、到创业基地参观学习、到人才市场了解用人情况等了解职业环境及职场所需的综合素养,以提高职业适应力。

【讨论与思考】

1. 试述角色转换的途径和方法。
2. 如何更好地适应职场环境?
3. 在大学期间如何有意识地开始自己的职业生涯规划?
4. 你准备从哪些方面提升你的职业素养?

参 考 文 献

1. 专著

[1]Gibb, A. &Cotton, J. *Entrepreneurship in Schools and College Education—creating the Leading Edge*. paper Presented at the Conference on Work Futures and the Role of Entrepreneurship and Enterprise in Schools and Further Education, December, London. 1998.

[2]Timmons, J. *New venture Creation*. (4th ed.). Boston:Irwin, 1995:56~63.

[3]Churchill, N. C. *Reaserch Issues in Entrepreneurship*. in D. L. Sexton&J. D. Kasarda (Eds), *The State of the Art of Entrepreneurship*. Boston: PWS-Kent, 1992.

[4]Clouse, Van G. H. *A Controlled Experiment Relating Entrepreneurial Education to Students' Start-up Decisions*. Joural of Small Business Management, 1990(4).

[5]金树人.生涯咨询与辅导[M].北京:高等教育出版社,2012.

[6][美]里尔登等.职业生涯发展与规划[M].侯志瑾,伍新春,等译.北京:高等教育出版社,2005.

[7][美]洛克.把握你的职业发展方向[M].钟谷兰,曾垂凯,等译.北京:中国轻工业出版社,2006.

[8]姚颖超.大学生职业生涯规划[M].北京:北京航空航天大学出版社,2010.

[9]姚裕群.职业生涯规划与管理[M].北京:北京师范大学出版社,2011.

[10]程社明.你的船你的海[M].北京:新华出版社,2007.

[11]周祥龙,贾创雄等.大学生涯规划[M].南京:东南大学出版社,2011.

[12]陈德人,吴吉义.大学生网络创业——理论、案例、平台[M].北京:高等教育出版社,2011.

[13]高桥,王辉.大学生职业发展与就业指导[M].北京:中国出版集团现代教育出版社,2008.

[14]吴芝仪.我的生涯手册[M].北京:经济日报出版社,2008.

[15]侯志瑾.职业生涯发展与规划[M].北京:高等教育出版社,2005.

[16]河南省教育厅.大学生职业生涯规划实用教程[M].郑州:郑州大学出版社,2013.

[17]赵北平.大学生生涯规划教程.第二版[M].武汉:武汉理工大学出版社,2007.

[18]魏潾.大学生职业生涯规划[M].北京:科学出版社,2010.

[19]来云.大学生职业生涯规划[M].北京:新华出版社,2009.

[20]钟谷兰,杨开.大学生职业生涯发展与规划[M].上海:华东师范大学出版社,2008.

[21][美]尼可拉斯·劳尔.天才也怕入错行[M].游琬娟,译.长春:吉林人民出版社,2000.

[22]杨河清.职业生涯规划[M].北京:中国劳动社会保障出版社,2005.

[23]张莹.如何进行职业生涯规划与管理[M].北京:北京大学出版社,2004.

[24]靳玉乐.自主学习[M].成都:四川教育出版社,2005.

[25]许玫,张生妹.大学生如何进行生涯规划[M].上海:复旦大学出版社,2006.

[26]车文博.当代心理学西方新词典[M].吉林:吉林人民出版社,2001.

[27]张春兴.现代心理学——现代人研究自身问题的科学[M].上海:上海人民出版社,1994.

[28]彭聃龄.普通心理学[M].北京:北京师范大学出版社,2004.

[29]张运生.大学生心理健康[M].开封:河南大学出版社,2009.

[30]刘晓明,杨平.大学生心理健康教育——体验、认知、训练[M].北京:科学出版社,2009.

[31]向群英,唐雪梅等.大学生心理素质教育与训练[M].北京:科学出版社,2010.

[32]彭贤,马恩.大学生职业生涯规划活动教程[M].北京:清华大学出版社,2010.

[33]胡剑锋.大学生职业指导[M].北京:北京大学出版社,2006.

[34]吴淡如.时间管理幸福学[M].北京:化学工业出版社.2009.

[35]河南省高校就业指导统编教材编写组.大学生就业创业导论[M].郑州:河南出版集团,2009.

[36]GCDF中国培训中心.全球职业规划师资格培训教程[M].北京:中国财政经济出版社,2006.

[37]胡恩立.大学生职业生涯规划与就业指导[M].北京:清华大学出版社,2013.

[38]陈龙春.大学生职业生涯规划导读[M].杭州:浙江人民出版社,2010.

[39]冀学锋.大学生职业生涯规划[M].长沙:湖南师范大学出版社,2006.

[40][美]罗伯特·C.里尔登等.职业生涯发展与规划[M].侯志瑾,等译.北京:中国人民大学出版社,2010.

[41]黄天中.生涯规划体验式学习[M].北京:高等教育出版社,2010.

[42][美]布朗温·卢埃林,罗宾霍尔特.适合比成功更重要[M].古典,译.北京:中信出版社,2013.

[43]古典.拆掉思维里的墙[M].长春:北方妇女儿童出版社,2011.

[44]郝克明,周满生.终身教育经典文献[M].北京:高等教育出版社,2006.

[45]冯大奎.生涯发展导论[M].北京:新华出版社,2012.

[46]河南省高校就业指导统编教材编写组.大学生就业指导[M].郑州:河南大学出版社,2010.

[47]梁华,林明,毛芳才.大学生职业发展与就业指导[M].北京:清华大学出版社,2012.

[48]李雄德.职业发展与就业指导[M].北京:北京理工大学出版社,2012.

[49]牟德刚,孙广福,廖传景.大学生职业生涯发展与就业指导[M].北京:科学出版社,2011.

[50]吴剑,郑春晔.职业规划与大学生涯[M].北京:经济科学出版社,2013.

2. 期刊

[1]李吉庆.大学生职业规划的基本原则[J].中国广播电视学刊,2009(10).

[2]吴敌.浅谈大学生创业能力的培养[J].辽宁高职学报,2006(4).

[3]苗元江,余嘉元.幸福感评估技术发展[J].中国心理卫生杂志,2003(11).

[4]邢占军,黄立清.Ryff心理幸福感量表在我国城市居民中的试用研究[J].健康心理学杂志,2004(5).

[5]陈思.走好每一步,这就是你的人生——大学生职业生涯规划案例分析[J].中国科教创新导刊,2013(5).

[6]龙学柱.论高职学生的性格培养与事业成功[J].职教通讯,2003(1).

[7]倪荣臻.大学生职业生涯教育有效途径探索[J].河南社会科学,2009(11).

[8]唐小芬.基于大学生职业生涯发展教育的辅导员职能研究[J].教书育人,2009(6).

[9]田飒.大学生职业规划的现状与教育研究[J].职教论坛,2009(14).

[10]孙磊,陈倩.大学生职业生涯规划探讨[J].大众文艺,2010(17).

[11]崔亮.当代大学生该如何做好一份职业生涯规划书[J].才智,2011(13).

[12]朱逢九.21世纪大学生心理压力探析[J].江苏教育学院学报(社会科学版),2001(6).

[13]张林,车文博等.大学生心理压力感量表编制理论及其信效度研究[J].心理学探新,2003(4).

[14]薛朝霞,梁执群.卢莉大学生应对方式研究[J].护理研究,2005(8).

[15]黄希庭.压力、应对与幸福进取者[J].西南师范大学学报(人文社会科学版),2006(5).

[16]李江雪,李北容.谈大学生压力源及影响压力感知与应对的因素[J].哈尔滨职业技术学院学报,2009(5).

[17]刘洋,付小美.从就业市场需求看大学生职业素质培养体系的构建[J].广西教育,2010(1).

[18]李奕萍,钱小芳.论高校大学生职业素质教育的培养[J].淮南职业技术学院学报,2008(3).

[19]吴春苗.论大学生职业能力的特点及其培养[J].中国成人教育,2010(22).

[20]史丽君.高职院校学生职业能力培养的思考[J].中国校外教育(理论),2010(1).

[21]魏萍,王如高等.大学生社会角色转变问题与对策研究[J].经济师,2007(12).

[22]朱立峰.浅述大学生应培养的基本职业能力[J].河南工业大学学报(社会科学

版),2010(1).

[23]刘冠群.浅析高职教育职业能力培养教学[J].湖南广播电视大学学报,2009(1).

[24]孙志方.高职学生职业生涯教育与规划[J].北京工业职业技术学院学报,2008(4).

[25]权福军.高校就业指导应完成"四个转变"[J].陕西青年管理干部学院学报,2005(4).

[26]王一凡.基于职业生涯发展视角下的终身学习[J].河北大学成人教育学院学报,2007(9).

[27]翟均.终生学习与职业生涯发展[J].中国职工教育,2007(12).

3. 学位论文

[1]姜艳.小学教师职业幸福感研究[D].郑州:郑州大学,2006.

[2]孔夏萌.高校职业生涯教育课程研究[D].重庆:西南大学,2013.

[3]刘静.基于就业力的大学生职业能力开发研究[D].西安:陕西科技大学,2012.

[4]仵林军.大学生职业生涯规划研究[D].南京:南京理工大学,2005.

[5]赵永春.大学生职业决策与职业生涯规划研究[D].长春:东北师范大学,2008.

[6]刘咏宝.大学生职业生涯规划存在的问题及对策研究[D].武汉:华中师范大学,2007.

[7]李凡.会计人员生涯发展的个案研究[D].上海:华东师范大学,2006.

[8]谭敏.大学生职业生涯规划及管理体系的研究[D].成都:西南财经大学,2007.

[9]李志.高职院校学生职业生涯规划教育研究[D].天津:天津大学,2009.